COGS AND MONSTERS

What Economics Is, and What It Should Be

Diane Coyle

経済学オンチのための現代経済学講義

ダイアン・コイル
小坂恵理 訳

筑摩書房

経済学オンチのための現代経済学講義　目次

本書をピーター・シンクレア（一九四六―二〇二〇）に捧げる

経済学オンチのための現代経済学講義

COGS AND MONSTERS

What Economics Is, and What It Should Be

by

Diane Coyle

Japanese translation published by arrangement with Princeton University Press
through The English Agency (Japan) Ltd.

はじめに――今日と明日の経済学

経済学はさまざまな批判にさらされている。その理由を理解するのは難しくない。二〇〇八年から二〇〇九年にかけての金融危機、イギリスのＥＵ離脱、さらには西洋民主主義国家でのポピュリズムの台頭などの出来事によって、経済学の世界は動揺しているように見える。しかし経済学への批判の多くは、一連の出来事のずっと以前から存在していた。しかもほとんどの批判の内容は、少なくとも二一世紀の初めから変化していない。いわく、経済学者は人間が利己的で打算的な個人だと仮定する。経済学が注目するのは複雑な数学ばかりで、現実の世界を無視している。経済学者はマネーと利益ばかりに目を向けて、環境など本当に大切なことには無関心だ――。こうした批判は以前から存在しており、それが最近の出来事によって勢いづいただけのことだ。しかし同時に、政策決定への影響力に関して、経済学はかつてないほどの成功を収めている。あるいは物質的な面に注目するなら、経済学部卒業生の収入がこれほど高い時代はなかった（Britton et al. 2020）。

経済学を生業とする多くの人は、いつまでたっても変わらぬ批判に不満を募らせている。なぜなら、論点を都合よくすり替えて批判するだけで、深刻な問題になりかねない重要な課題を無視しているからだ。経済学はこの数十年で大きく変化したし、将来も大きく変化する必要がある。だから経済学への批判もそれに合わせて変化して、本当に注目すべき問題に取り組まなければならない。

ではまず、経済学への批判に反論したい。よく聞かれるのが、経済学は数式で表現された抽象的なモデルを使っているという批判だ（Romer 2015）。しかし因果関係を調べるために複雑な世界から少数の要素を選び出すという意味では、あらゆる学問の領域が抽象的な「モデル」を利用している。ゲイリー・ベッカーの時間配分モデル（Becker 1965）と同様、「第一次世界大戦の原因」というのもモデルである。

つぎに、経済学は経済思想史も含め、歴史を無視しているという批判もよく聞かれる。しかし私たち経済学者の多くは、経済史を標準カリキュラムとして復活させたいと考えており、すでに多くの講座でこの傾向は始まっている。あるいは、歴史的出来事、経済思想史、政策選択の三つを結びつけた講義も始まっている（これについては第6章で取り上げる）。規模は小さいが、いまでは経済史の研究は活況を呈している。さらに、歴史的背景の理解が不可欠な制度派経済学への関心も高まっている。

そうなると、一連の批判にもメリットはあるが、経済学がこの三〇年間で劇的に変化した事実を認めず同じ批判を繰り返しているようでは、自分たちのほうこそ歴史に無関心ではないか。理論から実証研究へと、経済学の関心は大きく移った（Angrist et al. 2017）。いまやほとんどの経済学者は、応用ミクロ経済学の研究を行なう。これはデータセット、計量経済学的手法、コンピュータ処理、因果推論についての活発な方法論的議論が重視される研究であり、そこからは、知識と実践に関して一九八〇年代から進行してきた革命が成果を上げたことがわかる。「ビッグデータ」という新しい大量のデータの利用に関して、経済学は最前線に立っている（Athey 2017）。ところが最近の批判（Skidelsky 2020など）はどれもこの事実を認めず、実際のところマクロ経済学（経済全体の集計的な行動の研究）ばかりをやり玉に挙げている。マクロ経済学が格好の標的になるのは、難しさが半端ではないからだ。天気予報よりもはるかに難しい。

ほかにも、経済の知識の進歩に関する複数の見解が矛盾する点が批判されることもある。異端的な学者は、経済学への多元主義的なアプローチを提唱する（たとえばEarle, Moran, and Ward-Perkins 2016）。彼らにとって、研究の対象は人間と類似しており、根本的な真実など存在しない。最終的には、研究者の価値観が結論を左右する。一方、経済学の中核を成す集団は——主流派、新古典派、さらには新自由主義など、分類の仕方は異なるが——経済学に関する知識は発見の積み重ねによって充実すると確信している（ただし、一部で相変わらず批判されるように、経済学が物理学のようになることは誰も望まない。一九五〇年代にはたしかに物理学のようだったし、一九六〇年代に入ってもそうだったかもしれないが、二〇二〇年代の現在は変わった）。それでも結局のところ、経済学者の価値観やイデオロギーが政治的選択に影響することについては、すべての経済学者の意見が一致している。ただし、経験的知識と政治的価値観は切り離せると考える学者が多数を占める。どれくらい税率を引き上げれば、甘い飲み物の需要が減少する可能性があるか予測するのは経済学者だが、消費者を悪い選択から守るのは政府だと割り切っている。

私はどうかと言えば、価値観は実証研究と完全には切り離せないと考える一方、経済学者はできる限り公平であるべきだと思っている。そして、経済の知識は間違いなく蓄積されると確信している。もしも私たちが一九三〇年代の経験から教訓を学んでいなければ、二〇〇八年から二〇〇九年にかけての金融危機はずっと深刻になっていただろう。新型コロナ対策のロックダウンのあいだ、政府は一時帰休制度を導入しなかっただろう。あるいは、マーケットデザイン（市場をうまく機能させるためのルール作り）を創造し、そこから学習していなければ、スマートフォンで機能するアプリの数はずっと少なかったはずだ。

経済学とそれを批判する人のあいだには、他にも重要な違いがある。たとえば、自然や人間の命など本質的に良いものに、金銭的価値をつけてもよいのかという指摘がある。これに対して経済学者は、つぎのように回答する。どこに道路を建設するか、新製品にはどんな安全機能が求められるか選択するときには、常に暗黙のうちに金銭的な価値判断が行なわれる。したがって、こうした判断については明確に述べるほうがよいのではないか。このような形の議論は健全で、参加者はおおむね活発に意見を交換する。実際、著名な経済学者の一部は、経済学と倫理学の対話を促進すべきだと訴え（Bowles 2016）、アイデンティティの重要性（Akerlof and Kranton 2010）、さらにはナラティブや説得の重要性を認識するようになった（Shiller 2019）。人間どうしの関わり合いは必要であり、歓迎される（Morson and Schapiro 2016）。

経済学の（不相応な?）「優位」や「覇権」についても数多くの研究で指摘されてきた。要するに、質問への回答や政策課題への取り組みにおいて、自分たちのアプローチがベストだと経済学者は自信たっぷりだと批判される（たとえばFourcade, Ollion, Algan 2015）。ただしこの傾向も、まだ先は長いものの、徐々に変わりつつある。その証拠に、社会科学のあいだでは相互引用の機会が増えている（Angrist et al. 2020）。いまはまだ状況が不均衡で、経済学が他の学問分野によって引用される機会のほうが多いが、異種交流の傾向は強くなっている。博士課程の学生の監督や若い同僚の指導に当たる経済学者は誰でも、相手が広範な社会問題に尽きせぬ興味を持っていることがわかるだろう。いずれも、自然科学や社会科学、芸術、人文学を網羅した学際的研究が必要とされる。

近年はもうひとつ、歓迎すべき変化が進行している。カリキュラムの改革が勢いづいているのだ。本文で取り上げたように、これはチリやイギリスなどの国で学生の抗議が相次ぎ、それに後押しされて実現した。経済学の講座は現実の世界の問題を教えるには不適切だと指摘され、大学の教師も経営者も、卒業生の学習成果に不安を抱くようになったのである。いまでは、「経済学１０１（入門コース）」の基準から大きくかけ離れたカリキュラムを作成したうえで、自由に利用できる環境を整えるため、世界中の経済学者が連携しており、私もそこに参加している。入門講座は多くの学生にとって経済学との最初の出会いの場になるが、そこで世界についての考え方を教える基準に変更が加えられている（Bowles and Carlin 2020）。いまでは多くの大学が新しい枠組みを採用している。

私は本書で、筋違いの反論への不満をぶつけた。いまや経済学にもその教え方にも歓迎すべき変化が進行しているのに、それを無視する姿勢には憤りを感じる。一方、いまのような教え方では、経済学のとんでもない間違いの存在を見過ごしても否定しても、経済学者は咎められない。実際、その知的アプローチには不備があるし、そんな経済学者は研究対象にする社会の代表者としてふさわしくない。

最近私は一連の公開講座のなかで、こうした問題の一部を取り上げてきた。そもそも経済学者は、難解な方法論上の問題点について振り返って考えることがあまりない。しかし本書の土台となった講義では、経済学が抱えるいくつかの重要な哲学的問題をまず中心に据えた。たとえば、経済学はどの程度まで行為遂行的なのか、それとも自己成就的なのか。社会科学はその実践者が社会の一員であるとき、客観性を追求できるだろうか。人間の選好が固定されていると仮定するなら、経済学からはどのような政策が結論として引き出されるだろうか。いまや広告業界の存在によって、この仮定は覆されたのではないか。経済の構造がシフトして、外部性や非線形力学が大きく関わる行動が優勢になったいま、方法論的個人主義は廃れたのではないか。つぎに講義ではもうひとつ、特にデジタル化の影響で経済が変化している点に注目するなら、経済学の分析のあり方もそれに合わせて変化する必要があるという点に目を向けた。そして、こうした点を考慮した結果、本書には『コグとモンスター（*Cogs and Monsters*）』というタイトルを選んだ。「コグ（歯車の歯）」とは、主流派経済学で仮定される利己的な個人のことで、明確に定義された状況で独立した抜け目のない主体として互いに影響し合う。一方「モンスター」とは、束縛のないデジタル経済が引き起こす現象のことで、その社会的影響は雪だるま式に拡大している。しかも未知の領域なので、いまだに多くが解明されていない（中世の地図なら、「ここにはモンスターがいる」と記されるところだ）。経済学は私たち全員を歯車の歯として扱う一方、いつのまにかモンスターを創り出している。この初めて出現した現象を解明するためのツールは、まだ手元にそろっていない。

ただし今日の経済学には、もっと重要な批判もある。そこではこの学問の社会学的側面と文化的側面が注目され、（広い意味で）多様性が驚くほどの欠如している点がやり玉に挙げられている。問題の解決や組織の運営において認知の多様性がいかに重要かについては、知識体系のなかで説得力のある形で強調されている（Page 2007）。今日私たちの多くが暮らす社会は、背景も経験も過去より多様性に富んでいる。そして経験の多様性には、社会科学のいかなる分野でも注目しなければならない。なぜなら、研究者が尋ねようと思う質問さえ、本人の経験によって形作られるからだ。多様性についてわからなければ、何を尋ねてよいかわからない。そしてほとんどの人は、未知の領域の形状を思い描くことすらできない。

経済学は現実の世界で大きな影響力をふるうが、社会のすべての人に関わる政府の政策に対しては、特に大きな影響力を発揮する。ところがその一方、多様性がきわめて欠如した学問分野として際立っている。ジェンダーやエスニシティについての記録はお粗末きわまりない。経済学は、男性偏重が顕著な学問分野のひとつなのだ（Ceci et al. 2014）。アメリカの学界では状況が改善されたが、それでも二〇一九年には、正教授のなかで女性が占める割合はわずか一四・五パーセント、終身在職権を持つ学者全体の二一・二パーセントだった。女性の正教授の人数は一九九四年から倍増したと言われても、気休めにもならない。しかもキャリアが上昇するにつれて、パイプラインは狭くなっていく。経済学を専攻する大学生のなかで女性が占める割合は三三・五パーセントで、博士課程の学生のなかでは三二・二パーセントである。[1] また、イギリスでは、過去二〇年間に状況が改善されたおかげで、二〇一六年の時点で学者の労働人口に占める女性の割合は二〇パーセントになったが、正教授は全体の一六・六パーセントにとどまっている (Sevilla and Smith 2020)。一方、エスニシティと文化の多様性に関する調査結果はそれほど手に入らないが、経済学にはどちらの多様性も不足している。あるアメリカの調査結果によれば、二〇一五年から二〇一六年にかけて経済学の学位を取得した学生のなかで、マイノリティグループのメンバーが占める割合は一五・六パーセントだった。[2] イギリスでは一九九九年、この数字が一二パーセントだった (Blackaby and Frank 2000)。その後のデータは手に入らないが、経験から推測するかぎり、当時から状況はほとんど変化していない。社会階級に関する測定値はさらに限られるが、少なくともイギリスでは経済学を学ぶ学生の社会経験がどんどん限られている。なぜなら大学生のなかでは、私立学校に通う割合が増えているからだ。自然科学の多くを含む他の学問分野とは対照的に、経済学は多様性がほとんど改善されていない。

そしていまや、女性の経済学者が不利な立場に置かれていることを示す調査結果は増えている。

私たち女性は、男性の経済学者よりも平均すると論文の発表数が少ない。しかも、エリートのジャーナル誌の一部では、女性が執筆した論文は査読にかかる時間が長い（Hengel 2020）。カードらは、つぎのように記している（Card et al. 2020, 14）。「ジャーナル誌の編集者は、レフェリーを推薦する際に男女を同等に扱い、ジェンダーに関して中立の立場を守ることを心がけているようだ……しかし、あとから引用される回数によって論文の質を判断するかぎり、すべてのレフェリーが女性の論文のハードルを男性よりも高く設定しているとしか思えない。実際のところ、女性だけが執筆した論文は、男性だけが執筆した同じような論文と比べ、引用される機会がおよそ二五パーセント高い」。女性は平均すると、共同執筆者のネットワークが小さいため、論文を発表する機会はおのずと少ない（Ductor, Goyal, and Prummer 2020）。キャリアで一貫して不利な立場に置かれていることは、証拠からも明らかだ。

このような多様性の欠如は、いくつかの理由から問題である。まず、学術経済学は特に、他のほとんどの学問分野と比べて攻撃的な文化が目立ち、ジェンダーバイアスが強い。経済学のセミナーの参加者は誰でも、最初からたびたび発言を遮られて妨害され、研究成果をきちんと発表することも建設的な議論を行なうこともできない経験をしているはずだ。会場では多くの参加者が発言の機会を奪われる。一方、女性の発言者は男性よりも質問攻めにされ、しかもその内容は公平性を欠いている（Modestino et al. 2020）。このように男性が支配者として君臨する攻撃的な文化は広範囲におよび、受け入れがたい行動を生み出している。たとえばアリス・ウーは、マッチョで女性蔑視的なウェブサイト「Economics Job Market Rumors」についての研究を発表し、世界中で大きく報じられた（Wu 2018）。他にも女性の経済学者や有色人種の経済学者が、絶えず見下され、露骨な嫌がらせを受けた経験などを包み隠さず報告している（たとえば Sahm 2020）。

さらに経済学での男性優位は、この学問の知的特徴を形作っているようにも見える。政策や社会に大きな影響力を持つ社会科学である経済学にとって、この特徴は不健全である。男性優位の状況が一因となって経済学者の人生経験は限定され、それが見解を狭くしているが、そんな制約された状態で経済学者は、どんな研究課題が重要で興味深いかアイデアを膨らませる。そして、そんなアイデアとそれに基づく研究が、政府の政策を決定し、ひいては人々の生活や選択に影響をおよぼしている。しかし女性や有色人種は、経験も課題も優先事項も裕福な白人男性と異なる。そのため、経済学者の価値観と国民全体の価値観は、いつの間にか食い違ってしまった。さまざまな政策問題に関する経済学者の見解と世論とのあいだには大きなギャップが存在することは調査からも明らかだ（たとえば、Johnston and Ballard 2016）。経済学者は同僚と比べて個人主義的な傾向が強く、社会性が欠如していることも確認されている（Bauman and Rose 2011; Frank, Gilovich, and Regan 1993）。ただし、こんなタイプの人間が経済学を自分の意思で選択するのか、それとも経済学を学ぶうちにこんな人間になるのかは、議論が分かれるところだ。

#metoo や #BlackLivesMatter などの運動は、他の学問分野と同様に経済学にも影響をおよぼした。アメリカ経済学会や王立経済学会をはじめとする職能団体は、この二年あまりのあいだに多様

性や包括性の欠如に対応した。最初に注目されたのがジェンダーとエスニシティだ。変化は確実に意図的なもので、バックグラウンドに囚われず、多種多彩な学生を集めるキャンペーンが展開されている。[3]新しい指導プログラムや行動規範が採用され、[4]そして何よりも、中産階級の白人男性で構成されてきた職業のなかで話し合いが活発になり、文化的問題や知的問題への意識が高まっている。ただし、経済学という学問分野にこの傾向がどれだけ浸透するかは別問題だ。社会規範の変化には、常にしばらく時間がかかるものだ。良い就職先を確保して昇進するためには、「トップファイブ」のジャーナル誌に論文が掲載される必要があるが、そのゲートキーパーとも言えるアメリカ一流大学の男性エリートの強い影響力はいつまでも変わらない。

経済学は今後も、職業としての社会構成から学問としての中身の充実まで、さまざまな問題と向き合わなければならない。私もこうした問題については深く憂慮するが、[5]本書では経済学をもっと広い視点からとらえることにした。包摂性の欠如について取り上げるだけでなく、二一世紀のうちに必要とされる変化についても紹介する。いずれの問題にも、基本的なパラダイムが関わっている。功利主義に由来する哲学的ルーツ、実証経済学と規範経済学の区別の妥当性、標準的な前提とは相容れない動的な社会経済システムの特徴、方法論的個人主義に基づく学問のなかで社会的影響が果たす役割、強力な社会科学として研究対象を変更しうる範囲などについて見解を改めなければならない。

本書は二〇一二年から二〇二〇年にかけて行なわれた数多くの講義をたたき台にしているが、資料を更新し、ナラティブアーク、すなわち物語が時系列に進行する形をとりつつ、過去数十年間に経済学が経験した重要な変化を紹介していく。そして経済学者だけでなく、一般読者も対象にしている。筋違いの反論を批判するよりも、経済学にとって真の課題に注目したい。しかも、いまや一般の人々は、経済学を理解したいという思いを強めている。いまは世界の歴史のなかでも特異な時代だ。新型コロナのパンデミックによって、あらゆる国の人々が過去に例のない経済的衝撃を経験した。それは大恐慌よりも突然の出来事で、きわめて深刻である。経済学のコミュニティも大きな刺激を受け、新しい研究や政策分析がつぎつぎと行なわれ、多くの経済学者が疫学や生物医学に関わるようになった（Coyle 2020a）。私もイギリスでこうした変化に積極的に関与した。経済観測を専門とするオンラインマガジン『ＥＣＯ』の創刊にも参加して、コロナ禍についての知識を集めて整理した。[6] 経済学は深刻な社会問題に取り組む政策立案者に、たくさんの洞察や助言を提供できる。パンデミックとその余波だけでなく、グローバルな環境の緊急事態にも、格差の拡大に伴うビジネスチャンスの停滞にも、洞察や助言を提供できる。こうした課題の解決に向けて、いまこそ経済学者は立ち上がらなければならない。

本書はまず、二〇〇八年から二〇〇九年にかけての金融危機で提起された問題を取り上げる。第1章では、経済学――この場合には特に金融経済学――が、世界を分析するだけでなく、実際にどれだけ世界を形作っているのか探究する。他の社会科学では、この現象は行為遂行性と呼ばれる。そしてこれは、広く普及している「再帰性」という概念、すなわち原因を発生させる行為者と、それによってもたらされる結果のあいだのフィードバックと無関係ではない。経済学が当時の金融危機で果たした役割は小さく、むしろ強欲や悪い規制が危機を増幅させたと、多くの経済学者は主張する。しかしこれは、経済学者以外の認識と異なる。顕著な例外を除き、当時の危機を予測した経済学者がほとんどいなかったのはなぜかという疑問を世間の人たちは抱いている。経済学が社会を悪化させたという批判は多い。だから、賛同するか否かにかかわらず、この疑問には取り組むべきだ。第1章ではパート1で、金融危機などの出来事に経済学はどんな責任を持っていたかという問題を取り上げる。そしてパート2では、経済学は公共政策で果たす役割が増えつつある状況で、どんな責任を引き受けるべきか論じる。たとえ経済学に行為遂行性があるとは考えられないとしても、経済学の見解に疑いが持たれ、異議が唱えられる時代には、経済学の責任についてもっと真剣に考える必要がある。経済学はかつてと同様、いまでは再び政治経済学になった。

第2章は、自分が所属する社会を分析することの難しさというテーマについて詳しく論じる。なかでも経済全体の研究であるマクロ経済学に焦点を当て、インフレ動向、失業、金利、成長に注目する。マクロ経済学について批判するなら、現在よりもむしろ二〇一二年に目を向けるべきだ。当時の金融危機の衝撃をきっかけに、かなりの変化が見られた。有意義な進歩があったのは間違いないが、それでも私は多くの同僚のあいだで人気のないマクロ経済学について、疑念を払拭できない。そして世間でも、マクロ経済学者はテクノクラートのエリート集団の象徴だという認識がある。

つぎに本書では、学問の世界で研究するにせよ政策に関わるにせよ、経済学者の大半にとって生計の手段である領域に注目する。それは応用ミクロ経済学だ。マクロ経済学の予測は注目を浴びるが、私たち経済学者の多くはそれには関与していない。むしろ、食品小売業の競争の仕組み、新しい税や手当の導入がもたらす影響、学校の成績を向上させて人生のチャンスを摑むために苦労する子どもたちにとって最善の政策介入、企業が新しい生産技術を学んで投資するための学習方法などを研究する。要するに多くの研究は、特定の状況で物事を行なうためにもっと良い方法はないか頭をひねり、答えを見つけることを目的とする。第3章では、「状況を改善する」ために必要だと見なされる標準的な仮定の一部に疑問を投げかける。具体的には、個人が決断する方法や、経済学者がアナリストとして社会を変化させるための役割に注目し、客観性は可能かどうか（あるいは経済学者の価値観が常に作用するのか）だけでなく、物事が改善することの意味についても論じる。「改善する」とはどういう意味で、それは誰のためなのだろうか。

第4章では、この問題を新しい世界にまで拡大して考える。これからの世界では、政策決定が機械学習システムのもとでアルゴリズムによって下される機会が増えていく。私たち経済学者は個人が決断するものと仮定するが、機械学習システムは個人が決断するのと同じようにプログラムされている。すなわち「最善」に関する明確な定義に基づき、私たち個人にとってできる限り最善の結果を探し求める。機械学習システムは、有名な（あるいは悪名高い）ホモ・エコノミクス、すなわち用意周到に自己利益を追求する個人のイメージに沿って創造されている。この第4章ではデータ、すなわち経済の分析や政策決定を行なうとき、自分では理解しているつもりの事実について疑問を投げかける。人工知能の世界ではデータバイアスの問題が表面化した結果、手に入るデータセットは社会の客観的なイメージではなく、社会が描き出した自画像であり、社会の権力構造や分類体系が反映されていることに人々が気づくようになった。経済学者はビッグデータをはじめとするデータを頻繁に利用しており、因果関係やデータサンプルのバイアスにはかなり神経を使うが、自分たちが利用するデータの構造について考える経済学者はほとんどいない。ちなみに私はマクロ経済学のデータに大きく注目するが、私たちが常に新聞で読む変数――GDPやインフレ――は実際のところアイデアである。アイデアのような概念に関する測定の精度を上げるように努力することはできても、これらはこの世界に自然に存在する物体ではない。その点は、実証社会科学の構成概念の多くと変わらない。

最後のふたつの章は、本書の論旨のまとめになる。私たち経済学者は、分析対象である社会の形成に貢献しているだろうか。客観的になれるだろうか。経済の進歩とは、そして状況を「改善する」ための政策とは、具体的に何を意味するのか。研究の前提とされる個人主義は果たして妥当なのか。こうした問題について、二一世紀のデジタル経済のコンテクストのなかで考えていく。第5章では経済分析、第6章では政策への応用から予想される影響について取り上げる。今日テクノロジーが経済に引き起こしている変化を考えれば、いま紹介した疑問への回答を急ぐべきだとここで強調しておきたい。いまや手に入る統計は、変化し続ける風景のひとコマにすぎない。そんな状況のなかで、経済が進歩しているのかどうかを既存のデータから理解するのは、ますます難しくなっている。まるで、川の流れが実際には変化しているのに、古い場所で深さを測定して地図を作ろうとするようなものだ。デジタル経済は私たちの相互関連性を強めており（したがって、個人主義は妥当性を失いつつある）、デジタル以前の経済とは経済的特徴が異なる。この点を考慮しながら、経済の進歩という問題に従来と異なる方法で取り組むことが喫緊の課題だ。

この「はじめに」を、個人的な話で締めくくりたい。新型コロナ危機が始まった頃、イギリスでは多くの命が失われた。そんな犠牲者のひとりがバーミンガム大学経済学教授のピーター・シンクレアだった。彼はオックスフォード大学ブレーズノーズ・カレッジで、大学生の私のチューターだった。その熱意と献身的な教育のおかげで、私は経済学者になった。さらに彼は賢明さと他人への思いやりを持ち、実践的な政策課題に取り組み、幅広い見識の持ち主だった。私はその影響を受けて、経済学者として成長した。未亡人になったジェインのもとに病院から戻された所持品のなかには、意識を失う前に走り書きしたメモがあった。それは、今回のコロナ禍からの景気回復を実現する方法に関する見解のような内容だった。私たちは彼がいなくても、そしてこのパンデミックで犠牲になった他の多くの人々がいなくても、回復を実現しなければならない。今回は、本当にたくさんの人命が失われた。これからの世界は再構築が必要とされるが、そのために最善を尽くして確実に貢献することこそ、経済学者に課せられた責任である。

第１章

経済学者の公的責任

私は二〇〇七年に『ソウルフルな経済学──格闘する最新経済学が1冊でわかる(*The Soulful Science: What Economists Really Do and Why It Matters*)』を出版したが、それは経済学に対する筋違いの批判(「はじめに」で紹介した)への不満から生まれた。数学の濫用や悪用、個人の合理的な選択に関する極端な仮定、現実世界の抽象化、政府の介入に勝る市場の長所など、批判の一部は二〇〇五年よりも、むしろ一九八五年に当てはまるものだった。不満が高じた私はキーボードに向かい、本の執筆を始めたのである。経済学は二〇年間で大きく変化したという事実を、一連の批判は無視していた。

なぜそれがわかるかといえば、私自身がその変化のなかで生きてきたからだ。私がハーバード大学の博士課程で学んでいた一九八一年から一九八五年にかけては、いまでは新自由主義経済学と呼ばれる学問が絶頂期を迎えた時代であり、レーガンやサッチャーが国の指導者になった時代でもあった。どちらも指導者に選ばれたのは、過去一〇年におよぶ国の経済対策の欠陥への反動からだった。私は情熱的な若い経済学者の例に漏れず、当時の知的潮流に身を委ねた。代数や微積分を自分よりもうまく操れる人物から強い印象を受け、市場による問題解決を好意的に解釈した。その一方、オックスフォード大学ではピーター・シンクレア、ハーバード大学ではベン・フリードマンと、教師やメンターにも恵まれた。その影響で、「合理的期待革命」という極論に対してある程度の心の準備ができた。さらに当時のハーバード大学経済学部では、通常のミクロ・マクロ理論や計量経済学の他に、経済史の講座をふたつ受講することが大学院生に義務づけられていたが、ここでも私は幸運に恵まれた。経済史家のバリー・アイケングリーンと異端派経済学者のスティーブン・マーグリンの教えを受けたのだ。レーガン時代のアメリカの知的潮流から外れたマーグリンには、素直に賛同できない部分もあったが、それでもリーディングやディスカッションを通じ、私はじっくり考える能力を確実に叩き込まれた。

ところが一九八五年にイギリスに戻り、財務省のエコノミストとして初めて働き始めると、たびたび非難されるのも当然だと思える経済学を擁護する立場に置かれた。実際、国会議事堂広場の向かい側のホワイトホールにそびえる壮大な建物で私が所属したのは金融政策部門だった（これはまだ中央銀行が独立性を持つ以前の話だ）。一九六〇年代のミルトン・フリードマンの研究に端を発するマネタリズムは、一九七〇年代にインフレが経済危機を引き起こすと正統派の政策として採用された。さらに私たちの部署は、「ビッグバン」に向けた準備にも深く関わった。ビッグバンとは、シティ・オブ・ロンドンの金融市場を長年締めつけてきた規制の緩和を目的とする改革のことだ。こうして一九八六年に規制緩和を通じて生まれた金融制度は、最終的には二〇〇八年から二〇〇九年にかけての世界金融危機（ＧＦＣ）を発生させるが、そのあいだにはデリバティブ市場が爆発的な成長を遂げた（財務省で働く私は、政府高官や閣僚のためにデリバティブを解説する仕事も任せられたが、それは私にとっても間違いなく教育の機会だった)。

二〇〇五年までには、少なくとも学界では正統派が大きな変化を遂げた。私は著書『ソウルフルな経済学』のなかで、その具体的な変化について紹介した。たとえば、それまでの二〇年間に導入された理論のひとつである内生的成長理論においては(Romer 1986a)、経済成長を説明不能な技術的進歩と見なさず、教育や知的財産と結びつけて考えた。あるいは制度の役割が幅広く評価され、成長や経済発展における歴史的・政治的コンテクストが重視されるようになった(Acemoglu and Robinson 2012)。さらにコンピュータの性能が向上し、新しいデータソースが確保され、統計的手法が改善された結果、実証研究は以前よりも簡単になり広く普及した。ただし『ソウルフルな経済学』には、私自身の知識のギャップが反映され、金融についての記述が省略されている。

もちろん、私の著書が出版されてからほどなく世界金融危機(GFC)が発生し、金融制度は文字通り崩壊寸前となり、深刻な景気後退が引き起こされた。ただし経済学者は一九三〇年代の教訓を学んでいたため、思ったほど悪くはならなかった。しかも大恐慌の研究が専門のベン・バーナンキが、米国連邦準備制度理事会の議長として重要な役割を果たした。それにしても、低インフレと安定成長に支えられ、グレートモデレーション(大いなる安定)と一部では称された時期が長らく続いた後、このような破壊的な出来事が発生したのはどうしてだろう。なぜ迫りくる危機が見えなかったのかと、ロンドン・スクール・オブ・エコノミクスの経済学者たちにエリザベス女王が尋ねたのは有名な話だ。マクロ経済学者は、危機を予測できなかったことを強く批判された。なぜなら、当時予測に使われたモデルの多くは、こうした出来事が実現する可能性を排除していたからだ。金融経済学者は、「効率的市場仮説」を嘲笑された。これは、将来のリターンに関して現時点でわかる情報のすべてが資産価格には反映されるという主張で、そこから判断する限り、将来の動向はランダムになるしかなかった。

当然ながら、私はこうした点が欠落していることを認めて『ソウルフルな経済学』を改訂した（Coyle 2010）。しかし世界金融危機（GFC）の影響は大きく、私たちはその結果にいまだに苦しんでいる。特に深刻なのが、中央銀行による「量的緩和」だ。中央銀行が（おもに）国債を買い取り、市場に大量の資金を供給する結果、超低金利状態が続く一方、他の資産価格は上昇した。これは金融市場や裕福な資産保有者にとって喜ばしいが、多くの年金基金は危機に陥った。一連の出来事で金融が果たした役割、そして政策の失敗の責任について、私はじっくり考え始め、二〇一二年にオックスフォード大学で開催された人間の価値についてのタナー講義に招待されたときは、これを講演のテーマに選んだ。[1] フランケンファイナンスが創造され解き放たれるプロセスで、学術経済学はどんな役割を果たしたのか。政策に関わる経済学者にはどんな責任があるのか。二〇世紀半ば以来、政府での影響力は増え続けているが、それが金融危機を発生させたのではないだろうか。現実世界の混乱やとんでもない複雑さに直面したとき、経済学者は研究の結果をどのように応用すべきか。経済学は二〇一二年以来前進してきたが、似たような出来事が将来決して発生しないと確信できるだろうか。

パート1　フランケンシュタイン博士、私はこう思う

最近私はジュニアアナリストから、デリバティブに関してつぎのような質問を受ける機会が最も多い。「我々はクライアントをカモにして、どれだけ金儲けしたのでしょうか」。デリバティブ販売に関する会議に出席しても、顧客をどうしたら助けられるか尋ねられる時間は一分たりともない。クライアントから、できるかぎり多くの金をむしり取る方法についてばかり質問される。上級管理職が基本的な真実をほとんど理解していないことには驚かされる。実際のところクライアントはあなたを信用できなければ、最終的には取引を停止するのだ。(Smith 2012)

これは世界金融危機（GFC）の数年後、『ニューヨークタイムズ』紙に掲載されたもので、執筆者はゴールドマンサックスを退職した幹部だ。これを読むと、金融市場の真実について当時もいまも多くの人たちが信じている内容がわかる。すなわち、こうした金融市場は、社会にとって根本的に有害だという意見が広く定着している。そしてその延長線上で、すべての市場や経済学者全般も有害だと見られている。なぜなら経済学者は、現代社会を支える構造としての市場を先頭に立って擁護してきたからだ。ひょっとしたらこれは、大衆の見解を誇張している可能性がある。しかし世論調査から得られた証拠を見るかぎり、一九八〇年代初めから公共政策を支配してきた市場重視

の原理は、評価が見直されていると考えられる。世論の大半は市場経済を相変わらず支持しているが、いまや市場のプレイヤーの行動を熱烈に支持する市民はほとんどいない（YouGov 2011）。何と言っても彼らのせいで二一世紀初めの資本主義には、不平等、失業、不安定な仕事、緊縮経済がもたらされたのだ。二〇一二年までには国民の不満は大きく膨らみ、大勢の人たちが抗議活動に参加した。グローバル経済の総本山であるシティ・オブ・ロンドンやウォールストリートは、彼らによって「占拠」された。二〇一九年にリアルクリア・オピニオンが実施した世論調査によれば、回答者の四分の一以上は、資本主義と自由市場は破綻していると考えており、政府が経済の規制を強めるべきだと考える回答者は一五パーセントに達した。[2] リベラルな知識人も、経済学への厳しい非難の合唱に加わった。以下に、アメリカの小説家マリリン・ロビンソンの発言を紹介する。

かなり最近、私たち全員をどん底に突き落としたのはエコノミクス・パントクラトール（全能者）という超国家的なパワーだったと記憶している。それが灰のなかから再び力強くよみがえり、その評判たるや、あのバブルの時代も凌ぐほどだ。社会が不安定になり、富が破壊されたのは、こいつのせいだ。今回もまた、急いで退治しなければならない。（Robinson 2012）

経済学を有益で実践的な学問分野でなく、有害な社会勢力と見なしたのはロビンソンだけではない。著述家はかねてより、経済学はもっと重要な価値や文化的伝統と対立する存在だと考えてきた。

その起源は、自然の支配を目指す合理主義的な啓蒙運動の見解に対する、ロマン派の反発にまで遡る（Porter 2000）。『この最後の者にも』（Ruskin 1860）のなかで、産業資本主義を同じような形で痛烈に批判したジョン・ラスキンなら、このロビンソンの暴言（他に適切な言葉は見つからない）に賛同しただろう。それによれば、工場制手工業は富を生み出したが、近代経済学は「貧困状態」を定着させた。

大恐慌以来、最も深刻で最も長引いた景気低迷――今日のコロナ禍による景気低迷も、おそらくそのタイトルを奪えないだろう――が、こうした批判の復活を促したのも意外ではない。経済学者は経済危機の防止や緩和に貢献すると思われているのだから、深刻な景気低迷の発生は、間違いなく良い仕事をしてこなかったことの証明になる。経済学に根本的な問題など存在しないと主張する経済学者は多く、小説家や抗議運動参加者からの過激な攻撃に拒否感を示す者はさらに多い。それでも他の多くの経済学者は経済危機から教訓を学び、経済学の知的枠組みをどのように構築すべきか、公共政策の世界で自分たちはどんな実際的な役割を果たすべきか、真剣に考えている。ちなみにケインズは、経済学者は歯医者のように「謙虚で有能な人間」であるべきだと指摘したことで知られる。間違った物事を修正し、人々の生活を適切に改善しなければならないという（Keynes 1931）。あるいは、最近ノーベル経済学賞を受賞したエステル・デュフロは歯医者の代わりに、やはり実際的な職業である配管工にたとえている（Duflo 2017）。

しかしいまや私たち経済学者は、フランケンシュタイン博士のような印象を与える。理想を求めて見境なく実験を行ない、挙句の果てに大惨事を引き起こしたと考えられている。では経済学は、その機能しないイメージに基づいて世界を形作ったのだろうか。

文学者に誇張されるまでもなく、これには若干の真実が含まれると私は考える。私が職業にしている経済学者は、これまで発生した出来事にある程度の責任を持っている。その具体的な中身については、あとから説明する。ただし、経済学へのある特定のアプローチには、きわめて大きな責任がある。それはすでにしばらく前から後退してきたが、最終的には世界金融危機（GFC）によって信用が失墜するだろう。実際のところこの経済的大惨事は、経済学が啓蒙運動のなかで誕生したときのように、自然科学と類似の手法をとった結果として作り出されたものだ。本章のパート2では、古い経済学と新しい経済学の争いが公共政策の領域でどのように展開しているのか論じる。経済学者は何十年間にもわたり、特権的な地位を利用して公共政策の決断に影響をおよぼしてきた。

私はつぎのように考える。経済学は知的学問あるいは専門的実践として、分析の対象である経済の形成に貢献してきた。経済が機能する方法についての信念や、将来の機能に対する期待は、私たちの理論、すなわち「モデル」で中心的な役割を果たす。そして多くのモデル――マクロ経済学のように経済全体のなかでの関係をまとめたケースも、あるいはその一部のケースも含め――は、「主体」（経済学では人間をこう呼ぶ）は経済に関しておおむね正しい確信、すなわち「合理的な期待」を抱くと仮定する。すべての人が常にだまされるわけではないというのは、見方によっては妥当な仮定だ。間違いであることが体系的に証明されれば、信念を変えるだろう。しかしいまではこれは、何百万もの本物の人間の情報や計算力についての仮定として強力ではあっても、現実的ではない。

合理的か否かを問わず、今日の行動は明日についての確信に左右されると仮定すれば、重要なのは自己成就的予言への道が開かれることだ。期待が重視されるときはかならず、現実を形作る力がアイデアに備わる。ケインズは投資や消費者支出のおける「アニマルスピリッツ」の重要性を強調したが、それは正式な合理的期待モデルにも――本人の予想とは異なるかもしれないが――取り込まれて定着している（Keynes 1936）。その意味では、資産価格のバブルも合理的だと考えられる。ほとんどの投資家が価格は上昇し続けると期待するなら、その期待は現実のものになるだろう（Santos and Woodford 1997）。

経済学で用いられる自己成就的予言という用語を考案したのは社会学者のロバート・K・マートンだが、彼がこの新しい言葉を使い始める以前から、同じアイデアについては多くの事例があった（Merton and Merton 1968）。その古い事例のひとつがオイディプス神話だ。主人公オイディプスについて予言された内容がその成就に影響を与え、悲劇的な結末を迎えた。それと同様に、一九七〇年代末以降に考案された経済モデルが、決断のなかで期待が果たす役割を重視するようになった途端、ほぼすべてのものは自己成就が可能だと見なされた。実際、完璧な情報が提供され、摩擦がいっさい存在しない経済学者の不自然な世界では、自己成就というアイデアはただちに受け入れられたのである。

しかし経済学者は、そこから開かれる理論的可能性についてあまり考えなかった。実は、経済に関する経済学者の考え方も自己成就的なのだ。しかもこの原理はモデルのなかだけでなく外でも機能する。もしもグローバルな主流派経済学が経済や金融市場を何らかの方法でモデル化し、それが官僚や金融市場トレーダーの考え方に影響をおよぼし、ひいては彼らの信念や期待が形成されたら、モデルを反映するような形で現実が変化する可能性はないだろうか。もしも経済学者が社会のごく一部に注目して独特の方法で考えるなら——しかも経済学者という集団は平均よりも利己的な個人主義者になる傾向が強い（Gerlach 2017）——ひょっとしたら私たちが使うモデルは、モデル制作者が考案した独特のイメージに従って経済を形作っている可能性がある。

そうなると、自己成就型予言もかなり強烈なものとなる。これは「行為遂行性」（パフォーマティヴィティ）と呼ばれることも多く、もともとは言語哲学の専門用語だったものが、大きく異なる学問で使われるようになった。ジョン・オースティンは、「すみません」「ここに二人が夫婦であることを宣言します」といった具体例を紹介した。どちらのケースも、言葉が行動を形成している（Austin 1962）。同様にいまの社会経済学者は、行為遂行性を経済モデルに利用して、単に外的現実について述べるのではなく、独自の現実を構築する。そんな行為遂行的経済学の典型例が、金融オプションの価格設定モデルだ。ロバート・K・マートンの息子のロバート・C・マートンは、このモデルを考案した功績を評価されて一九九七年のノーベル経済学賞を共同受賞した（もうひとりはマイロン・ショールズだ。ブラック＝ショールズモデルを一緒に考案したフィッシャー・ブラックは、すでに故人になっていた)[3]。このモデルを実践するためにロバート・C・マートンが共同設立した投資会社のロングターム・キャピタル・マネジメント（LTCM）は、二〇〇〇年に四六億ドルの損失を出して破産したが、ある意味でこれは後の金融危機の予行演習だった。この出来事にオイディプスの神話が奇妙に反映されていることを見落とすのは難しい。噂によれば、父親のロバート・K・マートンはLTCMに投資しており、オイディプスの父親と同じく悲劇に見舞われた。

息子のマートンが考案したオプション評価モデルが金融の現実を自らのイメージで作り替えた挙句、最後にとんでもない金融破綻を招くまでにはどんな経過をたどったのだろう。社会学者のドナルド・マッケンジーは、一九七〇年代以降のデリバティブ市場の爆発的成長の原点が、金融商品の価格を設定する実用的モデルの普及だったと指摘する。マートンの貢献は、オプション評価のシンプルな公式を提供したことだ。市場のトレーダーにとって、これは競合するアプローチよりも直感的に理解できる公式だった。というのも、オプション取引の権利行使の対象となる原資産の価格変動に、オプション価格が関連づけられたからだ。さらにマッケンジーによれば（MacKenzie 2007）、フィッシャー・ブラックがシカゴの金融市場で商用サービスを提供したことも重要だった（当時の市場は立ち合い取引で、トレーダーがあちこちのピットで大声を出して売買を行なっていた）。ブラックが導入したビジネスでは、市場ではなくコンピュータ上で、ブラック＝ショールズモデルを使ってさまざまなオプション価格を計算し、割り出されたオプション価格を記した紙が送られてきた。トレーダーはその紙を丸めていけば、特に注目したい列を簡単に読むことができた。

こうして市場では取引価格の設定に同じモデルを使うトレーダーの割合が増え続け、数年もすると、アメリカの金融市場で観察されるオプション価格はモデルが予測する価格に近づき、モデルと現実の違いは一〇年ごとに縮まっていった。マッケンジーはこうした展開の証拠を提示したうえで、以下の点も指摘した。シカゴ大学で誕生した経済理論が高く評価されると、規制機関はオプション取引を一種のギャンブルとして禁止する姿勢を放棄した。トレーダーに好意的なモデルが誕生し(コンピュータ革命のおかげで誰もがモデルに従って価格を簡単に計算できるようになると、モデルはさらに広く普及した)、取引に便利な価格一覧表が提供され、モデルが規制機関から共感されると、そのすべてが功を奏し、デリバティブのグローバル市場は大きく成長した。一九七〇年にはほとんど存在しなかったのに、二〇一〇年には想定元本が一二〇〇兆ドルにまで膨れ上がったのである[4] (Triennial Central Bank Survey 2010)。

経済モデルを創造して公表する知的行為以上の要素が、このストーリーには間違いなく含まれる。シカゴ取引所という広い社会や、緩やかな規制文化が許される政治環境は、確実に一役買っている。他には、コンピュータやソフトウェアが利用しやすくなり、大量のデータ処理や複雑な計算が可能になったことも功を奏した。経済の現象のなかで、原因がひとつのものなど存在しない。それでも、現代のデリバティブ市場という危険なモンスターを創造するうえで、ブラック゠ショールズ゠マートンモデルがフランケンシュタイン博士の役割を果たしたという主張には説得力がある。

ある理由から、金融市場ではいまだにモンスターが猛威を振るっていると信じられる。「アルゴス」（アルゴリズムの略称）のおかげで、高頻度取引（ＨＦＴ）が可能になったのだ。高頻度取引では、六五〇ミリ秒以下という短い間隔で売買が繰り返される。この活動からはさまざまなサポートサービスが提供され、たとえば企業は「最速コンピュータで読み取り可能な経済データと会社情報」や「グローバル・プロキシミティ・ホスティング」を販売している。

グローバル・プロキシミティ・ホスティングは、コンピュータ・サーバーを取引所の近くに設置する必要性から生まれた。取引の間隔がナノ秒（ミリ秒の一〇〇万分の一）しかないと、光の速度が深刻な物理的障害になる。ライバルよりも長い光ファイバーケーブルで指示を送り、ナノ秒レベルでの遅れが生じると、かなり不利な立場に置かれる可能性がある。金融市場の情報はサイバースペースを一瞬のうちに通過して、別の物理的場所に届けられなければならない。たとえばペンシルベニアのアレゲーニー山脈の一角に新しいケーブルが敷設された結果、ニュージャージー州のカーテレットにあるナスダックのサーバーは、シカゴのサウスループにあるデータセンターにわずかに近づいた。おかげで、データセンターから送られる光子をほんの少しだけ――正確には三ミリ秒――速く受信できるようになった。あるいは新しい大西洋横断ケーブルが敷設された結果、トランザクション時間が〇・〇〇六秒短縮され、結果として三億ドルの投資に見合う改善がもたらされた。そして何の変哲もない建物のなかのデータセンターでは、取引所から最も近いサーバーが、取引所のサーバーと何本もの光ファイバーケーブルで結ばれ、数メートル離れた場所にいるライバルよりも、電子の世界での戦いで有利に立っている。二〇一七年には、注文を出してから実行までの最短の応答時間は八四ナノ秒にまで短縮され、二〇一一年の六〇倍にまでスピードアップした。そしてテクノロジーの進化は、ケーブルだけにとどまらない。いまやマイクロ波タワーが新たなライバルとして登場し、ヨーロッパ全域やアメリカ国内にネットワークが張り巡らされている。長距離通信に関しては、マイクロ波のほうが光ファイバーケーブルに比べ、情報の伝達速度が光速に近い（Anthony 2016）。このように金融市場は物理的現実に変化を引き起こし、バーチャルな代数学的取引を実現させた。ただし、イングランドのケント州の美しい海岸に高さ三〇〇メートル――ニューヨークのクライスラー・ビルディングとほぼ同じ高さ――のマイクロ波タワーを建設する計画は、地元の議会によって却下された（Mackenzie 2019）。そしていまでは、短波と人工衛星を使ったテクノロジーが新たに開発されている。すでに金融市場の取引のおよそ半分はコンピュータを使った高頻度取引が占めているが、そこに新たに加わるテクノロジーからは、アルゴリズムに基づいて処理された信号が低軌道衛星に当たって跳ね返り、網の目状に広がっていくイメージが思い浮かぶ。それはもっぱら、金融市場がクライアントから少しでも速く、少しでも多くのマネーを引き出すことを目的としている。

二〇一〇年五月六日のいわゆるフラッシュクラッシュ（瞬間暴落）は、いま紹介したような自動取引が原因だった。このときダウ・ジョーンズ株価指数は六分間で六〇〇ポイント落ち込んだが、二〇分後には完全に回復した。二〇一五年にアメリカ当局は、ウェストロンドンの郊外を拠点とする、数学の才能に恵まれたひとりのデイトレーダーにフラッシュクラッシュの罪を着せようとした。

しかし最近の詳しい報告によれば、フラッシュクラッシュはひとりの人間の企みではなく、機械の複雑なネットワークと規制によって引き起こされたものだった（Vaughan 2020）。たとえば二〇二一年初めには、取引プラットフォームのロビンフッドに集まった個人投資家が、ゲームストップ〔訳注：GSE。テキサス州に本社を置くビデオゲーム販売店〕の株価を乱高下させて世間を騒がせた。ロビンフッドは個人投資家の売買注文をHFTトレーダーのシタデルを介して行ない、その見返りにシタデルはリベートを受け取った。こうすれば市況についての機密情報を収集できるので、アルゴリズムは有利な立場を確保することができる（Van Doren 2021）。

ゲームストップ社の株価の乱高下は大きく注目されたが、他にも実に多くのフラッシュクラッシュが発生しており、それを裏づける証拠もある。その数は二〇一一年までの五年間で一万八五〇〇件以上にのぼるが、あっという間に現れては消えるので、人間は気づくことができない（Johnson et al. 2012）。この調査に関する報告書では、ブリストル大学のジョン・カートリッジのつぎの発言が引用されている。「経済理論は常に経済の現実に後れを取ってきたが、いまやテクノロジーの変化のスピードはすさまじく、理論と現実のギャップは拡大する一方だ。これは恐ろしい結果につながる。いまや我々の世界はグローバルな金融市場に支配されているが、この市場について健全な理論による解明がほとんど進んでいない」（Keim 2012）。ただしもっと恐ろしいのは、経済理論もまた経済の現実に先行していることで、やはり仕組みは解明されていない。小説家のロバート・ハリスが、二〇一一年に出版された小説『恐怖指数』のなかで、アルゴリズムはローグトレーダー（ならず者トレーダー）であり極悪人だと決めつけたのも無理はない（Harris 2011）。いまでは世界の金融監督機関が、危険なほど複雑な仕組みの創造に関与した自らの役目も含め、金融市場の実態を解明するために必死の努力を続けているが、その結果を知って安心できるのか危機感を募らせるのか、現時点でははっきりしない[5]（Haldane 2012; Amadxarif et al. 2019）。

金融市場が私たちの経済のなかで独り歩きを始めたことは議論の余地がないようだ。その原動力はテクノロジーとＡＩで、なかでもＡＩの影響力は高まる一方だ。あるプロの投資家はつぎのように指摘する。「機械が人間の主人と決別し、独自の文明を創造することへの不安は以前からあったが、もはや現実の経済に貢献しない銀行システムの登場によって、不安の一部が現実化した」（Snider 2011）。そのうえで彼は、バンク・オブ・アメリカの事例を紹介している。バンク・オブ・アメリカは単独で、デリバティブのバランスシート・エクスポージャー〔訳注：リスクにさらされている金額〕が二〇一一年の最初の九カ月間で七四兆ドルに達した。しかし会計ルールで許される範囲は、七九〇億ドルまでだった[6]。

こうしたデリバティブの活動が現実の経済への投資に結びつかないことは言うまでもない。それでも金融部門全体が国内総生産（ＧＤＰ）の成長に貢献しているように見えるのは、活動がＦＩＳＩＭという形で定義され測定されることが唯一の理由だ。ＦＩＳＩＭとは、間接的に計測される金融仲介サービスの略称である。この定義は事実上、リスクテイキングを経済にとってのプラス要因と見なし、投機売買には生産的な投資の可能性があると考える（Christophers 2013; Coyle 2014）。

一九七〇年代から普及している金融への知的アプローチが、実は経済にほとんど貢献しないどころか、むしろ経済の価値を減らしている可能性があるとすれば、厳しい疑問を提起しないわけにはいかない。経済学者は、代わりにどんな異なる行動をとるべきだったのか。ブラック、ショールズ、マートンの各教授の研究を、規制機関は禁じるべきではなかったか。そして、金融イノベーションが消費者に見返りをもたらさないのはなぜか。経済の他の部門ではいずれも、少なくとも最終的には消費者に利益がもたらされるというのに。こうした疑問からは、アイデアは孤立して存在するのではなく、制度や社会の構造に組み込まれているという事実に注目せざるを得ない。たとえばイノベーションの恩恵は、普通は競争を通じて広がるものだ。ところが金融の場合は十分な市場支配力を持つ資本家が、独占「レント」すなわち超過利潤を引き出す。しかも、金融イノベーションは効果的な規制を置き去りにして進行するので、貪欲、欺瞞、無謀、自信過剰などが、歯止めが利かずにはびこってしまう（Lanchester 2010）。

モンスターと市場

金融市場は重要であり、GFC（世界金融危機）を引き起こしたことは非難に値するが、経済のすべてというわけではない。同様に、効率的市場仮説も経済学のすべてというわけではない。金融市場で取引するコンピュータは経済学者ではないし、経済学を体現しているわけでもない。そのため控えめに言っても、ほとんどの経済学者は金融理論や効率的市場仮説を自分たちの研究の最高峰とは間違いなく見なさない。そして政治家も規制関係者も、抑制の利かない金融市場の問題に取り組むとき、経済学を激しく攻撃したくなければ、そうすることは可能だ。

そのため、金融市場の行き過ぎには経済学が一定の割合で関わっているという私の提言には、多くの経済学者が反対している。確かに、多くの経済学者が株価急落の直前に、維持不可能な資産バブルが発生する可能性について警告していたのは事実だ（わずかではあるが、重大な金融危機の発生を具体的に予測した学者もいた）。ロバート・シラーの『投機バブル 根拠なき熱狂』はベストセラーとなり、その警告は世界中のメディアで広く取り上げられた。そうなると、政治哲学、金融機関の影響力、政府に対する金融機関のロビー活動、信用格付け機関のインセンティブ、激しい欲望や不誠実な行為のいずれも、経済学と比べて、いやオプション市場と比べても、はるかに大きな責任を負うべきだという主張も正しい。政治家や規制関係者が経済学者の言葉に真摯に耳を傾けていたら、危機は回避されたかもしれない。それどころか、金融市場が社会を改善する可能性もある。金融制度に秩序があれば、個人も企業もリスクを管理して、貯蓄を生産的な投資に回すことができる。ちなみにロバート・シラーは、世界金融危機の類の発生を予測して有名になった経済学者のひとりだが、その一方で金融市場の拡大に賛成している。たとえば自然災害に伴うコストの発生に備え、各国が金融市場でお互いに保険をかけ合っていれば、いざというときに助け合えるという（Shiller 2000, 2003, 2013）。

ただしこうした弁護は、経済学の基本的な役割を見落としている。現代の金融市場を生み出したのは経済学なのだ。だから経済学者は、金融界のモンスターをすっかり排除することができない。

経済学が世界を形作っている事例は他にもあるが、金融界の外では行為遂行性が同じような力を発揮しない。実際、経済学の一部の領域で行為遂行性を機能させたくても、望み通りには実現しない。一例が通貨政策で、モデルを考案する政策立案者は、誰もがそれに影響され、インフレ目標が達成されることを期待するが、残念ながらすんなりとはいかない。それでもシラーは、経済理論がナラティブを形作り、それが経済の成果に影響をおよぼした具体例をいくつも紹介している（Shiller 2019）。

ただし、理論が世界に影響をおよぼす一方で世界が理論に影響をおよぼす可能性は、一九七〇年代末以降に公共政策で広く採用された経済へのアプローチには取り入れられていない。このアプローチでは、経済を組織化する原理として市場の存在が強調され、なかでも「自由市場」に重点が置かれた。こうした見解はロナルド・レーガンやマーガレット・サッチャーなど保守派の政府によって取り入れられたが、その見解によれば政府の役割は、特定の「市場の失敗」への取り組みや一定の「公共財」の供給に限定される。教科書では標準的な事例として、汚染、渋滞、国家による基礎教育の提供などが紹介されている。こうした最小国家や「自由市場」の拡大というイデオロギーが政治で勢いを増した背景には、一九七〇年代に深刻な「政府の失敗」を経験したことがあるという点は、認識しておくべきだ（Coyle 2020b）。同年代のイギリス人の多くと同様、私には十代のときの記憶が鮮烈に残っている。それは一九七〇年代末のことで、公共部門の労働者がストライキを行なったため、私はロウソクの灯りで宿題に取り組み、ごみが山積みになった通りを歩いたものだ。やがて国有産業が民営化され、市場の規制が緩和されると、サービスは改善して選択肢が増えた。私たちはようやく外国での休日にお金を自由に使い、何カ月も待たされずに電話回線を引くことができるようになったのである。

サッチャーやレーガンの革命の土台となった経済理論は当時、絶対的な主流というわけではなかった。ケインズの需要管理には、いまだに多くの支持者が残っていた。それでも当時の合理的期待革命は、フレデリック・フォン・ハイエクや、彼と同様にモンペルラン・ソサエティに所属するミルトン・フリードマンなどの経済学者が提唱し、当時はあまり流行らなかった経済学とうまく合体すると、一九八〇年代初めには最高潮に達した（Stedman Jones 2012; Slobodian 2018）。やがて経済学者は学問の世界でも現場でも、合理的期待モデルの抽象的な概念から徐々に距離を置き始めたが、それが完了するまでには数年を要した。たとえばマクロ経済学は、世界金融危機が発生する以前には、きわめて単純な「動学的確率的一般均衡モデル」（ＤＳＧＥモデル）と結びついていた（Wren-Lewis 2012b）。さらに、標準的な「新古典派」経済学は合理的期待モデルを公共政策の問題解決に応用している。当時、金融サービス機構の会長だったアデア・ターナーは、世界金融危機が終わったあとの講演でこの点を以下のように強調した。

新古典派のアプローチは、独特の規制主義を重視する傾向が強い。完全かつ効率的な市場の達成を妨げる不完全な要素を特定することが、政策立案者の理想とされる。規制介入するときは、製品の禁止や市場の不安定性への対処ではなく、情報公開や透明性の義務づけに注目すべきで、実現すれば市場はこのうえなく効率的になるという。

こうした命題ならびにそこから暗示される強力な自由市場は――反対意見は常に存在したものの――過去数十年間にわたって学術経済学でかなり支配的な役割を果たしてきた。しかもいまでは、先進国世界の財務大臣や中央銀行や規制機関など政策立案者のあいだで、支配的な傾向を以前よりも強めている。ケインズは、つぎのような有名な言葉を残した。「知的影響力から自由なつもりの実務屋は、たいがいどこかの破綻した経済学者の奴隷だ」。しかしもっと危険なのは、政策立案で中心的な役割を果たしている分別も知性もある男女が、いまの世代の経済学者のあいだで優勢な単純化された通念を無条件で信じ、しばしばその奴隷に成り下がっていることだろう。（Turner 2010; Keynes 1936）

学術経済学は以後かなり変化したが、市場は官民いずれの分野でも四半世紀以上にわたり、経済活動を調整する手段として利用される範囲が拡大してきた。一九八〇年代にイギリスの国有産業が民営化されたのも、その一例だ。民営化のあとも政府の規制を受けているが、ターナーによれば、「市場の失敗」として明確に定義される現象の修正を知的枠組みにしている。外部性や情報の非対称性など、市場の望ましさに関する一般原則を侵害する現象が認められれば、修正が行なわれる。民間部門はともかく、公共部門で行なわれる経済活動の境界は、国ごとにはっきり異なる。そこからは、たとえば水や電気の供給、鉄道や航空業務、保健医療などの調整に市場は部分的に関わればよいのか、それとも全面的に関わるべきか、議論の余地はあると考えられる。

経済における政府の支出のシェアは、どこでも長いあいだ上昇傾向にある。それを考えると、いまでは広範囲で政府の仕事を市場が代わりに引き受けているという主張には無理がある。しかし市場のマインドセットは、ニュー・パブリック・マネジメントというスローガンのもとで公共政策に応用されてきた。まず合理的選択という論理が、ジェイムズ・ブキャナンとゴードン・タロックが一九六二年に出版した『公共選択の理論――合意の経済論理』(Buchanan and Tullock 1962) によって政策や行政に導入された。これをきっかけに、インセンティブは市場での経済的選択だけでなく、行政や政策の判断も決定するというアイデアが導入された結果、インセンティブを計算式で表現する手法が公共生活に幅広く取り入れられる準備が整ったのである。

市場の失敗をクローズアップして経済運営における政府の役割を制約するケースと同様、このアプローチへの関心も高い。たしかに一部の側面には反発があり、そのひとつが量的な達成目標だ。公共部門の職員が具体的な数字の達成に目を奪われると、根本的な目的は顧みられなくなる。あるいは、競争入札を通じた公共サービスの民間への委託は、物議を醸しながらも広がった。かつては政府の領域としか思えなかった刑事司法制度なども例外ではなく、いまでは民間部門が刑務所を営利目的で経営し、量刑アルゴリズムを提供している。全面的に支持されているわけではないが、エートスや価値やプロフェッショナリズムを顧みず、ひたすらインセンティブを強調して公共部門の成果の改善を目指すやり方は、いまでは政治の議論で支持されている。同様に、公共サービスの提供への競争（あるいは「競争可能性」）の導入についての関心も高い。

大きくなる一方の市場の存在感には、金融危機の以前から不安があった。望ましい行動を引き出すためにインセンティブを創造するのは、公共サービス改革の立案者の想像以上に複雑で難しいことが、当初の段階から経験によって明らかになったのがその大きな理由だ。マイケル・サンデルはベストセラー『それをお金で買いますか――市場主義の限界』のなかでこの点を理路整然と指摘している。それによれば、市場や市場的な考え方がまったく不適切な生活圏にまで延長されたのは、経済学の責任だという。市場が不適切な評価方式を持ち込んだおかげで、市民の倫理的価値観は悪化した。民間業者を介して刑務所や警察活動や戦争などの分野で自由主義市場への移行が進み、市民権という民主主義の理想は崩れてしまった。サンデルは以下のように記している。我々は、「市場志向型の考え方を重視する前提に疑問を抱かなければならない。あらゆる財は同じ単位で測定可能で、単一の尺度や単位価格にもれなく変換できるという前提は、素直に信じられない」（Sandel 2012, 104）。やはり哲学者のエリザベス・アンダーソンも、さまざまなタイプの価値観が共存することの重要性について、同じように雄弁に語っている。すなわち公共政策に関する決断が下されるときには、暗示的にせよ明示的にせよさまざまな価値観の存在は無視されて、たったひとつだけ判断が下される（Anderson 1993）。市場の大きな存在感に関するこのような懸念には、多くの人たちが共感している。

金融危機は、経済学——少なくとも、社会の多くを市場のイメージに沿って形成するために経済学が果たした役割——を批判する人たちに、格好の攻撃材料を提供した。経済学者にも正式な倫理綱領の採用を求める圧力は強く、それに屈したアメリカ経済学会（ＡＥＡ）は綱領の起草に乗り出した。それは、ＡＥＡのジャーナル誌に論文を発表するには、どの研究者にも最低限の誠実さが求められるという声明や、資金源の申告の義務づけにとどまったものの、とにかく対策は講じられた。[7]

一方、経済学の内部からも批判の声は高まった。たとえば、会議や研究の支援に関わる新経済思考研究所や、リシンキング・エコノミクス（経済学再考）運動などの活動が目立った。国際的に組織されたこれらのグループは、主流派経済学の画一主義的な性質をやり玉にあげる。たしかに、それも一理ある。経済学者が研究成果を伝える手段が「トップファイブ」の経済学誌に限られるのは問題だと、複数のノーベル経済学賞受賞者が指摘している（Akerlof 2020; Heckman and Moktan 2020）。あるいは経済学の外からは、経済学は自由主義市場にしか関心を示さないと（不当に）批判されるし、「異端」を自認する経済学者はあまりにも狭量な主流派の姿勢に反発する。しかし主流派経済学は概してそんな批判に取り合わない。実際、公共サービスの提供など多くのコンテクストで、政府が直接手を下すよりも市場構造を導入するほうが良い結果につながることは、多数の実証研究によって指摘されている。しかも、いわゆる主流派経済学そのものがこの二五年間で大きく変化した。

部外者にはわかりにくいかもしれないが、経済学者はそのことを理解している（Coyle 2010）。一九七〇年代末から公共政策の多くを形成してきた自由市場重視のアプローチは、経済学の多くの領域でとっくに放棄されており、現代の主流派はもっと包容力が大きくなっている。インセンティブの力や選択の必然性を強調する従来の姿勢に、根拠に基づく人間の心理の解明、テクノロジーの影響、制度や文化の重要性、長い歴史の影響といった要素がいまでは組み合わされている。

たとえば経済学者は、従来の経済学が標準的な前提としてきた合理的選択が、状況によっては妥当でないことを示すような、いわゆる行動モデルや認知科学の発見を熱心に取り入れようとしてきた。いまでは（私は積極的に関与しないが）、行動モデルという新しい仮説を応用すべき状況の探求に、積極的に取り組む研究分野もある。状況を特定したらどのように応用すればよいか、それは経済政策にどんな影響をおよぼすかという点にまで注目している。あるいは制度派経済学は、集団の決定が個々の決定の総和以上の効果を発揮すると考える。人々の関心は千差万別であり、政治（一般的な政治にせよ特定の政治にせよ）、歴史、文化が経済学に重要な影響をおよぼすことを認識している。さらに経済史や経済社会学は全体的に、主流派経済学への影響を強めている。情報の非対称性や取引コストなど、経済的選択を左右する問題が、研究対象として積極的に取り上げられている。

つまり、いまの経済学者が習慣的に利用する枠組みの多くは、政治で論じられ公共政策で応用される日常的な経済学とはほとんど関係がない。皮肉にも、「経済学」を厳しく非難する評論家も、こうした折衷的な現代の主流派経済学を実践する著名な経済学者のことは賞賛する。レーガンやサッチャーの時代から今日にいたるまで、経済学は政策決定に採用され続けてきたと、経済学の外では思われてきた。ただし、実際の経済学は公共政策で利用される経済学よりも複雑であり、私たち経済学者の多くはそれをずっと理解していた。それでも、おそらくその事実をはっきり指摘する人がほとんどいなかったため、経済学者は全員が自由市場の信奉者だという誤解がいつまでも解消されない。私たちは「主流派」の研究範囲の広さについてもっと上手に伝える必要があるだろう。それと同時に、トップファイブのジャーナル誌がボトルネックになっているように、欠点があることを認めなければならない。

現実を伝えることを躊躇する姿勢は、経済学の重要な分野に対する、いわゆる同業者としての礼儀の影響でもある。その分野とはマクロ経済学で、専門に研究する経済学者は比較的少ないが、世間では絶対的に優勢な分野だと見られている。インフレと成長、金利、政府借入金のレベルなど経済全般にわたる結果を予測するマクロ経済学には、すべての経済学者が取り組んでいると一般の人たちは考える。たしかにマクロ経済の予測は重要な機能であり、メディアでも常に取り上げられる（マクロ経済学の詳細については第2章を参照）。しかし実際には、ほとんどの経済学者は予想を立てない。むしろ、イノベーションから医療や年金まで、幅広い分野のさまざまな主題に取り組んでいる。そして少なくともイギリスでは二〇一六年のブレグジットの投票結果をきっかけに、ほとんどの経済学者は危機感を募らせ、国民ともっと頻繁に上手にコミュニケーションをとることの重要性に目覚めた。当時、経済学者の一〇人に九人は、ＥＵ離脱はイギリスの景気動向の悪化につながると考え、キャンペーン期間中にそれを公の場で訴える者も多かった。[8] それでも票を投じた国民の半分以上にとって、このメッセージは明らかに心に響かなかった。

プロセスとしての市場

経済学はかねてより内部に反対者を抱えていた。彼らは世界金融危機（GFC）によって自分たちの正しさが立証されたと溜飲を下げ、経済学には「パラダイムシフト」の瞬間が訪れたと確信した（Kuhn 1996［1962］）。だが私は、経済学の主流派は決して画一的ではなく、徐々に変化しており、この二〇年以上は特にそれが顕著だったと考える。中心は理論から応用研究へ、マクロ経済学からミクロ経済学へ、理論的抽象化から制度や行動の詳細についての研究へと移行した。ただし移行したからといって、専門家の見解の大半が市場を放棄したわけではない。ほとんどの経済学者は経済を運営する方法としては、政府による直接介入よりも、できるところは市場に任せるほうがよいという意見だ。政策課題に関しては市場による解決（炭素取引や教育バウチャーなど）をしばしば提唱し、貿易自由化が広範囲にわたって利益をもたらすと確信している。こうした直感は概して、具体的な応用研究から得られる証拠によって正当化される。したがって、もしも政府は積極的な役割を果たすべきだと示唆する証拠があれば、経済学者はそれを勧告する。実際、世界金融危機が発生してから一〇年間で経済学者の見解はこちらの方向に大きくシフトしている。こうしたアプローチについてどのように考えるかはともかく、たとえば「ナッジ」というアイデアが、いまでは新しい干渉主義の一例として定着している。ナッジとは、人々の行動をさりげなく誘導することを意味する。それによって慣性が働けば、「フレーミング効果」によって意思決定が変化する。そんな心理的実在性を認識した政策である。あるいは、マーケットデザインは今日の経済学で活気のある分野のひとつで、市場のルールを慎重に作成したうえで、それを市場のプロセスに取り入れる。具体的には、国債や電波スペクトラムの入札などに利用されている。そしてコロナ禍の経験をきっかけに、政府による大規模な経済介入は現実のものになった。

このように経済学者は直感的に市場を信頼するが、何がその根拠になっているのだろう。たとえば「一般均衡」は幅広いアイデアであり、重要な原理である。ここでは、経済ではあらゆるものが結びついており、いかなる行動の結果も広範囲におよぶと考える。したがって、ソーシャル・エンジニアリング〔訳注：人間の隙や油断などの脆弱性につけ込んだ攻撃〕への誘惑を抑える予防戦術としては効果的だ。なぜなら、何らかの行動や政策から引き出される可能性のある結果について、ひとつずつ考える手間が省けるからだ。具体的な理論としての一般均衡は抽象的で、あらゆる人があらかじめ決められた選好にしたがって同じように選択を行なう理想的な世界を前提としており、そこには取引コストも外部性も存在しない。こうした仮定に基づくなら、博識で慈悲深い政府の決断が、競争均衡によって再現されることを証明するのも不可能ではない。抽象的な状況では、市場――価格の制約を受けた個人どうしの一連の取引――こそが、個人の選好を発見して満足させるための最も効率的な方法になる。しかも、経済を運営するための基準として市場が最善策になる可能性は、経済学を専攻する大学院生に教えられる。これは数学的に非常に難しく、私などすれすれで試験に合格した。一般均衡の詳細についてもっと掘り下げて考える必要があるのは、後に純粋理論を研究テーマに選び、一般均衡理論を後輩に教えるひと握りの経済学者に限られる。しかし（幸運にも）経済学者の市場志向型の直感は、数学の不動点定理を拠りどころにしているわけではない。なぜなら市場は理論よりも実践においてはるかに役立つからだ。市場経済は多くの人たちの暮らしを向上させ、私たちの生活を改善する方法を新たに取り入れ、私たちが収入と時間の制約を受けながらも最適な選択を行なうことを可能にしてくれる。

市場は価値を生み出すと同時に表現する存在であり、この点はマイケル・サンデルらによって批判されている。一方、市場は経済活動を調整するプロセスでもあり、このふたつは区別しなければならない。しかし現実には混同されることが多く、市場価格は価値を割り当てるための最善もしくは唯一の手段として、多くの経済学者から好まれる。しかし、お金ではうまく表現できない価値もあるというサンデルの主張は間違いなく正しい。すべての価値をお金で計ると、（お金とは無縁な）他の重要な価値が貶められる可能性がある。価格メカニズム――市場のプロセス――は、生物種の保護や二酸化炭素排出量の削減に役立つと私たち経済学者は主張するが、生物多様性や気候に値段を付けるのはまったく道義に反すると考える人は多い。その現実を、経済学者は受け入れるべきだろう。そうすれば、批判的な人たちとの会話も充実する。

むしろ市場は、発見や挑戦のプロセスで資源が有効に活用されるための調整作業において、優れた手腕を発揮する。需要と供給によって設定される価格が伝える情報は、素晴らしい調整装置だ。こうした調整機能については多くの経済学者が雄弁に物語っているが、ポール・シーブライトは以下のように記している。

今朝、私は外出してシャツを購入した……私が買ったシャツは、現代科学技術の奇跡によって創造されたシンプルなアイテムだが、国際協調の勝利を象徴するアイテムでもある。木綿は、アメリカで開発された種から栽培された。糸の人工繊維はポルトガルから、染料の材料はそれ以外の少なくとも六カ国から調達された。襟裏はブラジルで作られ、糸を編み、布を裁断して縫製する機械はドイツ製で、最後にシャツはマレーシアで完成される。シャツを製造してトゥールーズの私のもとに届けるプロジェクトは計画に長い時間がかかり、二年前の冬の朝から始まっている。コーヤンブットゥールの郊外の赤土の平原で、インド人の農夫が二頭の雄牛を使って地面を耕す時点から始まる。しかもその何年も前には、ケルンのエンジニアやバーミンガムの化学者が準備に関わっている……それでも、こうしたシャツを私が今日購入することは、関係者の誰にもわからない。(Seabright 2010)

もちろん、市場価格が重要な情報を除外している事例が多いことは認めよう。化石燃料の燃焼に伴う二酸化炭素排出の真のコスト、あるいはテクノロジー企業とのデータ共有のマイナス面（プライバシーの喪失）やプラス面（集約された有益な情報）は含まれない。それでも、共産主義の計画経済が経済的に（政治については考えない）失敗して一九八九年までに悲惨な状況を招くと、実際のところ中央計画経済には情報調整プロセスを再現できないことが明らかになった。今日ではコンピュータの性能が飛躍的に高まり、「ビッグ」データやＡＩを利用できるようにもなったが、計画経済の失敗を確信できるもっともな理由はいくつもそろっている。それについては第6章で論じる。

競争市場は、資源配分を徐々に変更する方法の素晴らしさも抜きんでている。ジョン・ケイはこの機能を「発見のプロセス」と表現した。ヨーゼフ・シュンペーターは、「創造的破壊」という有名な言葉を残した（Schumpeter 1994［1942］）。競争のプロセスは、経済のダイナミズム――イノベーション、新しい商品やサービスの生産、成長――の源である。中央計画経済など他のタイプの経済構造も一定の期間、ひょっとしたらかなり長い期間にわたって成長を維持することは可能だ（Acemoglu and Robinson 2012参照）。しかし、過去二五〇年にわたる驚異的な繁栄を支えた商品やサービスのほとんどは、市場資本主義がなければ手に入らなかっただろう。

ここでは、「競争」という言葉に注目しなければならない。そもそも公開討論では、市場とビジネスの見解の違いが曖昧である。アダム・スミスが『国富論』で指摘して有名になったように、実業家は自分の利益を増やすためには、公共の利益を顧みない傾向が当然ながら強い。大企業や寡占企業の利益の増加につながる「企業優先型の」政策は、「市場優先型」や「経済優先型」の政策とはまったく異なるのだが、区別されないことが多い。経済学者は競争が大好きだが、実業家は嫌悪する。インテルのアンディ・グローブが一九八八年に出版された本のタイトルに採用して有名になった言葉の通り、ビジネスでは「パラノイアだけが生き残る」。市場の利益にとって、サプライヤーどうしの競争は欠かせない存在だが、企業は競争の欠如のほうを好む。ただし一部の経済学者は企業の手先になって、市場重視型や競争重視型ではなく、企業優先型の主張を展開することは指摘しておきたい。

競争は、か弱い植物と同じだ。大企業は新規参入を妨害し、競争を抑制することに関心を持つが、政治家や規制関係者はそんな動きへの警戒を怠ってはならない。大企業が成功を収めて大きくなり、利益を増やして権力を拡大するほど、競争を維持するのは難しくなる。ただし民主主義国家では時として、膨らみすぎた企業の利益が民衆の怒りによって吹き飛ぶ。過去には一九一〇年代のアメリカで、スタンダードオイルなどの大企業が反トラスト法によって分割された。これはジャーナリストのイーダ・ターベルの調査によって摘発されたものであった。大企業に対して法律面から積極的な活動が展開された時代のあとには、ポピュリズムが台頭して人民の怒りが膨らんだ。一九二九年に株式市場が暴落して大恐慌に陥ると、大きな格差が浮き彫りになり、ジャズ・エイジ（狂騒の二〇年代）の誇示的消費への反感が強まったのである。現在の状況は、過去の事例と気味悪いほど似ている。最近発表された報告の多くは、ひと握りのアメリカ巨大企業によって支配されるデジタル部門は分割し、競争を促すべきだと結論している（Cremer, Montjoye, and Schweitzer 2019; Furman et al.

2019; Scott-Morton et al. 2019)。いまは確実に以前と同様の衝動に突き動かされており、市場で競争を十分に機能させせ、大企業の利益を優先させないことに重点が置かれている。ただし現時点では、アメリカやヨーロッパの多くの国でこれが確実に実践されているとは言いがたい（Philippon 2019; Bajgar et al. 2019）。

発見のプロセスとしての市場の役割は非常に重要だ。その理由は、ハイエクの秀逸な論文「社会における知識の利用」のなかで述べられている。彼いわく「体系化されていない」知識についての情報が、市場では調整される（Hayek 1945, 521）。この情報は本質的に集約することも統計にまとめることもできず、分散して利用することしかできない。ハイエクは以下のように記している。「肝心なのは、知識の経済がこのシステムによって機能すれば、個人は市場に参加しても、正しい行動をとるためにほとんど知識を持つ必要がないことだ。一種のシンボルのような簡単な形で、最も本質的な情報だけが、関係者だけに伝えられる」（Hayek 1945, 526–527）。

しかし状況によっては、調整や発見のプロセスとしての市場に備わる有利な点が、評価の手段としての市場に備わる不利な点を圧倒できない。なぜなら、ふたつの機能は当然ながら共存するからだ。市場を介して何らかの経済資源を割り当てれば、普通はそれに対して金銭的価格が設定される。サンデルはその点を批判するが、その正しさを経済学者は積極的に認めようとしない。それでも実際のところ、金銭以外の価値が金銭的価値を上回るため、効率を重視しないメカニズムを介した資源配分のほうが好ましい状況は存在する。サンデルはおもに市民参加、すなわち「共和主義的美徳」に注目している。あるいは、公正さの領域から市場が批判されるケースもある。たとえば戦時中の配給は常にいわゆる闇市場を生み出し、当局はその根絶に多大な努力を払う。従来の（この状況は風刺的とも言える）経済的見解によれば、価格は最も効率的な配給手段である。供給が制約される状況で希少な資源を最大限利用するには、それを最も高く評価して、出費を惜しまない人たちに配分すればよい。この主張は、レントコントロール（家賃統制法）や外国為替の管理のケースと変わらない。しかし戦時中の食べ物や衣服の配給は、平時における住宅市場へのアクセスと同じではない。二〇二〇年のロックダウンの際、規制当局者が便乗値上げに反対し、治療に不可欠な医療用品の大幅な値上げの根絶を目指し、発覚すれば罰したのを思い出してほしい。戦争やパンデミックなど国家の有事の際には、配分効率の多少の悪さは大目に見て、すべての市民を運命共同体と見なさなければならない。公正さに備わっている非金銭的な価値が、価格シグナルや市場の効率性を圧倒するのである。

しかし、市民的価値が市場価値を上回るのはどんなときか、そして結果を金銭以外で評価したくても市場プロセスのほうが役に立つのはどんなときか、明確に——サンデルよりも明確に——しておくべきだ。公正や戦争に関するサンデルの事例には、多くの人たちが賛成するだろう。徴兵を忌避するための市場や、裁判での望ましい結果を買収するための市場など望まない。さらにサンデルは、医療を市場から除外すべきだと主張している。腎臓や心臓は、金持ちだけが買えればよいのか。全国民を対象とした国民保健サービス（ＮＨＳ）に加盟しているイギリス人のほとんどは、サンデルに賛成するだろう。そしてここでは、価値とプロセスがうまくかみ合っている。ノーベル経済学賞を受賞したアルヴィン・ロスは、いわゆる「嫌悪」市場について熟慮したすえ、腎臓提供プログラムを創設した。ここでは金銭のやり取りはなく、サプライヤーとユーザーをマッチする市場が成立している。このイノベーションが考案されてから数年以内に、ニューイングランドでは市場を介して三〇人が腎臓を提供されたが、腎臓に価格は設定されていない[9]（Roth, Sönmez, and Ünver 2004; Roth 2007）。いまでは、世界中で何千人もが恩恵を受けている。

需要と供給をマッチングさせるためのプロセスとしての市場と、あらゆるものに値段を付ける手段としての市場を概念のうえで区別しておけば、市民的価値と本質的価値のどちらを優先すべきかの見極めに役立つ。イギリスでは国民保健サービス（ＮＨＳ）の組織を巡って定期的に議論が戦わされているが、そこでもこれは大切になってくる。改革推進派は、公費負担の医療サービスが使用時に無料で提供されるという一般原則に、決して反対するわけではないと強調する。そして改革の隠された目的は民営化だと、自分たちと同じように強い調子で非難する反対派に苛立ちを募らせる。しかしここでは、どちらの陣営も相手をいくつかの点で誤解している。たとえば、イギリスの保健医療で市場の領域を拡大する提案に反対する陣営の一部は、公正の立場から、価格ではなく順番待ちリストに従ってサービスを割り当てるべきだと訴える。そして市民参加の立場から、ＮＨＳはこの国で最も重要な市民団体であり、共通の経験を通じて国民を団結させてきたと強調する。国民保健サービスは、二〇一二年のロンドンオリンピック開会式という晴れ舞台で大きく注目を浴びた

〔訳注：イギリスの功績のひとつとしてパフォーマンスに登場した〕。そして二〇二〇年にコロナ禍を経験した国民は、ロックダウンのあいだ毎週のように自宅の玄関口からNHSを賞賛し、オリンピックのときと同じく感謝のメッセージを送った。しかしイデオロギー信奉者の一部――少なくとも改革推進派の一部――は、NHSの効率を改善するために競争的供給の発見プロセスの導入を目指しても、これが民営化や金銭的価値の優先につながるとは考えていない。両者の立場をもっと明確にしておけば、政治論争はより充実するだろう。

行動の修正

ここまで本章では、現実を理論のイメージに沿って形作るうえで、経済学には一定の責任があったことを論じてきた。政治的イデオロギーや、公共政策を広範囲で支える知的枠組みも重要な役割を果たしてきたが、経済学は金融市場ではかなり大きな責任を、社会の経済化にもある程度の責任を負ってきた。実際、政策を取り巻く環境は、新古典派経済学の合理的期待モデルである自由市場に依存しすぎていた。しかもその期間は、経済学者の多くが考えるよりもかなり長い。

それでも私は、市場競争は資源の効率的配分にとって不可欠なプロセスだとする経済学者の主張を強く支持してきた。いかなる時点でも、そして長い時間をかけて創造される新しい製品やイノベーションにおいても、他の生産者との競争からは資源の有効な活用が促される。私たちは経済成長について語るが、これは実のところイノベーションであり、人々の生活を改善する新しいアイデアのことだ。ＧＤＰが成長すればパンや衣服の供給が増えるが、それは全体の一部にすぎない。新しい薬の開発、幅広い分野のさまざまなタイトルの本の出版、インターネットやスマートフォンなどの人工物の発明、海外旅行の機会、映画鑑賞やオリンピックへの参加もＧＤＰを押し上げる（Coyle 2014）。人間の好奇心だけでも多くの発見がもたらされたかもしれないが、サービスや製品が大量に生産され、手頃な価格で提供され、多くの人々の生活を改善するためには、商業的なニーズ、あるいは市場で顧客を確保するための競争から受ける圧力が必要とされる。新しいアイデアに基づく大量の製品やサービスが現実のものになった結果、私たちの生活は数世紀にわたって豊かになってきたのである。

ただし経済学者は、価値の尺度としての市場には限界があることも認めなければならない。汚染など市場の失敗の典型例、あるいは防衛費の必要性からもわかるように、すべての価値が価格で計れるわけではない。状況によっては非金銭的な価値が金銭的尺度に勝るべきで、そうなることが期待される。それでも、利益や価格の適切な領域はどこか、代わりに公正や市民参加などの価値が市場に優先される領域はどこか、はっきり説明するのは常に簡単なわけではない。その境界は国ごとに異なるし、時間とともに変化するもので、政治討論では継続的に問題として取り上げられる。それでも市場に関しては、活動を調整するプロセスとしての機能と、価値尺度としての機能を区別しておけば、市場を重視する経済学の姿勢への批判に対処しやすい。

しかし、経済学を批判する人がたびたび指摘する点がもうひとつある。それによれば、人間は合理的かつ利己的だという仮定は明らかに間違っている。そして、これを前提として採用する経済学は、基本的に誤っていると結論する。では、合理的で利己主義な人間という基本的な仮定を抜きにして、人々の経済行動をどのようにモデル化すればよいのか。

そこで経済学者は、行動心理学に強い関心を示した。人間の行動には非合理的な「バイアス」が存在し、しかもそれを変数として分析に取り入れられるなら、ほとんどの経済学者が積極的に取り入れる。従来の経済モデルでは入手できるかぎりの情報を集め、固定された選好を重視しながら仮定を立てて、それに基づいて利己的な論理を広く展開するが、そこから離れても予測可能なモデルが存在すると考えられる。このようなバイアスは、フレーミング効果（状況によって意思決定は異なる）、授かり効果（すでに所有しているものの評価が高くなる）、客観的確率よりも過度の楽観主義が優先される傾向などさまざまだ。ダニエル・カーネマンは、そうなるのは「ファスト」な思考と「スローな」思考の相互作用の結果だと説明している（Kahneman 2011）。このふたつは、脳の別の場所で進行する。ファスト思考は経験則や直感的な選択から成り、慣れ親しんだものを基準にする。スロー思考では合理的な計算が行なわれるが、脳の構造を考えれば重労働で、エネルギーも消費する。従来の経済学はスロー思考の前提を拠りどころにしてきたが、ファスト思考にも注目し、行動の経験則として少しずつ取り入れてきている。

ただし、この方法論的な修正には限界がある。そもそも、合理的仮説と行動仮説のどちらをいつ当てはめるべきか、完全にはっきりしているわけではない。カーネマンは二〇〇二年にノーベル経済学賞をバーノン・スミスと同時受賞したが、スミスの実験結果からは、「ファスト」思考が促されても、合理的仮説に基づく従来の経済学の予測と同じ結果がたびたび導き出されることがわかった。あるいは動物の行動に注目した研究者によれば、ハト、ネズミ、ミツバチ、オマキザルが食べ物を交換するときには、合理的で抜け目のないホモ・エコノミクスのように行動する。キース・スタノヴィッチはつぎのように指摘する（Stanovich 2005）。「人間以外の動物の多くの行動は、実際のところ合理的選択の原理にかなり忠実に従っている」。要するに、進化を成功に導く原動力は自己利益と競争ということになる。脳のなかでは、ひとつひとつのニューロンがホモ・エコノミクスのように行動する。私たちの意識にのぼるものは、ニューロンどうしの猛烈な競争に勝ち残ったものだ。ニューロンは知覚的な刺激に反応し、エネルギーの制約を受けながら脳の神経組織層をつぎつぎ通過して、意識にのぼるために競い合う。認知科学者の説明からは、このプロセスは経済学で馴染み深い制約付き最適化問題のモデルとして通用するとも考えられる（IDEI 2011）。そうなると、人間はどうやら状況次第でスローな論理的思考に頼るようだ。シンプルな条件が整えば不可能ではない。（ハトのように）頭が単純ならば、あるいはシンプルな環境に置かれれば、合理的な選択は容易になる。ロバート・オーマン（Aumann 2008）やゲルト・ギーゲレンツァー（Gigerenzer 2007）らは、つぎのように推測する。経験則すなわちファスト思考からは、通常は合理的で最適な決断が下されるが、なかにはそうでないときもある。これを合理性の不合理と呼んでもよい。

政治的選択に行動経済学を利用することが引き起こす他の問題については、第3章で取り上げる。ここでは、政府の介入によって国民の選択は改善するという前提に立っているが、「改善」とは誰が考えた定義なのか。経済学と他の人間科学のあいだでは言葉の貸し借りが多いが、これも最近の事例のひとつであることを指摘しておきたい。たとえば、マルサスの人口に関するエッセイに、ダーウィンは触発された（Browne 2003）。一方でダーウィンは、進化論を歪曲した社会ダーウィン主義者からカール・マルクス（彼は『資本論』をダーウィンに捧げたいと申し出たが、丁重に断られた）まで、広範囲にわたる社会科学者を触発した。それ以後もビジネスや市場を研究する経済学者は、進化を少なくとも比喩として使い続けた。というのも進化は実際のところ、一種の適者生存だからだ。ゲーム理論も、生物学と経済学の充実した交流の事例のひとつだ。ジョン・メイナード・スミスやジョージ・プライスは、進化ゲーム理論の概念を生物学から借りてきた（Maynard Smith 1976; Maynard Smith and Price 1973）。その後も生物学者の研究は経済学者にフィードバックされ、利他主義や互恵主義といった考え方に影響を与えた。知的交流は継続し、生物学は経済に応用され続けている。特に金融部門ではそれが盛んで、生態学では馴染み深い複雑性やネットワークが使われる（たとえば Haldane and May 2011）。

このように、経済学と生物学が長らくインスピレーションを与え合ってきたことは理解しやすい。経済学は基本的に人文科学の一部であると同時に、自然科学の一部でもある。経済学の創始者のひとりであるデイヴィッド・ヒュームは、政治経済学を知的プロジェクトと見なした。彼によれば、知覚によって手に入れた知識から何かを引き出すプロセスにはどんな屈折があるか、どんな推論が可能か、理解するプロジェクトだという。資源の利用に関する個人や社会の選択は歴史や文化によって形作られるが、それが自然界の宇宙にどのように組み込まれるのか発見することに情熱を注ぐ。現代経済学はこうした知性に根ざしたものであり、そのすべてに忠実であり続けなければならない。ちなみに知識を「ふたつの文化」に分類した研究成果で記憶されるC・P・スノーは、つぎのように結論している。自分の有名な講演に関する議論を振り返ってみると(Snow 1963［1959］)、文化には三つの種類がある。そのうえで彼は、この三つ目の文化である社会科学について以下のように説明した。

私はこうした議論の表面下で、いくつもの知的見解が自然に形成されていく様子に感銘を受けた。何らかの組織も、指導や意識的な誘導も関わっていない。こうした大量の見解は、さまざまな分野の知識人から寄せられるようだ。社会史、社会学、人口統計学、政治学、経済学、(アメリカの学者が考える意味での)行政学、心理学、医学、建築学などの社会的芸術というように、広い範囲にまたがっている。まるで寄せ集めのようにも見えるが、内面には一貫性がある。すなわちどの見解も、人間はいかに生きるか、これまでいかに生きてきたかという問題に関心を持っている。神話ではなく、厳然たる事実の解明に専念している。(Gould 2003, 42から引用)

経済学は、経験主義的な自然科学の一部になりたがる傾向を批判される。そして物理への羨望を、まるで重大な犯罪であるかのように非難されることが多い。とどのつまり、機械論や還元主義の傾向が目に余るとたびたび指摘されるが、このふたつは同一ではない。それに比べ、経済学者が生物学から（その意味では、相転移を伴う非線形力学など、物理学の他のテクニックから）インスピレーションを受けている点は、それほどやり玉に挙げられない。経済学が科学に位置づけられないと批判されるのは、自然科学と異なり、方法論に実験を取り入れられないからかもしれない。二〇〇八年や二〇二〇年に発生した危機でさえ実験的証拠を提供できなかったのは、どちらも不測の事態だったからだ。今日の状況は一九二〇年代や一九三〇年代の状況とも大きく異なり、概括することができない。それでも経済学では、実験的手法やランダム化比較試験が使われる機会が増えつつある。一方で自然科学は、従来のような実験的・科学的な手法を純粋な形で実践する機会が意外にも少ない。スティーブン・ジェイ・グールドは、以下のように説明する。

事実を探求するさまざまな学問は、明らかに科学の一部であり、（原則として）自然法に基づく経験的手法によって十分に説明できるが、実際のところ、非常に複雑で偶発的なシステムの研究にも取り組まなければならない。たとえば大陸と地形の歴史や、生命の系統発生の解明などが該当する。この場合は自然法にしたがって評価分析を行なうわけでも、研究室での実験に応用するわけでもないので、結果を推論することも予測することもまったくできない。むしろ、過去から連綿と続く歴史の遺産が物語るユニークな特徴に、重大な手がかりとして注目しなければならない。そのため、あらかじめ予測することはできないが、事実が発見されたあとは十分に説明が可能だ。(Gould 2003, 42)

グールドによれば、自然科学者はナラティブな歴史的説明をおろそかにする結果、本来なら使えるはずのツールキットを不必要に制限している。同じ主張は経済学にも当てはまる可能性がある。経済学は、進化論や認知科学、あるいは社会学や政治学と同列視されるが、異なる学問である。なぜなら――本章の冒頭でも取り上げたが――研究対象となる現実を変化させる可能性があるからだ。たとえばフランケンシュタイン博士が生命を創造しようとするだけでなく、この創造物が意識を持ったときに何をするかあらかじめ予想したうえで、自分の作品が世界に変化を引き起こさないように調整を加え、凶暴な行動を前もって防いでいたと想像してみよう。あるいは別のイメージで、経済学は気象学のようなものだと考えてもよい。気象学は範囲が広くて複雑かつ非線形的な動的システムであるが、大気の状態を表す変数に注目してそれを意識的に取り入れる。するとすでに説明したように、自己成就的かつ自己回避的な特性が生み出される。では、経済学者が金融危機や景気後退を正確に予測できるとしたら――しかも政策立案者たちがその予測に従って行動するとしたら――予測通りに惨事が引き起こされるのだろうか。それとも回避されるのだろうか。

経済学の進歩は微々たるものだという現実を、経済学者は間違いなく謙虚に受け入れる必要がある。しかしその一方、現代科学の偉大な知の航海に参加できないほど小さな存在だと、卑下したくなる気持ちには抵抗しなければならない。世界金融危機は、経済学者が謙虚になるきっかけになった。さらに理論から離れ、我々には実際のところ何がわかっているのかと、一部の経済学者が問いかけるようになったのもうれしい副産物だった。間違いを公の場で認めるのは誰でも難しいが、特定のアイデアや理論に専門家として深く関わってきた学者にとっては、なおのこと難しい。なかには批判に激しく抵抗する者もいる。しかし経済学が根本的に変化するきっかけを与えてくれるなら、ショックは大歓迎だ。人々や企業の行動を詳しく観察するだけでなく、大きなデータセットをダウンロードして、そこに統計的手法を応用するようになれば、ショックは良いきっかけになる。

責任ある経済学

ケインズは、経済学者が「謙虚で有能な」歯医者のようになるべきだと語り、デュフロは目標に配管工を選んだが、経済学者はむしろ検査技師のようになる必要があるだろう。フランケンシュタイン博士ではなく、慎重な助手になるのだ。いくつかの理由が重なり、ごく最近の経済学では綿密で細かい実証研究が盛んに行なわれている。まずコンピュータのおかげで、以前よりもずっと多くのデータセットが創造され、それにアクセスして共有する環境が整った。つぎに、経済のデータを分析する統計的手法が改善され、実験やランダム化比較試験などの手法が広く使われるようになった。細心の注意を払う必要はあるが、理論と証拠の相互作用は経済への理解を深めるために欠かせない要素だ。

こうした研究の内容は、日々大量に提出されるワーキングペーパーで紹介され、しかも心理学、疫学、工学、歴史学など他の学問分野と相互に影響し合っている。ところが皮肉にも、経済学が陰鬱な学問だという世間のイメージは大して変わらない。これは、経済学者が最近の経験から重要な教訓をひとつ学び残していることを暗示している。すなわち世界と積極的に関わり、公開の場の会話で自分たちの研究の中身を紹介し、世界を変えることができるような学問になることを目指す必要があるのだ。実際、以前よりも積極的に関わる動きはすでに始まっている。たとえば経済学者は他の社会科学者や自然科学者と比べ、ブログスフィアでの知名度が高い（Thoma 2011）。同様に、ソーシャルメディア上での議論に参加している者も多い。これはいずれも良い兆候だ。なぜなら経済学者には特別の社会的責任があり、説明責任を果たす必要があるからだ。

パート2　なぜ経済学は特別なのか

政府にチーフエコノミストの人類学者版がいないのはなぜだろう。自然科学者や経済学者を重要な役職に任命する国は多いが、社会科学者は蚊帳の外に置かれる。なぜ経済学者は、政策立案で中

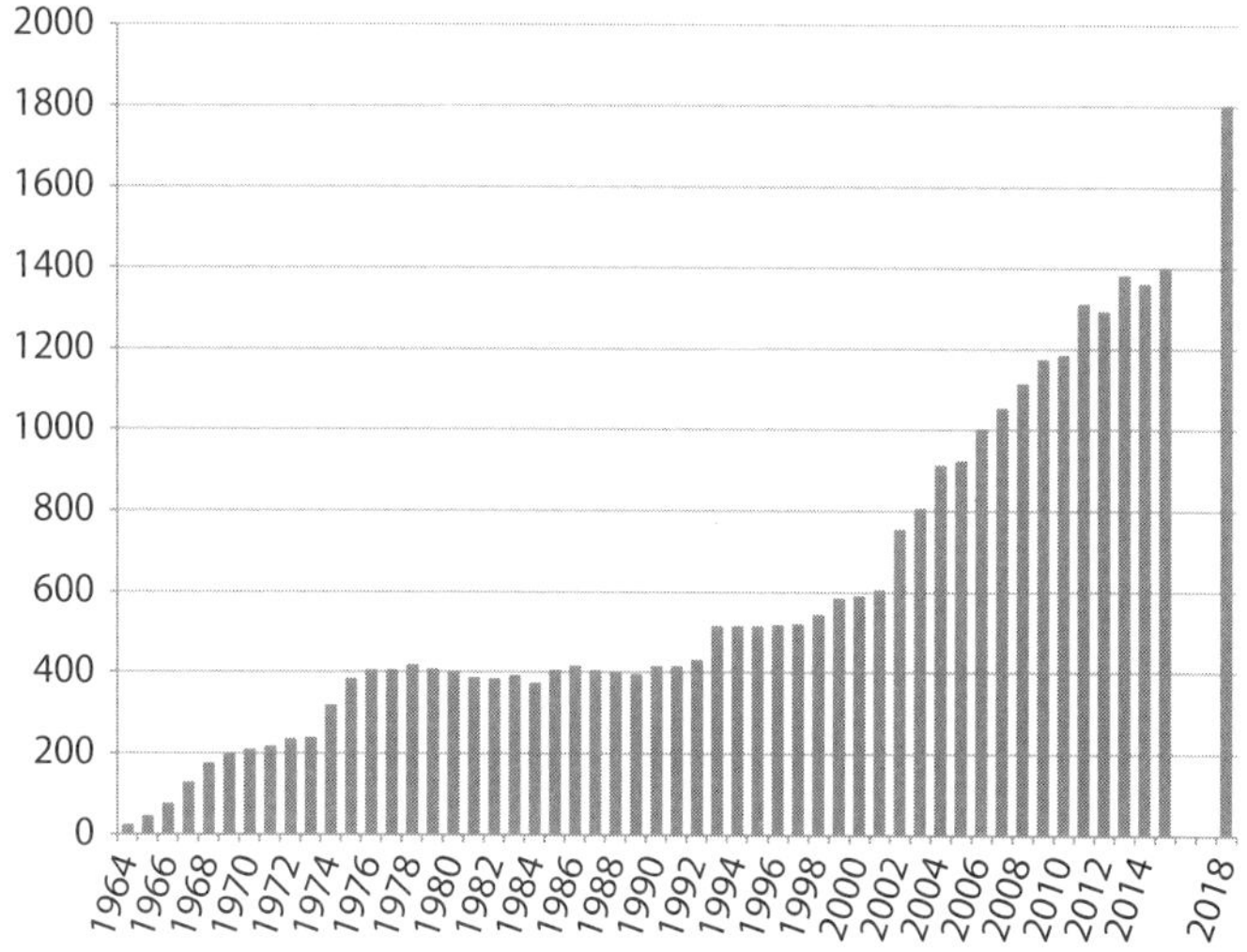

図１　イギリス政府の経済部門で働く職員の人数（出典：GES）

心的な役割を与えられるのだろう。そして、この地位は正当化されるだろうか。本章ではここまで、経済学という学問が世界におよぼす影響について論じてきた。金融市場に具体的にどんな影響を与えたか、そして広義には、政治や政策についての論争を行なう知的枠組みに、ひいては実践的枠組みの形成にどのように貢献したかを振り返ってきた。では、政策立案に対する経済学者の直接的な影響はどうだろう。大学やシンクタンクに所属する経済学者は、具体的な政策に関してさまざまなコメントを寄せるし、政府のなかで経済学者は重要な役割を果たしている。こうした影響にはどんな責任が伴うのか。

私の経済学者としての職業人生は、イギリス財務省での数年間から始まった。イギリス政府には、合わせて数千人のエコノミストが勤務している。ホワイトホールの官庁、規制機関、イングランド銀行や金融規制当局、地方の政府やその下部組織に配属されている。図1には、中央政府に所属する経済学者の人数の推移を示した（二〇二〇年までに二〇〇〇人ちかくまで増加したのは、ブレグジットの準備のために大量に採用されたおかげだ）。

具体的な仕事はそれぞれ大きく異なるが、政府経済サービス（ＧＥＳ）のメンバーを対象にしたある調査では、自分の仕事をどのように分類しているか尋ねた。すると圧倒的多数は自分のおもな仕事について、経済をテクニカル分析した結果を専門家以外の人たち――経済学者ではない同僚や政治家――に伝えることだと回答した[10]（Portes 2012参照）。一方、コミュニケーションを通じて公共的な議論に影響をおよぼすことも、シンクタンクで公共政策に取り組む他の何百人もの経済学者にとっては大事な役目のひとつだ。彼らは資金提供機関からの強い勧めに学者として応じ、自分たちの研究が政策に影響をおよぼし、その事実が公表されることに情熱を注ぐ。そこからは、政策分野の経済学の仕事は説得活動であることが強く暗示される。

すでに私は、今日の学界で実践される経済学と、政策の世界で実行される経済学のあいだには時間の隔たりがあることを示唆した。主流派経済学の研究は、一九八〇年代にもてはやされた単純な合理的期待や自由市場を手放して前進したが、政策分野の経済学はおそらくほとんど変化していない。時間の隔たりは明らかだ。ケインズは、使用期限を過ぎた経済学のアイデアがいつまでも影響力をふるうことについて、よく引用される以下の文章によって警告した。「権力の座にあって天の声を聞くと称する狂人たちも、数年前のある三文学者から彼らの気違いじみた考えを引き出している」（Keynes 1936）。学問の世界の外にいる人々が、研究の最前線にとどまり日々の業務に取り組むのはまず不可能だと、この発言はかなり芝居がかった形で指摘している。

ただし私はここで、他にもふたつの点を指摘しておきたい。まず、政策分野の経済学には根本的な矛盾が存在する。政策の世界での経済分析は、ほぼ常に客観的ですべてを知り尽くした部外者の視点に立ち、社会的厚生の最大化という穏便な目標を設定する。しかし、公共政策を通じて経済学を実践するとき、政策に関わる経済学者はモデルの実践への関与を回避することはできない。デウス・エクス・マキナ（機械仕掛けの神）のように、いよいよ困ったら、混乱に一石を投じて解決に導けばよいわけではない。政策は、経済学者を含めた政策立案者によって実行されるべきだが、政策の実施には多くの困難を伴うので、「市場の失敗」だけでなく、「政府の失敗」という有名な現象も発生する。機能しないどころか、失敗に終わった政策の具体例は数限りなく、それについては色々と書かれてきた。高い費用をかけて導入したITシステムが廃棄されたケース、当初の計画よりも何十億ドルも予算オーバーしたビッグプロジェクトなどが紹介されている。なかでも特に、以下の事例は際立っている。それは二〇〇九年にアメリカで導入されたエコカー買い替え補助金で、低迷する自動車業界の収益アップが狙いだった。従来の車を手放すと補助金が提供され、それで低燃費の新車を買ってもらえば、GMに収入がもたらされると同時に、環境の改善にも役立つ。ところが実際には、この計画は業界の収入を減らした。それは金銭的余裕のないときには、支給された補助金を使って燃費の良い車を購入するものの、それはグレードの低い小型車だということを、政策を分析する段階で考慮しなかったからだ（Hoekstra, Puller, and West 2017）。

要するに、経済学による政策の分析では、どのように実行されるのか問いかけることがほとんどなく、政策によって引き起こされる行動にも注目しない。政府の失敗には、市場の失敗だけでなく政策の分析も大きく関わるはずだ。

二番目の点は、経済学と政治の広範囲での相互作用だ。ある意味、政治的に緊急の課題から圧力をかけられた経済学者は、きわめて不確実な事柄がいかにも確実であるように見せかけ、間違いないと発言することが多い。逆に、間違いなく不都合な真実については、歯切れの悪い発言しかできない。こうした傾向を掘り下げると、経済学の専門知識と民主的な正当性のあいだに存在する緊張関係が見えてくる。この緊張関係は、世界金融危機のあとにギリシャとイタリアで明らかになり、その後もブレグジットを決断したイギリスなど多くの国で顕著になった。ポピュリズムとテクノクラシーは相容れない。経済学者はそろそろ、政策分野の経済学で政治経済学はどのように機能するのか、慎重に考えなければならない。

何よりもまず、経済学は優れた政策立案にとって欠かせない学問である。経済学がもたらす恩恵は常に明確というわけではないが、広く普及している。だから手始めに、経済学が公共政策で特別な役割を担うようになった理由を明らかにすべきだろう。

経済学が政府の決断に持ち込んだきわめて基本的な概念のひとつが機会費用だ。これは実際のところ、物理的特性についての説明で、時間は進んで後戻りしないのだから、ある活動に使った資源は別の活動に使えないと考える。そんな状況での選択肢について、経済学は研究する。しかし、機会費用は政治の世界で人気がない。政治家は、ふたつを同時に手に入れたがる有権者の選好に左右される。したがって政治家は経済学者を好まないかもしれないが、それでも経済学者の存在は欠かせない。

もうひとつの基本的なアイデアが費用便益分析（CBA）だ。イギリスではそのためのルールが細かく設定され、グリーンブックというハウツー・マニュアル本にまとめられている。[11]アメリカではロナルド・レーガンが、新しい多くの規制に関して費用便益分析を行なうことを要求した。ただしドナルド・トランプは、このような証拠を使うことにそれほど熱心ではなかった（Shapiro 2020）。CBAでは、政策がもたらす可能性のある結果をひと通りリストアップして測定する。それから測定可能な要素は金銭的に表示され、費用と便益が相殺される。このような形で分析すると、単なる仮定にいかにも正確な印象が加わり、手引きでは認識されるものの、実践ではほとんど無視される。ここでは、じかに測定や計量化が可能な効果に対し、間違いなく過剰な特権が与えられている。実際多くの経済学者（私［Coyle and Sensier 2020］やハウスマン［Hausman 2012］）が、費用便益分析の実践方法を批判してきた。しかしそれでも、決断する際には費用と便益を考慮して、何らかの体系的枠組みを準備するほうがよい。費用と便益が明らかにされないと、日常生活で選択を行なうときと同様、かならず根拠の薄弱な判断が下される。

ロナルド・コース（Coase 1960）は、いかなる政策の費用便益分析においても、政策そのもののコストも判断する必要があると指摘する。政府お抱えの経済学者は、自らが評価を行なう方程式の一部なのだ。

政府には、民間組織よりも費用を抑えて物事を実行する力が備わっている……ただし、政府の行政機構そのものは、決して費用がかからないわけではない。実際、かなり高い費用がかかるときもある。しかも、政治的圧力を受けるし、競合相手からの妨害がないため、間違いを犯しやすい。そんな行政機構が厳しい制約を課しても、経済システムを運営する効率の向上につながるものだろうか。つながると考えられる理由はない。

コースはこう続ける。「すべての解決策には費用がかかる」。特定の政策や制約はひとつの問題を解決するかもしれないが、別の場所で他の問題を引き起こす可能性がある。評価する際には、その影響も考慮する必要がある。経済学者は、特定の状況下のひとつの問題を解決するのが自分の仕事だと考える習慣があり、その結果としてもたらされる行動の変化については考えない。そんな習慣が政府の失敗を招いた事例をコースはいくつも紹介している。さらに彼は、「思考の散漫」にも言及している。これに影響されると、特定の行動方針と具体的な代案との比較が行なわれず、現状に満足するか、何もしないという選択肢をとることが多い。

私は最初に政府所属のエコノミストとして、後にはさまざまな政策委員会や規制機関のメンバーとして、ホワイトホールでの決断に関わってきた。その経験からすると、決断は善意によるものでも、いま指摘したような理由でしばしば欠陥を伴う。しかしそれでも、決断の長所と短所を比較評価する体系的な枠組みを準備したうえで、何を立証できるか、何を判断できるか明確にすることは、大事な習慣だ。[12]

以上、関連性のあるふたつの概念を紹介した。ひとつは機会費用、もうひとつは費用と便益を体系的に比較する必要性で、このふたつだけでも、政府における経済学の特権的役割は正当化される。政策の選択には、さもなければ不可能な規律が加わる。ただし、政策分析への経済学の多大な貢献は、こうした基本的な分野にとどまらない。しかも貢献の内容は改善されている。それはデータが入手しやすくなり、コンピュータの性能が向上し、データを分析する高度な統計的手法が考案されたおかげだ。応用ミクロ経済学はこれらの概念を取り入れ、そのレンズを通して広範囲にわたる経済や社会政策の問題に取り組むことができる。

市場が機能する方法を応用経済学が分析した事例には事欠かない。たとえば、交通経済学には政策への応用例が多い。ダニエル・マクファデンは、乗客の需要を計量経済的に予測する手法を考案した功績を評価され、二〇〇〇年にノーベル経済学賞を共同受賞した。サンフランシスコの通勤用高速鉄道のバートへの応用は、その典型例として評価されている（McFadden 1974）。他にも経済学者は、ロードプライシングメカニズム〔訳注：都市部へ流入する車に料金を課す制度〕やコンジェスチョン・チャージ〔訳注：渋滞緩和目的の道路課金〕を考案した。あるいは、ライドシェアサービスが始まる以前、多くの場所ではタクシーが不足していたが、これは免許によって参入障壁が設けられていたことが原因だった。タクシー営業免許章に象徴される免許証は貴重な財産であり、現役ドライバーはどんなに人手不足に陥っても、新しい免許証の発行に抵抗した。そこで、料金の規制が不可欠になった。さもないと、タクシーのオーナーもドライバーも、顧客から大きな独占レントを奪い取るからだ。一九九七年には、経済分析に基づく巧妙な対策が提案された。ダブリンのタクシー市場を改善するために、免許証を所有するすべてのドライバーを対象にして、二つ目の免許証の発行を提案したのだ。これは売却することも可能だ。したがって、従来の業者も少なくとも短期的には、すでに所有する財産権の希薄化を埋め合わせることができた（Fingleton, Evans, Hogan 1998）。

産業規制と競争政策も、市場分析が不可欠な政策分野である。この分野に関わる経済学者には、競争「自由」市場で合理的選択が行なわれるという仮説に根拠がないことを、何よりも確認したい理由がある。そのため長年の伝統にしたがって、競争から逸脱した事例の分析に取り組むだけでなく、新しい行動経済学の文献に注目し、それを消費者の選択の分析に応用している。競争当局が行動経済学への関心を強めている理由について、ルーファス・ポラックは良い具体例を紹介している。二〇〇三年にイギリスで導入された電話番号案内サービスの規制緩和が、この市場での競争の改善につながらなかった理由の解明に彼は取り組んだ。そしてそこから、電話番号を選択する範囲は広がったものの、消費者の情報処理能力が限られていたため、難しいものではなく、記憶しやすい数字の組み合わせを選ぶようになったと結論づけた。その組み合わせは「１１８　１１８」で、しかも広告キャンペーンには一卵性双生児が登場した。一方、提供する電話番号を購入した企業も、喜ばれそうな数字の組み合わせを選んだが、消費者の行動に関する仮定を規制当局と同じように誤解した。消費者には、最後に0が三つ並ぶような番号が覚えやすくて好まれると勘違いしたのだ（Pollock 2009）。この市場では規制緩和によって競争が激しくなるはずだったが、結局のところ数字の組み合わせの選択は極端に限られた。標準的な消費者理論は役に立たなかったのである。

このような結果からは、公共政策に取り組む経済学者だけでなく、競争や産業規制に関わる政府機関も、いまでは行動経済学をもっとうまく利用したいと考えていることがわかる。

他にも具体例はたくさんある。電気通信会社を対象とする3Gスペクトラムの権利のオークションが、賢明にも経済学で考案され実行された結果、二〇〇〇年のオークションでイギリス政府は二二五〇億ポンドの利益を確保した。これは、当時のGDPのおよそ二・五パーセントに相当する（Binmore and Klemperer 2002）。アメリカでも、連邦通信委員会が一九九〇年代半ばからスペクトラムのオークションを実施しており、数百億ドルの利益を確保した。教育、医療、福祉、住宅、年金など、社会政策や経済政策の広範な分野で、応用経済学による分析は公共政策にとって必要不可欠な手段となっている。ホワイトホール、ワシントンやブリュッセルなど世界の首都、規制機関、一部のシンクタンク、そして学問の世界でも日常的に使われている。技術はどんどん改善されているが、それは新しいデータセットが手に入るようになったことも理由のひとつだ。他には、ランダム化比較試験（最初は、途上国への支援プログラムを評価するために使われたが、いまでは西側諸国の国内政策の評価に使われる機会が増えている）などの登場で方法論にイノベーションが起こり、計量経済学の手法が改善されたことも理由として考えられる。政策関連の応用経済学は巨大な氷山のように存在感を強めているが、いま注目される経済成長の予測や政府予算の問題は、そんな氷山の一角を占めている。こうした研究は公共政策を改善し、政策の効果を確かな経験的証拠で裏づけてくれる可能性が高い。

それでも、このような拡大は物議を醸すだろう。新しい証拠と従来の考えが対立するとき、証拠が勝利を収めるとはまったく確信できない。ここには政治も関わってくる。ケインズ（再び登場してもらおう）はかつてこう語った。「博学になることほど政府が嫌悪するものはない。なぜなら、結論に達するプロセスが複雑かつ困難になるからだ」（Skidelsky 1992, 629より引用）。他には社会科学の性質、そして研究対象が自分自身になるときの客観性をめぐる主張の可能性も、理由として考えられる。

経済学者を経済学に集中させる

社会の因果関係について統計的な実証研究を行なう理知的な構造は、経済学の大きな特徴だ。他の社会科学は、政策の立案でこの役目を代用できない（ただし、経済学者は他の社会科学の質的手法をもっと採用できるのだから、それと同様、他の社会科学も経済学を利用するべきだし、間違いなく、定量的実証の手法をもっと取り入れることができる)。それでも経済学者は、社会科学の教訓を社会に応用する際の矛盾に注目する必要がある。その矛盾は、経済学の妥当性が主張されればされるほど大きくなる。経済学者が語る経済についてのアイデアは、世界を形作ることができる。政治のプロセスや政策の分析において果たす役割のおかげで、経済学者の助言は世界を直接的にも制度の面からも形作る。これはしばしば良い結果を生み出すが、ひとつ問題がある。政策に関わる経済学者は、概して客観的な部外者の視点に立つので、自分は無害で合理的で、すべてを知り尽くしていると考えたがる。そして、経済学者自身がモデルの一部に含まれる(あるいは含まれるべき)状況で、このような視点が何を意味するのか、めったに考えることがない。コースも指摘するように、何らかの政策介入で費用と便益を比較するためには、自分たち自身もはかりに乗らなければならない。中央銀行や規制機関など、経済学者がトップに立つ機関が増え、その運営方法に経済分析が組み込まれるようになった今日、これは重要な点だ。一九九〇年代から二〇〇〇年代初めにかけては、中央銀行や競争当局を独立機関にすることに一部の評論家が反対するようになったが、それにはこんな理由があったのだ。たとえばタッカーはこう論じる(Tucker 2019)。これらの機関は自分たちが技術的な選択ではなく、政治的な選択や価値観に基づく選択を行なっていることを認める必要がある。

経済学者は概して、自分たちのモデルが当然ながら役に立つツールだと考える。そして、現実の世界の重要な特徴と体系的な矛盾がない点で、モデルは「本物だ」と考えるが、その半面、現実の忠実な描写ではないとも考える。この二面性の事例としてしばしば引用されるのが、ロンドン地下鉄の古くからの路線図だ。地下鉄で移動するためには非常に優れたガイドだが、これでロンドンの地理を理解するのは絶望的だ。ジョン・サットンはつぎのように指摘する。私たちは経済学者としての訓練の結果、重要な特徴に注目を集めるための抽象化は正常だと考えるようになった。その半面、あまりにも複雑で込み入った社会に分析的アプローチは役立たないと信じて批判する人たちを本当には理解できない（Sutton 2000）。同様に、経済学者は基本的に現実の世界をモデルと誤解しているわけではないが、経済学者を批判する人たちはその点を理解できない。実のところ、分析の対象となる世界の複雑さを体系化するための思考実験として、モデルは使われているのだ。ただしこうしたツールを利用する際、私たち経済学者には善良な神の視点に立つ習慣がある。すなわち、人間に姿を見られないまま地上の出来事を観察し（その結果として人間の行動に影響をおよぼす）ようなところがある。こうした視点は行動を、ひいては経済の現実を、ときには有害な形で変化させる。たとえば政策介入について分析する際、介入すれば行動に思いがけない変化が引き起こされ、ひいては分析の成果が損なわれる可能性があることを見逃すと、大きな失敗につながる。その規模が小さな事例のひとつがリスク補償だ（規制によって安全性を高めても、他の側面でリスクの高い行動をとるので、結果としてリスク水準は変わらない［Hedlund 2000］）。あるいは、「エコカー買い替え補助金」などのインセンティブが、予想外の影響を引き起こす可能性も考えられる。さらに、人間の心理を考慮しているはずの「行動に関する」政策でさえ、状況は固定されていると勘違いする傾向がある。たとえば交通対策にナッジを導入すると、道路の安全性は高まるだろうか。介入が物珍しい最初の時期が終わったときに、人々の行動が元に戻るかどうかはわからない。一方、規模の大きなケースでも、モデルの外からのトップダウン式の見解は悪影響をおよぼしかねない。ジェームズ・スコット（Scott 1998）は、こうした見方に「ハイモダニズム」のレッテルを貼り、合理的な発想に基づく政策が大失敗に終わった事例をいくつも紹介している。たとえば、都市計画による制約は、都市から経済の活力を奪った。行動を促すはずの農業補助金は生物多様性を損ない、最終的には収穫量の減少につながった。

経済学が政府の制度の整備に重要な役割を果たしていることを考えれば、政策への助言に備わった自己言及的な特徴は見過ごせない。経済の成功にとっての制度の重要性は、近年では学術研究で注目されるようになった。二〇〇九年にはエリノア・オストロムとオリバー・ウィリアムソンが、制度経済学に関する研究でノーベル経済学賞を受賞した。開発経済学においても、健全な制度の必要性は強調されている。法の支配だけでなく、起業の成功や経済エリートへの新たな参入を促す包括的な制度が、大きく注目されるようになった（Besley and Persson 2012; Acemoglu and Robinson 2012）。そして最近の制度経済学は、公共選択論の流れも汲んでいる。公共選択論では純粋に「経済的な」決断だけでなく、政治や政府でインセンティブが果たす役割が強調される。マンサー・オルソンによれば経済の成功は、利益団体によるレントシーキングを政府が克服する能力に左右される。カルテル、業界団体、労働組合、専門集団など、メンバーが限定された排他的な特殊利益団体は、メンバーに有利な政策を採用させようと政治家を説得する。このような形で採用された政策が、本人たち以外の社会に最善の結果をもたらすことはめったにないが、それに反対して組織的なロビー活動を展開するインセンティブは働かない（Olson 1982）。アマルティア・センは、飢饉の発生を民主主義による発言の場の欠如と関連づけた研究を行ない、健全な経済にとって良い政策がいかに重要か、説得力のある形で示した（Sen 1982）。経済の発展のためには、政治への参加などのケイパビリティが必要だと彼は指摘している（Sen 2009）。

このように経済学者は、制度について理解することの重要性を知っている。実際、自分たちが政策関連機関に参加すれば、レントシーキングの克服に貢献できると考えており、経済学者が中心的な役割を果たす政府機関の事例もかなり多い。中央銀行や競争当局などの独立機関の他にも、専門家による報告という形で政策に関与する。政府は経済学者にたびたび依頼して、公平な立場で証拠を集めて政策提言を行なってもらう。具体例は数多く、財政、住宅、高齢者のケア、年金、税金など政治的に物議を醸す分野を対象に、数十年にわたって行なわれてきた。著名な経済学者に報告書の作成を依頼するのは、彼らが集めた証拠や提言は信頼性が高いからでもある。したがって政府が（何らかの）人気のない決断を下す際、良い口実として利用できる。結局、どんな政策にも概して勝者と敗者が存在するものだ。ただし報告が存在しても、そのまますんなりと政策に採用されるわけではない。数百ページから成る慎重な分析は、その影響を受ける特殊利益団体のロビー活動に比べれば、政治的重みに欠ける。もちろんロビー活動は、政府内部での経済分析を失敗させる可能性もある。その強い力はあなどれない。

独立機関による報告が利益団体の圧力に屈し、政治的手段としての力を失ったときは、レントシーキングに対抗する経済分析を他の制度で具体化すると効果的だ。かつてイギリスでは、王立委員会の影響力が大きかったため、政府は特殊利益団体の反対を押し切って法律を制定することができた。ただし、いまはもうそこまでの影響力はない。代わりに、経済規制機関の数は増えており、政治的プロセスにほとんど制約されずに決断を下す権限を与えられ、一般市民や消費者の利益を増やすために活動している。民間産業、もしくは電気や水道などのライフラインを監督して消費者を守るために、部門ごとに規制機関はしばしば設立される。ただし、規制に関する調査をまとめた経済学の文献では、規制の虜〔訳注：規制機関が被規制側の勢力に実質的に支配されてしまうような状況〕の危険を警告している。二〇〇八年まで行なわれた金融規制は、この危険が現実のものになった具体例としてわかりやすい。むしろ独立した競争規制機関のほうが、業界の特殊利益団体への対抗手段としての実績は優れている。それでもやはり、不幸にもいまだに政治家に最後の決定権があるところでは、法律に例外が設けられてしまう。政治の影響力が温存されている部門には、常に防衛産業が含まれるが、イギリスの法律ではメディア産業も含まれる。そして銀行は、競争機関が金融危機の最中に緊急措置として優れた判断を下したにもかかわらず、それに耳を貸そうとしなかった。重要な部門では、規制機関が政治圧力に抵抗するのは難しい。

政治家の手から意思決定を取り上げるのは、ときに政府が信頼性に関して経験するもうひとつの問題の克服にも効果的だ。政治のプロセスは利益団体による干渉に弱いだけではない。焦り、すなわちショートターミズム（短期志向）にも影響される。ここでは、一般市民の利益のために客観的な決断を下す妨げになるのは、特殊利益団体ではない。目先の利益にこだわるあまり、将来を犠牲にする性急さだ。将来はウエストラインを細くしたいと願う気持ちよりも、いますぐチョコレートを食べたいという欲望のほうが勝るのと同じだ。政治家はすぐにでも成長率を上げるために金利の引き下げに踏み切る。それにより将来、高インフレという代償を払うことがわかっていても我慢できない。このように目先の事柄に誘惑されることが明らかならば、政府が偉そうな公約を掲げても全面的には信頼できない。これに対して政府から独立した中央銀行は、目先の利益にこだわる必要がない。実際、評判を左右するのは長期的な経済的成果なので、組織構造もそれを念頭に置いている。たとえば総裁の任期は限定される。大々的な量的緩和が長期化し、中央銀行が国債を大量に購入する状況が発生することを考えれば、独立性に疑問があるという見方もあるのは事実だ。それでも中央銀行の独立性は、いまや民主主義国の風景の一部になった。イギリスの予算責任局は比較的新しい機関で、財政政策への関与を通じて信頼性の問題に取り組んでいる。国によって構造は異なり、アメリカでは議会予算局、オランダでは中央計画局（いまでは、業務をもっと正確に反映した経済政策分析局を自称している）が、それぞれ問題の解決に当たっている。

テクノクラートのジレンマ

選挙で選出されない独立系機関の職員に経済分析を任せれば、おそらく一定の知的枠組みのなかで客観的に政策を提言できるかもしれない。もちろん、こうした独立系の経済機関は、選挙で選出される政治家や役人とは異なり、民主的正当性が担保されていない。したがって政治家に直接報告する義務はないし、役人と違って政治家から解雇される心配もない。ダニエル・ベルは早くも一九七三年、マスメディア時代の現代民主主義においてはポピュリズムが勢いを増す一方、現代経済の運営には専門知識がますます求められるようになり、両者の緊張関係から政治的分断が生み出されることを確認した。著書『脱工業社会の到来』(Bell 1973) のなかで、経済学者をはじめとするテクノクラート、すなわち「新しい社会の伝道者」は、政治家と手を結ぶか、それとも競い合うか、いずれかを選ばなければならないと予測している。

世界金融危機の発生後にギリシャでは経済学者で元欧州中央銀行副総裁のルーカス・パパデモスが、イタリアでは経済学者で元欧州委員会委員のマリオ・モンティがそれぞれ首相になると、いま述べたような緊張関係は限界点に近づいた。どちらも二〇一一年に国会で首相に指名されるが、EUとIMFのリーダーたちからの強い後押しもあり、特に「構造改革」の実行を期待された。構造改革とは経済学の専門用語で、一部の集団の利益を優遇する制度の廃止を目指して政策の変更が進められる。一例が、若年層の雇用に費用がかかりすぎる労働市場だ。従来の制度を打ち破るためには、社会の一部の集団の利益と別の集団の利益を競わせることになり、その意味で構造改革は本質的に政治色が強い。ギリシャもイタリアもユーロ圏の他の国と同じような銀行制度の問題を抱えていたわけではないが、どちらも、競争相手を犠牲にして一部の集団の利益を優遇する規制の積み重ねが経済のつまずきをもたらしたと広く考えられている。そのおかげで、競争、イノベーション、経済成長、さらには国民全体が犠牲になった。両国の実務家（テクノクラート）内閣は、二〇一二年には国民の不満と抗議デモに直面した。

それから数年が経過しても、専門家とポピュリズムのあいだの緊張関係は高まる一方だった。それはテクノクラートが正しく、世論が間違っていたからではない。現代経済は複雑で、政策を立案するには専門知識が必要とされるが、せっかくのその政策が大勢の人の利益につながらなかったからだ。コロナ禍の時代には景気後退が格差を拡大させることが大きくクローズアップされたが、そんな経験をしたあとに振り返ってみると、世界金融危機後の経済政策が大多数の国民の役に立ったとは断言しにくい（Algan et al. 2017; Rodrik 2018）。

こうした緊張関係を示す良い例が、ある特定分野の「構造改革」への抗議運動である。それはタクシー市場の規制緩和だ。タクシー運転手が結成する利益団体は、抗議運動への執着がきわめて強く、ウーバーが多くの都市のタクシー市場を崩壊させるずっと以前から活動的だった。たとえばギリシャではタクシー運転手が二〇一一年から定期的にストライキを決行していた。そのため、タクシー業務の自由化を目指す法案（ギリシャ政府を救済するために金融支援を行なう国から出された条件のひとつ）が議会に提出されたものの、二〇一二年四月の選挙が近づくにつれて内容は徐々にトーンダウンした。イタリアでも状況は変わらない。二〇〇五年に経済学者のフランチェスコ・ジャヴァッツィがタクシー市場の改革を提唱する新聞のコラム記事を書いただけで、乗車拒否を徹底するため彼の写真がミラノのタクシー運転手全員に配られた。おまけに五日間連続でタクシー運転手は夜になると彼の自宅のまわりに集まって、夜通しクラクションを鳴らし続けた（Segal 2012）。それでもモンティは勇敢にも二〇一二年に再度の挑戦に取り組むが、タクシー運転手には評判が悪かった。このとき、『フィナンシャルタイムズ』紙は以下のように報じた。

ローマのタクシー運転手は自由化反対の急先鋒で、二〇〇八年の市長選でのジャンニ・アレマンノの勝利に一役買ったと考えられる。おかげでイタリアの首都ローマでは、第二次世界大戦後初の右派の市長が誕生した。モンティ首相が提案した改革が実現すれば、タクシー営業の地域制限は撤廃されるため、たとえば市外のタクシー運転手がローマで営業することが可能になる。これはローマ市民から広く歓迎されたが、アレマンノ氏は当然のごとく抵抗した。

ウリタクシ、すなわち全国タクシー運転手連合のトスカーナ支部議長のクラウディオ・ジュディチは、首相が提案した自由化に反対したローマのタクシー運転手をつぎのように擁護した。「このままではイタリアは共和国から寡頭制国家に変容してしまう。それに危機感を募らせた勢力が市民として抵抗運動に情熱を傾けた結果が、このような形で現れた」のだと。（Dinmore 2012）

このような形でジュディチ氏は――内容をきちんと解釈したわけではないものの――パラドックスを正しく特定している。民主主義国の正式な制度のもとでは、自らの利益を追求する団体がロビー活動を効果的に展開しやすい。一方、テクノクラートでありエリートでもある経済学者は、選挙で選出される政治家と比べると、一般大衆の利益のために行動する能力が高く、おかげで競争や成長が促される。ところがいまの引用からもわかるように、経済学者が実務家内閣を組織すると、政治色が強くなる。客観的で無害な経済学者の分析的視点は、公共の利益に適う政策を考案するためには不可欠な要素だが、象牙の塔から一般社会に移されると生き残れない。いや、規制機関の庁舎の古くて静まり返った廊下でも、神通力を失う。経済学者からは、構造改革などの政策についてつぎのような発言がたびたび聞かれる。「政治家が自分たちの提言通りに実行してくれたらどんなによいか」。しかし、政治家が実行できない政策を立案するようでは、経済分析には根本的な不備がある。そして経済学者の見解が、独特の政治的立場――すなわち市場重視の本能――を反映していると多くの人たちから見られるときは、特に厄介である。それでも、政策分野に取り組む経済学者の多くは、自分がイデオロギーに囚われているとは考えない。

政治経済学の再発見

政策経済学に備わっている政治的性質は、政治からの直接の需要に応じて強化される。政治家が需要を創出すれば、一部の経済学者は供給をためらわない。そこには自らの政治的信条が反映されることもあり、たとえばイギリスでは、少数の経済学者がブレグジットを公の場で提唱した。権力に近い人物から助言を求められれば悪い気はしないものだ。一方、いまでは研究資金を受ける見返りに、経済学者が「強い影響力」を発揮することが期待される。要するに、政策立案の世界で存在感を示す頻度が、資金を提供する際の重要な尺度のひとつと見なされる。コンサルタント会社や投資銀行は、資金援助する経済学者が政策論争に派手に介入する結果、大きな宣伝効果が発揮される展開を大いに喜ぶ。経済学者が複雑な状況に関して妥当で細やかな分析を行なうよりは、極端な見解について大胆な発言をするほうが、影響力は絶大で世間からの注目も高まる。

そうなると、市場のニーズに熱心に応えようとするあまり、公共政策をめぐる経済学は世間受けする提言に走りやすくなる。一例が「幸福の」経済学だ。仕事の充実や人間関係の安定は個人の幸せを膨らませるといった相関関係については、実際に確かな経験的結果が得られている。ところが事実として立証されていないのに、収入が一定のレベルを超えると幸せとの相関関係は見られなくなるという主張が根拠もなしに注目され、そこから収入をこれ以上増やす必要はないという結論が導き出された。しかし実際には、幸福を実感しているか尋ねられると、高所得者は低所得者に比べて回答に一貫性がある。やはり収入の増加と幸福度の増加のあいだには、相関関係が存在するのだ(Stevenson and Wolfers 2008)。経済学者が学術的調査を行なうときには、人々の心理的な幸福を促す要因について広範囲にわたる学際的な細かい質問を入念に準備する。しかし公の場では、「幸福」

は圧倒的存在感を放ち、経済学は金と利益の追求に徹する（と考え）、不信感を抱く人たちに強くアピールしている。

もうひとつの事例はこれより時期が早く、一九七〇年代末から一九八〇年代初めにかけてのものだ。当時の学術研究では古典的マネタリズムが復活する一方、合理的期待仮説を前提とする「リアルビジネスサイクル」理論が発達した（この理論によると景気循環の要因は、新しい技術の登場など供給側の実質変数に限られる）。この風潮には、当時大学院生だった私も興味をそそられた。マクロ経済分析でいわゆる「ミクロ的基礎」が重視されるようになったのには、それ相応の理由があった。さらに、景気動向を（グラフで表した）総供給曲線は短期的には垂直になり、需要が伸びても生産高はただちに増加しないという主張にも、それ相応の理由があった。その理由とは一九七〇年代の惨憺たる景気動向で、これをきっかけに従来のマクロ経済理論の信頼性は地に落ちて、政策ではマネタリズムが注目されるようになったのだ。かくしてマクロ経済政策は、貨幣流通量の伸びにもっぱら集中し始めたのである。原則として、金融政策に貨幣増加量を利用することは、いたって賢明である。しかしそれが実践されると政治の現実に直面し、貨幣増加率の具体的な数値目標が設定され、それに向かってひたすら突き進んだが、目標の達成は不可能だった。というのも、政府が貨幣供給量の伸びを抑制するためにとった行動が、金融市場の緩和や新しい取引技術の開発を同時に促したからだ。その結果、貨幣の「流通速度」すなわち一定期間に貨幣が取引される頻度は増加して、ひいてはそれが貨幣の増加と広義の経済との関係を大きく変化させることになった。金融市場の緩和とイノベーションの影響で、貨幣の供給を測る尺度もそこから得られる成長率も、従来のようには把握できなくなったのである。

さらに、政策の一環として貨幣流通量の成長率を具体的に定め、その達成に集中的に取り組むと、人々の行動に変化が引き起こされ、結局は政策の実現が妨げられる可能性がある。これはグッドハートの法則として知られる。すなわち計測結果そのものが目標になると、政策指標として役に立つ情報が提供されなくなるのだ。チャールズ・グッドハートは、つぎのように表現している。「数字にこだわりすぎると、操作してでも達成しようとする圧力がかかるので、それまで観察されてきた統計的規則性は崩壊する傾向がある」(Goodhart 1975, 122)。これもまたすでに紹介したような、経済政策の分析に備わった再帰性の一例である。

それにもかかわらず、当時の政府は貨幣増加率の目標達成に執着した。一九八五年から一九八六年にかけて財務省の新米エコノミストだった私は、貨幣流通量のさまざまなパターンを新たに作成したうえで、増加率が最も遅いものを計算で割り出す退屈な作業を任された。該当するもの(私のコンピュータプログラムではPSLXと名づけられた)が確認されるとさっそく、次年度の予算の公式目標に採用されたが、他の目標と同様、結局は歓迎せざる事態に陥った。グッドハートの法則の指摘通り、公式の政策目標(PSL2に名称変更された)になった途端に供給量の伸びが加速したのだ。

学術経済学の知的動向は、政治に応用されると変化が引き起こされる。学者の世界では顧みられなくなったアイデアが、政治の世界ではいつまでも優勢で生き長らえることが、この逸話からはわかる。そしてもちろん、一部の経済学者は中道左派にせよ右派にせよ、イデオロギーへのこだわりがあることを忘れてはいけない。チャンスがあれば、政策に影響をおよぼすつもりだ。

そして、政策や政治プロセスに採用されたアイデアには命が吹き込まれ、最終的に制度として独り歩きする。そうなると、関連する仕事が創造され、資金が確保され、統計が集められ、月例会議が開かれ、ジャーナリストへのブリーフィングが行なわれる。ここまで来ると、政策を放棄するのはためらわれる。政敵やメディアから何を言われるかわからないから、Uターンなど恐ろしくてできない。

経済学と政治学が切り離せないことは、マクロ経済政策のケースで最もはっきりと観察される。マクロ経済学が大勝利を収めたのは二〇〇〇年代初めのことで、そう古い話ではない。経済がどのように機能しているのか、そして財政・金融政策を通じてどのように運営されるべきかについて、当時はマクロ経済学者のあいだで強い合意が得られ、「新しい新古典派総合」と呼ばれた。そしてこれが「グレートモデレーション」（大いなる安定）をもたらし、低インフレと安定成長が一〇年にわたって継続したと信じられた。実際には、グレートモデレーションの実現にはまったくの偶然も関わっているのだが、その点は著しく過小評価された。そして、二〇〇八年の世界金融危機が自分たちの研究分野を大きく傷つけたことを素直に認めるマクロ経済学者など、ほとんど存在しなかった。これは特に意外なことでもないだろう。なかには、財政・金融政策に関してメディアやブログ上で堂々と主張を展開する学者もいるほどで、世界金融危機を経験した直後には、経済学者はもっと謙虚になるべきだという声には耳を貸そうとしなかった。さらに、塩水学派（ハーバードなどアメリカ東海岸の大学）と淡水学派（ミシガン湖の近くに位置するシカゴ大学など）に分かれて活発な議論が交わされた。こうして二〇一〇年代には、緊縮財政を巡って反対派と賛成派が激しく対立したが、これは一九七〇年代末の状況と不気味なほど似通っている。私が経済学でのキャリアを始めたこの時期にも同様の危機をきっかけに、ケインジアンとマネタリストが激しく言い争った。欧米の政府は緊縮財政をとるべきか、それともケインジアンが主張する景気刺激策を選ぶべきか。現在の景気後退は、銀行危機に起因しない景気後退と異なるのだろうか。量的緩和はさらに進めるべきか否か。マクロ経済の文献には、こうした質問のひとつひとつに対して複数の回答が準備されている。

このようにマクロ経済学者が正反対の見解を抱き、それをソーシャルメディアやブログでぶつけ合うと、自然科学の領域に収まる学問とはほど遠くなり、何が正解なのか明確にわからなくなる。確かに、マクロ経済政策に関するマクロ経済学者のいかなる見解からも、本人の政治的見解はしばしば十分に予測可能だ。そして逆に、政治的見解からマクロ経済政策の見解を予測することも可能だろう。しかし結局のところ、今日の重要なマクロ経済問題のすべてに対し、従来の計量経済学の手法で回答できる見込みなど、私にはとてもあるとは思えない。そもそも現代経済の複雑かつ動的な環境では、何が何を引き起こしているのか確認するのは本質的に困難である。因果関係を解きほぐして政策が採用される機会を特定するためには、マクロ経済学のツールボックスのなかで歴史が経済学と同様に重要な役割を果たす。

私からこうした意見を聞かされるとマクロ経済学者は強く反対し、理論が批判にさらされず、経験的に立証されたマクロ経済モデルの存在を指摘する。さらに、マクロ経済学が金融危機のあとに賢明な助言をしたおかげで、大恐慌の再来を回避できたと主張して、つぎのような具体例を紹介する。従来の国際マクロモデルは、二〇一二年のユーロ圏危機の発端について多くを説明できる。実際、ユーロが破綻する可能性については、導入される以前から多くのマクロ経済学者――イギリス財務省のマクロ経済学者も含む――が予測していた(HM Treasury 2003)。そして、二〇〇八年以降のマクロ経済政策によって一九三〇年代の政策の失敗が再現されなかった事実は、マクロ経済学が進歩している何よりの証拠だ。おまけに多くのマクロ経済学者は、金融仲介機関や不完全競争などの要素が追加されたモデルは、金融危機以前よりも格段に進歩したと主張する。確かに二〇〇八年から二〇〇九年にかけて、マクロ経済学では優れた研究成果が続いた。

しかし経済全体がどのように機能しているか、どんな政策を採用すれば機能が改善するのかについてのコンセンサスが、マクロ経済学者のあいだでは決定的に欠如しているというイメージが、一連の主張によって根本的に変化するとは私には思えない。たとえば、ポール・クルーグマンの有名な――ひょっとしたら評判の悪い――論文は、マクロ経済学者の分裂を見事に描写している。経済学の論客として知られるクルーグマンは、第一線で活躍するアメリカの学者について以下のように記した。

危機が終わると、経済学者を分断する境界線はかつてなかったほど太くなった。［ロバート・］ルーカスによれば、オバマ政権の刺激策は「安っぽい経済学」であり、彼とはシカゴ大学の同僚であるジョン・コクランによれば、その土台は信用できない「作り話」だという。こうした姿勢をカリフォルニア大学バークレー校のブラッド・デロングは、シカゴ学派の「知性の崩壊」だと糾弾する。そして私はと言えば、シカゴ学派経済学者のコメントは、マクロ経済学という暗黒時代の産物であり、せっかく苦労して手に入れた知識が忘れ去られていると考える。（Krugman 2006）

これは本当に残念な結果だ。いまや経済学者は、重要な問題について話し合う代わりに、自分が所属する「学派」を擁護するために議論するようになったと、サイモン・レン゠ルイスは指摘して、以下のように補足する。「私は、統合がなくなってしまって残念だ。異なる意見がひとつの共通の枠組みのなかでそれぞれ居場所を確保できるのは、非常に良いことだと思う。統合があれば、マクロ経済学はミクロ経済学のように、いやあえて言わせてもらえば、単なる信念体系ではなく、ひとつの統一された学問分野のように見えてくる」（Wren-Lewis 2012b）。二〇一二年からコロナ禍に見舞われるまでのどこかの時点で、この状態は変化しただろうか。今日では「現代貨幣理論」（ＭＭＴ）について盛んに議論されるが、マクロ経済学の部外者である私には、ケインジアンとマネタリスト、塩水学派と淡水学派といった分裂がいまだに継続しているとしか思えない。今回のコロナ禍にはどんな財政・金融政策を適用すべきか、大多数の意見は間違いなく一致しているが、私は賛同できない。それについては、第2章で詳しく取り上げる。

すべての経済学者がマクロ経済学を実践していると多くの人は（間違って）考えるが、政策を担う経済学者にとって、マクロ経済学が行動の重要な拠りどころになっているのは事実だ。ほとんどのマクロ経済学者は、政府や中央銀行に所属するか、金融市場で働くか、いずれかの道を選択する。いずれを選ぶにせよ、近い将来に関する何らかの合理的な仮定が研究の大前提になることは避けられない（合理的な仮定は予想と呼ばれるが、「条件付き予測」のほうが表現としてふさわしいだろう）。このマクロ経済学による予想は、しばしば天気予報と比較される。天気予報もまた不正確な科学のひとつだ。気候全体を理解するための正しい分析的枠組みを巡っては、激しい議論が交わされたときもあったが、いまでは日常生活の計画にとって不可欠な存在になっている。ただし、天気予報に伴う不確実性は広く理解されているが、経済の予測は誤解されることが多い。一般市民は実体以上に確実性が高いと考えているが、それには間違いなく一部の経済学者の話す内容が少なからぬ影響を与えている。マクロ経済学者は、自分たちの予測に不確実性が伴うことを認めなければならない（実際、不確実な予測は多い）。そしてその姿勢は（マクロ経済学者ほどではないが）、彼らの研究成果を報道するジャーナリストにも求められる。他には、二〇〇〇年代初めにトラブルの明らかな前兆と言えるリスク――経常収支の持続的不均衡や債務の蓄積――が発生していたにもかかわらず、多くの経済学者がそれを見落として、効果的に伝えられなかったという苦い経験をしたが、その原因である集団思考（グループシンク）からも、いくつかの教訓が得られる。たとえばこれからは経済の歴史や制度の現実に、もっと注意を払わなければならない（一九九〇年代から二〇〇〇年代にかけては金融制度の性質が変化して、「シャドー」バンキングや高頻度取引が発達した）。さらに、マクロ経済学の実践で多元主義が進んだ点にも注目すべきだろう。

ただし、経済の結論が政治的見解に反映されないのは、マクロ経済学のケースに限らない。真実が知られていない領域、少なくともいまはまだ知られていない領域が経済学には多い。さらに、表現を慎重に選ぶ必要がある領域も存在するが、政治はそれを好まない。特定の経験的結果に関して専門家の意見が一致していても、その解釈や含意に関して自分の主張をぶつけてくる可能性がある。一部の政策の権利を特定の政治団体が主張するときは、特にそれが顕著になる。一例が、イギリスの国民保健サービスへの競争原理の導入が健康状態に与える影響に注目した研究だ。サービスの提供に何らかの競争原理が加わるとポジティブな影響がもたらされる証拠は、三つの大がかりな調査で一貫して確認されている（ただし、いくつかの重要な点については警告が添えられた。たとえば、民間企業が市場に参入すれば、治療が簡単な患者ばかり選り好みされるリスクがあるし、品質を巡る競争と比べれば、価格を巡る競争はそれほど支持されない）。ところが、医療関係者はこうした調査結果を素直に受け入れられず、なかでも医学雑誌『ランセット』の編集者たちは、医学研究者による経済学者への個人攻撃を掲載した。経済学者は『ランセット』誌で反論する権利を与えられ、不承不承応じた（Bloom et al. 2011）。新しいポピュリズムの時代には、こうした論争がもっと増えるだろう。確かな経験的知識の領域は少しずつ拡大し続けるだろうが、確実な根拠のある専門家の総意と、政治理念の影響を受けやすい憶測のあいだの境界は曖昧で決して定まらない。

経済学者と他の人たちでは、基本的な経済問題の一部について優先する信念が異なる。この事実によって、特定の政策分野に関する意見の相違はさらに大きくなる。共感できる主題を自ら選択したにせよ、訓練によって見解が強制的に形作られたにせよ、経済学者は他の多くの人たちと比べ、平均すると市場原理に好意的な傾向が強く、市場原理は公共財や自由貿易などを改善するメカニズムだと確信している。デイヴィッド・ヘンダーソンは、（一九八五年にBBCラジオで放送されたリース・レクチャーのなかで）彼いわく「DIY経済学」を痛烈に批判した。[13] ここでは素人にとっての常識が、経済学者には真実と見なされない。たとえば貿易を常識的に考えるなら、輸出は良くて輸入は悪い。しかし、典型的な経済学者はむしろ反対に考える。そして、どちらか一方で非常に大きな余剰が続くときに初めて、問題が発生すると考える。もうひとつ、比較優位も直感に反する概念だが、どの国も比較優位に基づいて他国よりも有利な財の生産に集中して貿易に従事すれば、得意分野で大きな利益を確保できると経済学者は考える（そして、ディスラプション［創造的破壊］が常に既存の体制を打破する）。この発想によれば、分業と貿易は国内外を問わず、過去二五〇年間に大きな変革を起こした経済成長の源泉であり、グローバル・サプライチェーンの牽引役だった。ところが危機が発生すると、重要なのは国家の優位性や復元力のほうだと常識的に判断され、グローバル・サプライチェーンは非難される。あるいは、経済のなかでは一定量の仕事を人々が取り合うという発想（労働塊の誤謬）も、さらには一部の企業の倒産は経済成長の追い風になるという発想も、常識的には受け入れがたい。こうした発想の正しさを裏づける証拠を集めて政策を論じるために、応用経済学者は実用的で理解しやすい言語表現を工夫している。経験的手法の詳細や証拠の解釈に関して意見の不一致が見られるのは、経済学が科学として正常に機能しているからだ。しかし多くの部外者、なかでも政治家は特に、経済学者が導き出した結果が従来の信念に矛盾すると、素直に受け入れることを頑なに拒む。

一方、経済学者が知らないことは多いが、一部の学者はさも理解しているかのように堂々と主張を展開する。たとえばイデオロギーの信奉者にすぎず、特定の文脈の経験的知識を深めることにきちんと取り組むわけではないのに、公共政策に関してコメントする経済学者が存在する。彼らの強い主張に怖気づく気持ちは十分に理解できる。自信たっぷりな発言を聞かされるほど、その思いは強くなる。特定の政策が賞味期限をとっくに過ぎても存続しているのは、ひねくれたメディアの影響力が大きい民主政治のなかで、政治家やそのアドバイザーが主張を撤回しにくいのも理由のひとつだ。誰もがそんなメディアに迎合すれば、新しい証拠が提供されて経済の知識が進化しても、政治や政策のプロセスはいつまでも対応することができない。ところが経済学と政治とメディアが相互作用する環境では、政策を担う経済学者は実際にはほとんど確信がなくても、自信たっぷりに発言するケースが非常に多い。経済に関する見解が定まらず、慎重で一貫性のある経験的証拠の裏づけが希薄な分野では特にその傾向が強い。ここに多く該当するのは、政府以外の場所で活動する経済学者だろう。世界金融危機の経験からいくつも教訓を学んだことだが、シンクタンクに所属する専門家やメディアのコメンテーターは、謙虚な姿勢を回避する傾向に特に陥りやすい。

ところが、政府や学問の世界を活動の場とする経済学者は、政策の多くの分野である程度の自信を持って言えることがあっても、積極的に主張するのをためらう姿勢が目立ちすぎるようだ。なかには堂々と発言するケースもあり、ホワイトホールの周辺で一時的なブームとなった政策や、効果が切れても支持されるアイデアの実態を暴露するときは、特に積極的になる。それでもやはり、公的な討論の場にあえて飛び込む経済学者はほとんどいない。公的な場では微妙なニュアンスが無視されるのだから、そうなるのも無理はない。メディアもオンラインでのコメントも政治家の反応も、過激になる可能性がある。おまけに、学術研究者の研究結果が政治的目的で盗まれる恐れもある。そして民主的に選出された政府には、専門家の助言が気に入らなければ無視できる権限がある。ただしこの数十年は、ほぼ独立して運営される経済機関が設立され、権限を行使される範囲は限られている。

私は、何らかの選択がもたらす結果を説明する際、経済学者はもっと大きな役割を果たすことができるし、そうすべきだと確信している。私たち経済学者は職業柄、好まれない真実について誰もが同じように積極的な発言を繰り返す。貿易にはどんな長所があるのか指摘するし、市場で大切なのは政府による支配ではなく競争だと訴える。それなのに、ある程度の自信を持って理解しているさまざまな領域で、評判を気にして発言を控えるのはおかしな話だ。いま肝心なのは、議論に積極的に参加することだ。経済学を理解することに一般市民は新たな関心を寄せているが、それに応えるためには講義するよりも会話のほうが必要だと私は考える。

経済学者の公的責任

経済学は、公共政策で重要かつ不可欠な役割を果たしており、地位にふさわしい貢献をしている。今日、政策研究に関わる経済学者の大半はプラグマティスト（実用主義者）で、政策の段階的な改善策を発見するためのデータやツールを共有している。そして、市場はたとえ不完全でも、資源を配分するための最善の手段だという信念を崩さない。さらに、人々は自らの利益をほぼ十分な根拠に基づいて評価したうえで、それに従ってインセンティブに反応するという前提へのこだわりも捨てない。こうした確信を支えるのは、信念だけではない。証拠や経験が十分な裏づけとして使われている。一方、応用政策経済学を選択する人たちは、貧困、失業、無教育などの社会悪への取り組みに対する強い熱意に動かされ、それがしばしば研究の原動力になっている。政府の介入にイデオロギー的に反対する経済学者の数はごくわずかだ。いるとすれば、深く分断されたアメリカのどこかに身を潜めている。

機会費用、費用と便益のバランス、インセンティブに対する人々の反応について考えるように経済学者が訴えた結果、政策立案には一種の強靭な思考が持ち込まれた。専門的な助言を行なう経済学者を採用する組織は、強力な利益団体のロビー活動への対抗勢力になりうるし、政治のショートターミニズム（短期志向）を制約するためのコミットメントデバイス〔訳注：先延ばし行動を防止して、計画を確実に実行できるように、将来の行動に制約をかける仕組み〕としても役立つ。

こうしてさまざまな方法で、政策経済学はその価値を証明しているが、重要な欠陥も存在する。何よりもいけないのは、政策立案のプロセスを進める際、自らが政治や制度のなかで果たす役割に十分注目しないことだ。ただし、まったく意識しないわけではないし、はっきりと議題にのぼるときもある。たとえば、「規制の虜」、時間的非整合性の現象、「政治的景気循環」の制約における中央銀行の役割などは認識されている。それでも、政策経済学者はこうした自己認識や再帰性を十分に生かしきれていない。モデル化に取り組む意思決定プロセスのなかで、自分たちもまた主体であることを認めるべきだ。そこまで徹底しないため、専門家の研究や技術的助言の提供の方法も、それに対する人々の反応も、どうしても単純な印象をぬぐえない。

以下に、経済学者の公的責任を要約した。

●健全な実証研究の裏づけがあるときには、自分の結論を堂々と述べる。
●自分の結論について謙虚であると同時に、知識の限界や不確実性を認める。
●意見が分かれる話題についての公の場での議論をためらわない。

●しかし、実証研究ではなく政治的見解に基づいて議論するときや、研究に資金を提供してくれる特定の企業や利益団体を支持する見解を述べるときには、そのことをはっきり伝える義務がある。

●何よりも、経済学者と一般市民とのコミュニケーションを改善しなければならない。なぜなら、一般市民から正当性を認められなければ、あるいは経済学に関する一般市民の理解が低ければ、優れた経済政策の実行は不可能だからである。

最後に、私たちが経済学者として公共政策について語るときに与える印象について紹介しておく。とかく経済学者は、謙虚であるべき場面で自信満々である一方、堂々と主張すべき場面で気後れしすぎる。こうした行動に駆り立てられるのは、政策立案に携わる関係者に喜ばれる発言をしたいからだ。これは当然の願望かもしれないが、相手に気に入られたいならば、経済学者になるべきではない。

ただし本章では、何よりもつぎのことを言いたい。私たち経済学者は、自分も社会に参加していることを忘れないと同時に、一般市民の利益のためにできる限り公平な行動を心がけ、その立派な志を持ち続けなければならない。これは詳しい政策分析を行なうときにも必要な姿勢で、実現すれば「政府の失敗」の事例の少なくとも一部は回避されるだろう。結局どんな介入も反発を引き起こすが、それについても分析に含める必要がある。経済学者が経済学ではなく、政治経済に関する政策に関わるのであれば、その姿勢を忘れてはいけない。今日ではポピュリストの時代という表現が普通に使われる。ほとんどの西側先進国では人々の分極化が進んでいる。それにはソーシャルメディアの影響だけでなく、一部の人や地域が経済成長から取り残されたことなど、複数の理由が考えられる。このような時代にテクノクラートになるとは、政治的主体になることを意味する。抗議する民衆に対し、何があなたたちの最善の利益になるかいつも真剣に考えていると話すだけでは、説得力のあるスタンスとは言えない。

小休止

オックスフォード大学で開催されたタナー講義で第1章のたたき台となった講演を私が行なった年は、多忙をきわめた年でもあった。まず本章のテーマをどうしようかと、一年ちかく頭を悩ませていた。それと同時に二〇一一年から二〇一二年にかけては、仲間の経済学者と交わした多くの会話から、いくつもの懸念が生み出された。経済学者は社会や政策に関して一定の役割を果たすべきではないか、公の場での討論にもっと積極的に参加すべきではないかと疑問を抱いただけでなく、学部のカリキュラムも大いに気がかりだった。結局のところ卒業後に経済学者を職業にする人も、そうではなく経済政策の綱領に基づいて投票する人も、どちらも出発点は私たちの学生だ。経済学者という職業は偏屈で視野が狭いと見られているが、それは教える内容や教え方のせいではないだろうか。個人的に交わした会話から、私はそんな結論を仮に導き出した。では、BBCトラストの理事長代理として公共サービスに時間の半分を費やし、残りの半分の時間で小さなコンサルティング会社の経営に携わっている私には、何ができるだろうか。

そこで私は、当時イギリス財務省に所属する経済学者で、政府経済サービス（ＧＥＳ）の重要人物でもあるアンディ・ロスに相談した。そして、イギリスの大学で経済学を教える経済学者だけでなく研究者を雇用する関係者にも声をかけ、会議の開催を提案すると、すぐに賛成してくれた。会議はＧＥＳとイングランド銀行がスポンサーになり、イングランド銀行の主催で二〇一二年二月に開催された。講堂の収容人数は一二〇人で、はたして席が埋まるか心配したが、それは杞憂だった。むしろ定員を超える申し込みがあった。教員も雇用者も、私たちの呼びかけに共感してくれた。投資銀行や大企業だけでなく、新卒者を採用した公共部門からも参加者は集まり、さらに世界中からたくさんの学者がやってきた。そして雇用者からは、一貫してこう言われた。新卒者はかなり高度な技術を身につけているが、最近の経済の歴史について知らないし、専門家以外とはうまくコミュニケーションをとれない。なかにはこんな指摘もあった。「新卒者がよく焼けたパンであることは期待しないが、生焼けも困る」。

学者が会議に興味を示して参加してくれたのは、学生がその一、二年前から、大学で教えられる内容に抗議し始めたからでもある。積極的な活動で注目を集めたグループのひとつが、マンチェスター大学で結成された「崩壊後の経済学結社」（Post-Crash Economics Society）で、才能ある熱心なメンバーのなかには、私が二〇一四年にマンチェスターで学科長だったときの教え子や助手も交じっていた。そしてもうひとつ、「リシンキング・エコノミクス」という運動も注目を集めた。こうして熱心な学生たちは最前線で活躍したが、世界金融危機（ＧＦＣ）後には他にもあちこちで経済学に対する抗議がわき上がった。二〇一〇年には新経済思考研究所が設立され、ケンブリッジで開催された発足会議では、経済危機が経済学の危機と結びつけられた。[1] フランスではすでにGFC以前から、「脱自閉的経済学」運動が始められていた。[2] 主流派経済学者は防戦したが、最近の記憶では最も破壊的な経済事象について、経済学の講義の多くが無視したことは否定できない。しかも不平等や気候変動など、学生たちが関心を示す応用分野に関する研究の最先端で、刺激的な──そして現実の世界に関連する──経済学も教えられなかった。

イングランド銀行とGESがスポンサーになった私たちの会議の講演者のひとりが、イギリスでも特に優秀なマクロ経済学者で、ユニバーシティ・カレッジ・ロンドンに所属するウェンディ・カーリンだった。[3] 彼女はマサチューセッツ大学アマースト校のサミュエル・ボウルズと一緒に、大学一年次のカリキュラムの全面的見直しという野心的な構想に取り組み始めていた。そして、内容を充実させた新しいカリキュラムをオンラインで無料で提供し、それを採用してほしいと世界中の大学に声をかけた。ウェンディとサムは、イギリスに限らず世界中の学生たちから啓発されたが、特にチリの学生からは刺激を受けた。こうしてでき上がったカリキュラム──いまではCORE (Curriculum Open-access Resources in Economics) のオンラインテキスト『経済』として知られる──では、現実の世界の経済問題を理解する手段として理論が教えられる。さらに、政治や権力や制度について十分に認識してもらうため、従来の技術的ツールの他に経済思想史などの歴史をカリキュラムに加えた。[4] 環境経済学、不平等、イノベーション、デジタル競争など刺激的な研究分野が、これまでの教科書の最終章では取り上げられず、学習することができなかった。新しいカリキュラムには世界中から多くの共著者がボランティアとして参加したが、私もそのひとりだった。（二〇一九年の秋までには）五三カ国の二七一の大学で採用され、複数の言語に翻訳されている。他にもＣＯＲＥ（私も数年間、理事を務めた）は、専門家でなくても経済学に興味を持つ人たちのためのオンラインプログラムを作成し、高校生向けの教材にも取り組み始めた。

探求心旺盛な学生の存在や、経済学の講義の改善に向けた多くの同僚の目に見える努力は、広範囲に影響をもたらした。いまや講義の内容を変更していない大学は、ほんのわずかしかない。ハーバード大学では、グレゴリー・マンキューが長年教えてきたことで有名な経済学入門コースであるEc 10が、新しい指導者のジェイソン・ファーマンとデイヴィッド・レイブソンによって刷新された。そこには、学生たちの不満が少なからず影響している。[5] ハーバード大学は二〇一九年にも、ラジ・チェティが講師を務める「経済社会問題を解決するためのビッグデータの活用」という新しい講義を開設し、それは他の大学にインスピレーションを与えたようだ。[6] だからといって、もはや改善の余地がないわけではないが、私が二〇一三年にプロボノ〔訳注：各分野の専門家が、職業上持っている知識やスキルを無償提供して社会貢献するボランティア活動〕の一環として経済学の講演を行なって以来、多くの変化が引き起こされたのは事実だ。この講演は、次章のたたき台になっている。[7] 私はＣＯＲＥの活動に早い段階から打ち込むだけでなく、王立経済学会では経済学の教育に関する諮問委員会の議長を務めた。[8] したがって、金融危機によって明るみに出たマクロ経済学の欠点については、大いに関心があったのである。

第2章

部外者としての経済学者

前章では、政策や介入を評価する際の経済学者の視点について論じた。そして、私たち経済学者は部外者としてのイメージを打ち出すことがあまりにも多く、人間社会を客観的に見下ろす傾向が強い点にも触れた。しかし社会は、私たちをそのようには見ていない。実際、公平な部外者としての地位を強調すると自己本位な印象を与えることになり、結局は経済学の弱体化につながる。アルベール・カミュの傑作『異邦人』の主人公と同様、私たちは社会との結びつきを断ち切れないという現実を、いまや発見しつつある。経済学は社会と再び結びつかなければならないし、それは決して不可能ではない。

ここで「私」ではなく「私たち」経済学者という表現を使っているのは、経済学を職業とする学者の多くが当然ながら、二〇〇八年から経済学の見直しに取り組んでおり、イギリスでも二〇一六年から取り組み始めているからだ。経済学の学位を取得する学生のほとんどは、経済学者にはならない。大体は実業界や公共サービスの分野を職場に選び、政策の変更などの介入がおよぼす影響について評価するのがおもな仕事のひとつになる。ところが経済学者を採用する雇用者の多くは、彼らの視点の狭さについて不安を隠さない。特に世界金融危機の後には、不満の声が絶えない。雇用者によれば、採用した卒業生は専門知識に関してきわめて優秀で、モデルを自在に操れるが、せっかく学んだ内容を現実の世界の状況に応用する能力が完全に欠落している。実践的なデータスキルを持たず、専門家以外とはコミュニケーションをとれず、現在の状況や最近の経済史について何も知らない。そして経済学のなかでも、政策関連の新しい分野については何も学んでないし、特に行動科学についての知識の欠如は目に余るという。いまでは学生主導の改革運動が積極的に展開されているが、経済には一般の人たちの関心も高い。不確実な時代に世界を理解したいと願う気持ちは強く、一連の出来事は経済学に厳しい評価を下したと考えている。経済学への関心は高まる一方だ。コロナに起因するロックダウンが継続するなかで、どんな形の景気回復が望ましいか、GDPは果たして良い目標かどうか、話し合いたいと切実に願うようになっている。

つまり、経済学の変化を望むのは、非主流派や「異端派の」経済学者だけではない。そして問題は、将来のカリキュラムや学術研究の課題の変更だけではない。公共政策やコンサルタント業務が手広く引き受ける仕事が、どんな影響をもたらしたか評価することも求められる。変化を実行に移すのは難しくても、どんな変化が望ましいか確認することは難しくない。この一〇年間にはある程度の進歩が見られたが、さらに踏み込む必要がある。

方法論に伴う愚行

経済学者は現実よりも論理的厳密さのほうに関心が強く、しばしばそれを独特の方法で表現する。

もっと現実に目を向けさせようとする努力は続けられているが、なかなか成果は上がらない。たとえば、自分が経済学部の学術セミナーに参加しているところを想像してほしい。ここでは同僚に攻撃的な態度をとるのが行動の慣習になっているようだ。「はじめに」でも触れたが、経済学という学問分野は深刻な文化的問題を抱えている。誰かが論文を発表すると、それを聞いた参加者のひとりが侮辱的な言葉を使って酷評する。それは「アドホック」(その場しのぎの)という形容詞で、「アドホック」と表現された経済モデルは駄作の烙印を押される。

この侮辱にはどんな意味があるのだろう。経済学者はモデルを方法論の中心に据える。モデルとは世界を解明するための試みであり、そこには関連のある詳細しか含まれない。これなら良いモデルとして、分析や予測のための強力なツールとなる。そんな良いモデルの有名な事例が、ハリー・ベックが描いたロンドン地下鉄の路線図だ。第1章でも紹介したが、これは旅行ガイドとしては欠陥がある。たとえばレスター・スクエアからコヴェント・ガーデンに行くために、長いエスカレーターをふたつ下りて、プラットフォームで待機してから二六〇メートルの距離を電車に乗り、降りたら今度はエレベーターで上がらなければならない。地上を歩けば三分ですむ。それでもこの地図は、ロンドンの地理の正確な描写によって本来の目的を果たしており、地下鉄の乗客にとってはきわめて貴重なガイドになっている。かなり正確な分析、簡潔な表現、真のエレガンスが結びついた結果、模範的なモデルになっている。

しかし経済モデルの多くは、この地下鉄路線図の基準に満たない。最もよくあるのが、過度な単純化によって正確さが損なわれるケースだ。経済学者は論理、簡潔さ、エレガンスを重視する傾向が強く、ときには現実以上に重視する。そして学術論文では、何か印象的な代数を使って論理を表現したいと考える。私もジャーナル誌の編集者から、言葉で表現するだけでなく、同じ内容を方程式で表現してそばに挿入してほしいと言われた経験がある。しかし言語哲学者のアルフレッド・コージブスキーは、モデルの価値を信じすぎる傾向に警鐘を鳴らし（Korzybski 1933）、「地図はモデルではない」という有名な言葉を残した。モデルの目的は、妥協点を見つけることであるべきだ。地下鉄だけを使ってロンドン市内を移動する方法を紹介されても困るが、逆に細かい説明をいくつも詰め込み、分析による抽象化がいっさい行なわないと、今度は一種のボルヘスのパラドックスに陥り、「地図が現地ではない」ことを忘れてしまう（Borges 1975［1946］）。

大雑把な方法で現実を解釈し、「ミクロ的基礎づけ」――個人の行動の理論的説明――を行なわない経済学者は、しばしば同僚からアドホックだと批判される。いまや実証的研究において代数や「数学」は欠かせない。それによって論理は強化され、応用統計学の技術を厳格に利用できるようになる。しかし同時に、学問としての経済学は、ミクロ的基礎づけを具体化した代数や微積分で表現されるモデル（きわめて論理的な記述）を重視しすぎる。たとえばジャーナル誌には、モデルの代数演算を組み立てる際の仮定の正しさを証明するため、方程式がいくつも連なる論文が数多く掲載されている。数学が得意なポール・ローマーでさえ、こうした極端な傾向を「マシネス」〔訳注：経済分析における数学の誤用〕という造語で批判した。結局のところ、厳格なミクロ的基礎づけが土台だとされるモデルの多くが、論理ではなくエビデンスに関してアドホックになりうる。

ここでは、経済学でも特に評価の高いゲーム理論を例にとってみよう。ゲーム理論では、戦略的状況における人々の行動が厳密にモデル化される。具体的には、ある人物の選択は他の人たちの選択に左右され、こうした決断が時間と共に積み重なり最終的な行動が成り立つと考える。そして、プレイヤーは合理的な選択を行なうことが大前提とされる。したがって、他のすべてのプレイヤーが同じ行動をとると仮定した場合、何を最善の利益として判断するかを計算する。これはナッシュ均衡の概念だ。みんなと別行動をとっても、それ以上の成果は期待できない状況が創造される。ゲーム理論はビジネス戦略や周波数オークションなど現実の状況にうまく応用され、素晴らしい結果を残した。

ところが、アリエル・ルービンシュタインが戦略的競争という特定のゲーム理論の実験を行なったところ、意外な結果が判明した。学生、講演の聴衆、ウェブサイトでの調査への回答者など、全部で一万三〇〇〇人以上から回答を集め、人々はゲーム理論のモデルで前提とされるような行動をまったくとらないという結論に達したのである。理論で予測されるようなナッシュ均衡の結末に該当する人は、ほんのわずかだった。むしろ、他人の反応などまったく考慮しない「単純な」解決策を選択する回答者のほうが多かった。さらに、それよりも多くの回答者が戦略的に考えてはいても、計算を間違っている兆候を示した。そこからルービンシュタインは、合理的で計算能力のある人間が、他人は同じ行動をとると仮定してゲームを行なえば、実のところ状況は悪くなることがわかると指摘する。むしろ、みんなは行動が単純で気まぐれだと考え、別行動をとるほうがよい。ゲーム理論をある程度学んだ人は、ナッシュ均衡を回答として選択する可能性が高いが、実はこれは正しくない。それでも「少数の学生は、ゲーム理論の講義で教えられたアイデアを自分のものとして吸収し、実際には賢明ではない均衡点を選んでしまう」(Rubinstein 2012, 111)。少なくとも金儲けの最大化が目的のときは、これは賢明な選択ではない。講義や日常生活にゲーム理論を取り入れている人たちにも、調和のとれた社会関係など別の目的があるはずだ。そこでは、一見すると賢明ではない非合理的な選択のほうが完璧に理にかなっている。

そもそも「合理的」という言葉は曖昧だ。経済学者は「論理が一貫している」と解釈するが、普通の人は「筋が通っている」と解釈することが多い。ダニエル・カーネマンをはじめとする認知科学者は、概して経済の合理性は学んで身に着けなければならないと結論した(Kahneman 2011)。そしてスティーブン・ピンカーは、人間は数字について考え、計算に真剣に取り組むようには進化していないと指摘したうえで、「市場の論理は認知的に不自然だ」と述べている(Pinker 2007)。経済学では、人間は「ゆっくりと時間をかけて」考え、論理的な計算を行なうことがいまだに大前提とされるが、これではエネルギーを消耗して疲れるので、実際のところ人間は節約を心がける。ゆっくり時間をかけるのが正しいときがあるかもしれないし、出発点としては理にかなっているが、ふさわしくない状況もあることを忘れてはいけない。なかには、「アドホック」なモデルのほうが明らかに現実的なケースもある。

さらに、（企業の収益や個人の効用の）最大化は、目標に関して中立的である。しかも目標には、明らかにふさわしくないと思われるものも含まれる。喫煙、結婚と子ども、犯罪などについての人々の決断は、消費者による他の選択と同様、もっぱら効用最大化のプリズムを通して下される。ノーベル賞を受賞したゲイリー・ベッカーは、一般には「経済」と見なされない家族や社会生活などの決断に、標準的な経済分析モードを応用する方式を始めた。経済学者はこれを正常だと考えて習慣にしたが、他の人たちはそう思わない。『サイエンティフィック・アメリカン』誌には、こんなコメントが掲載された。「ここには手法があるが、愚かでしかない」（Bhalla 2013）。

もちろん経済学は、行動に関する心理学者や認知科学者の発見を着実に受け入れている。しかしそろそろ経済学者は、認知科学の現実的な選択モードに加え、他の動機づけ――「経済以外の」動機づけ――も、モデルに取り入れ始めるべきだろう。たとえば利他主義や向社会的な動機づけ（Bowles 2016）、アイデンティティ、名誉、義務、愛国主義などを加えてもよい。なかには、ミクロ的基礎づけを含む分析への反論もある。たとえば人々は、標準的な消費者選択モデルで指摘されるような固定的な個人的選好を持たず、実際には社会規範や広告に大きく影響される。そうなると、個人の効用の最大化という枠組みの正しさは疑わしい。なぜなら、個人には固定された選好があることを前提にしているからだ。理論が支配する世界では、広告は効果を発揮せず、衝動買いは発生しない。

なかには、選択に対する社会的影響を研究に取り入れている経済学者もいる。たとえばエド・グレーザーは、犯罪の急増や肥満など、「市場以外の」現象を研究の対象に含めている（Glaeser and Scheinkman 2000）。そしてジョージ・アカロフとレイチェル・クラントンは、人々の決断を個人のアイデンティティの視点からとらえ、以下のように述べている。

アメリカでは二〇世紀初め、喫煙率に大きな男女差があったが、一九八〇年代までにはこの格差が大きく縮まった。いまや女性の喫煙率は男性と変わらない。この収斂は、相対価格や相対所得など標準的な経済現象に基づいて説明することができない。どちらも、収斂のきっかけになるほど大きな変化は見られない。しかし、自分自身についてどう考えているか尋ねれば——ジェンダー規範の変化について調べれば——説明することは可能だ。二〇世紀初め、女性はタバコを吸わないのが一般的で、喫煙は不適切な行動と見なされた。ところが一九七〇年代までには、「解放された」女性が広告キャンペーンのターゲットになり、喫煙は許容されるだけでなく、望ましいと強調された。

要するに、合理的な経済人という構成概念が一部の状況で通用しないことには、圧倒的な証拠による裏づけがある。ミルトン・フリードマンは、「まるで」ホモ・エコノミクスのような人間について紹介して有名になったが、これは妥当とは言えない（Friedman 1966）。

もちろん、人々が実際に行なう決断と密接な関係のある意思決定の重要性を認め、モデルに取り入れるべきだと考える経済学者は多い。それが行動経済学という革命で、研究室やセミナールームを飛び出して、権力の回廊や政策の実施などの分野に瞬く間に進出した。経済学者や経済政策立案者が従来とは異なるアプローチを受け入れるようになった証拠としてはもうひとつ、ランダム化比較試験（RCT）やフィールド実験への強い関心がある。行動モデルと関連づけられることも多いこの手法は、最初は途上国開発の分野で採用されたが、すぐに他の政策分野に応用された。ここでは試行実験が正しい形で行なわれれば、処置群と対照群にランダムに割り当てられた参加者のどちらからも、「機能するもの」に関する確かな証拠が提供されることが前提とされる。政策や介入の影響を評価したい人にとって、心理学的リアリズムと厳格な手法をこのように結びつけることの正しさは、疑いの余地がないように感じられる。たしかに一般化可能性については反論されるかもしれないが、このアプローチならばリアリズムを取り入れても、「アドホック」だと非難される心配がない（Deaton 2020）。経済学者は、知りたいことのすべてをひとつの手法でまとめ上げられないと、手法へのこだわりをかえって強めてしまうのかもしれない。

経済学者の典型的な習慣である行き過ぎた単純化は、簡単に消滅しない。逆説的ではあるが、証拠に基づく根拠の確かな経済的助言を求められると、過度の単純化はエスカレートするようだ。そもそも経済学者は、「機能するもの」についてすべての人に語りたがる。しかし残念ながら、経済的根拠の解釈はそう簡単ではない。何百万もの変数から成る複雑な世界のなかから少数の変数を選び出して仮説を立て、その正しさを検証するのが典型的なやり方になっている。そこには双方向フィードバックや同時性がふんだんに含まれており、比較的少量のデータが使われるが、データの質は怪しげなときもある。極端なケースでは、相関関係以上に因果関係を確立することはきわめて難しい。RCTにしても、もっと現実的な経済モデルの仮定にしても、実験による検証は難しく、簡単には成果が上がらない。ネイト・シルバーはベストセラー『シグナル&ノイズ』のなかで、以下のように記している。

政府は毎年、文字通り四万五〇〇〇の経済指標に関してデータを作成する。民間のデータプロバイダは、四〇〇〇万もの統計を追跡する。そのため一部の経済学者は誘惑に屈し、あらゆる食材をミキサーにかけて混ぜ合わせ、その結果としてでき上がった液体を高級料理として提供するような行動に走る。もしも統計モデルで説明する一一のアウトプットを、四〇〇〇万のインプットから選ばなければならないとしたら、統計モデルで確認される関係の多くは偽りになるだろう。(Silver 2012)

計量経済学者、すなわち応用統計学が専門の経済学者は、経済モデルの行き過ぎた単純化が抱えるリスクをよく知っている。単純化が行き過ぎると、ノイズの多いデータが存在する不正確な状態を正確に表現するよりも、不正確な状態をいかにも正しそうに見せるほうが好まれる。因果関係の発見を主張できるのは、実証経済学者にとって聖杯の発見に匹敵する成果だ。そのため統計的有意性の発見に夢中になり、その根拠となる因果関係の発見を宣言したい誘惑にほとんど抵抗できない。実際には常に重要な内容と限らない、いや重要ではないときのほうが多いのだが、それでもそうした気持ちを抑えられない（Leamer 1983; Ziliak and McCloskey 2008）。したがって、研究者が自分は賢明な手法を用いて因果関係を確立したと思っても、実際にはそうでないケースが多い（Ioannidis et al. 2017; Young 2017）。さらに不幸にも、最高の学問的成果を評価する門番役であるひと握りの経済学ジャーナル誌は、実質的に「マシネス」を要求し、統計的有意性の追求への熱意を煽っている。このような状況では、役に立つツールとして新たに登場したＲＣＴも「強引な」テクニックを追求するあまり、同じように行き過ぎた単純化に走る恐れがある。認識論的不確実性〔訳注：知識が不足あるいは不正確であることに起因する不確実性〕に支配される世界では、試行実験も他の実証的手法と同様、十分に謙虚な姿勢を忘れてはいけない。どんなテクニックを選択するにせよ、一部の経済学者の姿勢は目に余る。確かな因果関係に基づく仮説検証によって特効薬を発見したと吹聴するが、素直には信じられない。このような政策からは、どんな結果が導き出されるのだろうか。

経済的影響の証拠に強くこだわる政策立案者の姿勢を取り上げた思慮深いブログ記事のなかで、オックスファムのダンカン・グリーンは何が求められるのか以下のように記している。

支援事業は明示的にも暗示的にも、線形モデルに従った変化の追求を強調する。なぜなら、行動や産出や結果、さらには「監視と評価と学習の」システムが明確になり、資金が「上手に」運用され、プロジェクトの活動に良い変化がもたらされるからだ――このアプローチは、きれいな直線で表現される……

複雑さを否定するには、複雑なシステム（ワクチン、蚊帳）のどこかからリニアリティ（直線的な傾向）を探してこなければならないが、これはかならずしも有益でも効果的でもない。だから、つじつまを合わせるために嘘をつく可能性がある。プロジェクトの報告書を作成するとき、複雑なシステムがうまく機能しているように思わせる「話をでっち上げ」、線形プロジェクトのもとで、「新製品の公表」や「ベストプラクティス」などが実現する魔法の世界を創造するのだ。（Oxfam 2013）

ただし、社会や経済は複数のフィードバックや双方向の因果性を持つ複雑な非線形のシステムである（Colander and Kupers 2014）。この判断基準は、応用経済学のあらゆる領域に当てはまる。低所得国の経済発展を促す方法を模索する支援事業に限定されない。

このように応用経済学の大半には、行き過ぎた単純化や因果関係の単純化への誘惑が多いが、私はそこからふたつの結論を導き出した。

まず、経済学者はモデル一辺倒の姿勢を改め、アドホックな理論でも役に立ちそうなら取り入れる必要がある。私たち経済学者はみんな、経済学という学問の分析力を強化することを好むように訓練されてきた。もちろん、実証的な検証に理論や仮定は欠かせないが、分析はナラティブなアプローチで補完される必要がある。経済史を含めてもよいし、人類学や社会学など、他の社会科学の定性的手法を含めてもよい。複数のツールを組み合わせれば、因果推論へのアプローチはもっと強力になる。

エビデンスは、データや統計だけから成り立つわけではないし、かならずしも定量化する必要もない。経験談の寄せ集めはデータにはならないとも言われ、かつて私は、これは気の利いた表現だと思ったが、いまでは確信を持てない。そもそも統計は、焦点を絞って強力な光を当てる。アプリの開発やオンラインデータの消費といった実体のない活動の価値は、注目の対象外である。そんな公式統計の論理的矛盾について、マイケル・マンデルはつぎのような具体例を使って指摘している。アメリカではインターネットの利用がGDPの成長にマイナスの貢献をしていることが統計から暗示されたが、実際にはその時期、固定ブロードバンドもモバイルブロードバンドも加入者と利用者が爆発的に増加していた（Mandel 2012）。同様に、二〇〇八年の第4四半期には金融サービスがイギリスのGDPの成長に明らかに大きく貢献しているのに、それが注目されないのも論理的に矛盾している（Coyle 2014）。カウントされないという事実から、実体のないものには価値がないとは結論できないし、カウントされれば投機的な金融に価値があるとも結論できない。あるいは社会関係資本も測定が難しいが、社会や経済にもたらす効果の重要性は疑いようがない。自然はさまざまな形で経済の役に立っているが、その多くは数えられない。そして、自由や市民権など一部の価値は、お金で買うことができず、定量化も不可能である。

私たち経済学者は分析や実証的測定の分野での比較優位に注目すべきだが、それを補うために、定量化できないものの価値を認める心の準備も必要だ。ダニ・ロドリックは、要点をつぎのようにまとめている。「真の経済学者になるためには、ありとあらゆる種類の本を読む必要がある……学生時代には不要だったものも読まなければならない」(Rodrik 2013)。学界の外で若い経済学者を雇用する関係者は、経済史や現在の状況や政治的背景について、新卒者はもっときちんと認識してほしいと願っている。政策への助言、コンサルタント業務、金融サービスでのクライアントへの助言に関わった人なら誰でも経験上、モデルの外にも世界は存在することを理解している。

そして私はもうひとつ、一般に行なわれる実証研究を、あまり得意としない経済学者が多すぎるという結論にも達した。しかも、謙虚な姿勢も欠けているように思える。

反実仮想や対立仮説の選び方に失敗して仮説の正しさを検証できないのは、よくある間違いだ。学術研究ではそれほど頻繁に見られないが、経営コンサルタントが行なう調査での具体例が『フィナンシャルタイムズ』紙の記事で以下のように要約されている(Taylor 2013)。それによれば、高級ヘッドフォンのメーカーのゼンハイザーは、偽物家電の撲滅キャンペーンを展開した。これは十分に理解できることで、スポークスパーソンはこう指摘した。もしも人々が安物の模造品を本物と勘違いして購入すれば、会社の評判は損なわれる。そしてゼンハイザー社は、模造品による売り上げの損失が年間で少なくとも二〇〇万ドルになることが、経済分析によって明らかになったと主張した(これは、分析が行なわれた年の純利益のおよそ七分の一に等しい)。しかしこれは正しくない。実はこの数字は、間違った反実仮想との比較に基づいてはじき出されたものだ。偽物のヘッドフォンを購入した人は誰でも、安い粗悪品が手に入らなければ本物を購入したはずだと仮定されたが、そんなことはない。正しくは、偽物を購入した人のほとんどは、たとえ偽物が手に入らなくても、わざわざ三〇〇ドルもの大金を払って本物を購入しない。むしろ売り上げの損失をこうむるのは、質の良い本物のヘッドフォンを低価格で販売するメーカーで、そんなメーカーこそゼンハイザー社のキャンペーンに加わるべきだろう。同様に、「ルイ・ヴィトン」のハンドバッグを地元の市場で二〇ドルで購入する人は、わざわざ二〇〇〇ドルも支払って本物を購入しない。結局、偽物の消費財を本物と勘違いして購入する人は、ほとんどいないのではないかと私は考える。信憑性に関する情報が価格に含まれていることは、ほとんどの人が理解している。

この事例からは、経済学者は常に反実仮想を明確にすべきだということがわかる。これは競争分析でも優れた経営学でも基本的な原則で、消費財の安物のコピーが市場に導入された影響を評価する際にも心がけなければならない。いまでは、すべての計量経済学のコースでそれが教えられていることを願うばかりだ。ただし、反実仮想や対立仮説について明確に考慮していても、理念に基づいた経済政策を提言する罠には陥りやすい（これについては第1章で紹介したように、ロナルド・コースが彼独特の明快な言葉で述べている）。すなわち政策を立案する際には、「市場の状況の抽象的なモデルが比較の対象にされる……だが実際には、ほとんど規則正しく機能しない社会状況のなかから、政策を選択していかなければならない。この現実を認識しないかぎり、大きな前進は期待できない」。要するに政策を評価する際には、現実に即した反実仮想を比較の対象に選ばなければならない。モデルと比較した評価では、コースいわく「黒板経済学」の烙印を押されてしまう（Williams and Coase 1964）。

経済学には、実証研究のお粗末な事例が呆れるほど多い。因果関係や有意性を過大申告したり、結果の検出力を無視したり、枚挙にいとまがない。若い経済学者に教えられる計量経済学は、常に確率論を得意としてきたが、実データの扱いに関して待ち受ける落とし穴に学生がはまらないための準備は、概して苦手とする。おそらくこの傾向は変化しつつあるのだろうが、それでも私が受ける印象は物足りない。いまやデータは簡単にダウンロードされ、統計パッケージに追加されるのに、データの認識論的地位はほとんど注目されない。不確実性に直面したとき、ベイズ推定は現実的なツールとして役に立つが、これについてはほとんど教えられない（最近では、教えられる機会は増えてきている）。そして経済学の研究はほとんど再現されず、ネガティブな結果は公表されない。もちろんこれは他の学問分野にも影響を与えている問題だが、最近では「p値ハッキング」〔訳注：統計的有意ではないデータを、有意と示してしまう誤ったデータ分析の行為〕が議論に上った（Fanelli 2010; Head et al. 2015）。これは私たちにとって他人事ではない。

雇用者が経済学の課程にかねてより望んできた改善点のひとつが、統計の収集と理解のための実践的な準備の充実で、それが計量経済学で慎重に活用されることを願っている。実際にこの分野では、最近の一〇年間で教育の実践内容がかなり改善されたが、まだ大きな問題がひとつ残っている。

すなわち、いまだに多くの経済学者が統計にきわめて無関心な姿勢を崩さない。統計がどのように構成され調整されているのか、自分が支持する結論を統計がどのような形で制約しているのか、まるで興味を示さない。それでも相変わらず、極端に機械的な方法で教えられる計量経済学に基づいて、さも偉そうに自説を展開する。そしてセミナーに参加すれば、因果関係を証明する計量経済学的な技術の詳細に強くこだわる。たとえば、論文の著者が真の因果関係をどのように「確認したのか」突き止めることに並々ならぬ関心を寄せ、そんな姿勢を私の同僚は「身元確認にこだわる警察」のようだと表現した。ただし、おそらく物議を醸すかもしれないが、私は因果関係が計量経済学で立証されるとは信じない。他のソースからの知識は常に必要とされる。実践的なデータの処理という問題は、ビッグデータの時代にはますます重要になるだろう（Athey 2017）。

そして、マクロ経済学はさらに危ない橋を渡っている。私から見れば、実証的に取り組むべき問題への真剣さの欠如が、他に比べて目に余る。そんな指摘からは、ずいぶんひねくれ者のような印象を受けるかもしれない。そもそもマクロ経済学者は、データを常に使いこなしているではないか。結局のところ、経済全体の行動を分析したうえで、将来の進路を予測するのが彼らの仕事だ。では何が不安なのかと言えば、ほとんどの経済学者は自分たちがダウンロードして利用する統計に大きな不確実性が関わっているとは考えないことだ。そしてもうひとつ、経済全体にわたる数々の現象について、確定的な結論を下すのは容易ではない。特殊な歴史的・地理的状況のなかで、あるいは社会的・政治的関係が絡み合うなかで、何百万もの企業や消費者の交流から何が選択され、そこから最終的にどんな結果が生み出されたのか判断するのは難しい。実際、金融危機の直後には、経済学者はもっと謙虚になるべきだという声が――経済学者から――数多く寄せられた。デイヴィッド・コランダーは二〇一一年のＡＳＳＡ（社会科学学会連合）の会議で「謙虚な経済学を創造する」というタイトルの論文を発表し、倫理綱領の採用を提案した（Colander 2011）。コランダーは以下のように記している。

かつて一九二七年、ライオネル・ロビンズはこう論じた。「現段階で経済学者がどれだけの精度を主張できるかと言えば、ほとんどは見せかけの精度にすぎない。知識の現状を考慮するなら、経済学に正確さを本気で求める人物はえせ学者である」。それ以後、経済学は進歩したものの、ロビンズの指摘はいまでも通用する。ところが経済学者は大体において、自分たちの政策提言は中立的かつ客観的な観測筋と比べ、科学的根拠がはるかにしっかりしていると、部外者や政策立案者を信じ込ませてしまう。

マクロ経済学者は概して、高度な集合データ、相関データ、自己相関のあるデータを限られた範囲内で集めて利用する。どれもいまではオンラインで簡単に手に入るものばかりで、データがどのような構造なのかじっくり考えないまま、ときには大胆な発言を行なう。こうした風潮のなかで、カーメン・ラインハートとケン・ロゴフは例外として際立っている（Reinhart and Rogoff 2009）。ふたりのデータ解釈が新しい重要なデータセットと評価されるにせよ、政府の債務に関する履歴を集めたデータセットと評価されるにせよ、その内容は素晴らしい。[1] マクロ経済学の統計がどのように集計され調整されるのか、ここまで詳しく時間をかけて理解に取り組んだ経済学者はまずいない。しかもふたりは、概念的な問題についても考えている。たとえば、「経済」にカウントされるものの生産領域を明確に設定し、家電などの財の価格変化を測定する際には品質調整を行なっている。結局、世の中には「実質ＧＤＰ」など存在しない。これは人工的に作られた現象であり、自然に観察されるものではない。経済に実際の出来事が存在するのは事実だ。ある世帯の出費や、モノを手に入れるために払った代価は、実際の出来事である。ただしいずれも、大がかりな調査の一部であるミクロ経済的な分析の領域に属するものだ（これもバイアスや不確実性を伴う）。これに対し、マクロ経済的な集計変数はアイデアである。ちなみに、連邦準備制度理事会の元議長のアラン・グリーンスパンは、産業レベルの細かい統計への強い関心で有名だった。その細部へのこだわりは尋常ではなかった。世界金融危機（ＧＦＣ）以後はマクロ経済のモデリングや予測が多くの面で大きく改善したとはいえ、マクロ経済学者は相変わらず強気の姿勢を崩さず、むきになって反論する。しかし、緊縮財政は正しい政策だ、いや絶対的に間違っている。金融政策はＭＭＴ（現代貨幣理論［Kelton 2020］）に従って実行する必要がある、いやＭＭＴは生半可で一貫性に欠ける政策だと、主張そのものに一貫性が見られない（Rogoff 2019）。

さらに、こうしたマクロ経済の総計値に基づいたままでは、競合する理論を区別するのはほとんど不可能だ。さまざまな理論について議論を重ねても、既存のデータを計量経済学的に操作しても、問題の解決につながるとは私には思えない。マクロ経済学は本質的に難しい。したがって、さらに進歩するためにはさまざまな要素を考慮しなければならない。イノベーション、金融や建設やエネルギーなど基幹市場の制度的構造、家電や住宅など重要な財の市場の品質変化、地域差、データ集約の結果などを考慮する必要がある。要するに、情報を集約する傾向を改めなければならない。おそらくそこには、私がマクロ経済学の博士論文を執筆したときの経験が反映されているのかもしれない。すべての業界は景気循環の過程でまったく異なる行動をとることを、私はそのとき教えられたのである。そうなると業界ごとに異なる理論が必要とされるのだから、マクロ経済学の成果は集合体から成る人工的な産物になるはずだ。あるいはその後、イギリス経済の予測を行なうモデルを構築した経験では、有意義な結果を得るためには暫定的な対応や微調整があらゆる予測に求められることも理解した。経済全体を理解したければ、社会科学の複雑さに対処することを目的とするエージェント・ベース・モデルなど、代わりのアプローチの採用を真剣に考えるべきだが、あまり成果を上げているようには思えない（Axtell and Epstein 1996; Farmer and Foley 2009）。標準的なマクロ経済学は限界に達した。エド・リーマーなどは私よりもさらに悲観的で、こう述べている。「マクロ経済学における因果の理解はゼロに等しく、今後もそれは変わらない。それをわかっていないのだろうか」（Leamer 2010）。

もちろん、経済学全体をもっと健全な経験科学に変えるプロジェクトを諦めているわけではない。

とはいえ、私たち経済学者には十分なデータがない。経済学を丁寧に解釈していない。しかも自分の知識を過大申告している。

さらに私たち経済学者は、理論の組み立ての裏づけとなる根拠を十分に示すわけでもない。しかし、科学的手法は演繹的推論と帰納的推論の組み合わせであり、理論とデータのふたつから成り立つ。生物学が科学になったのは、慎重な観察とデータ収集を何十年も続けてきたからだ。帰納的推論を行なう一方、生物学的プロセスの解明には演繹的推論で取り組んでいる。科学の進歩には、このような帰納と演繹の相互作用が必要とされるが、経済学にその習慣があるとは思えない。人々の話を聞き、企業を訪れて経営者にインタビューを行ない、新しいデータを集め、調査を実施して、歴史について読む経済学者の数は十分ではない。変化が見え始めたのは明るい兆しだが、たとえ計量経済学で新しいテクニックが考案されても、因果関係による結論づけへのこだわりが強いと、演繹的アプローチを現実に無理やり押しつける手段をまたひとつ増やすだけになってしまう。

不思議の国の政策

では実際に政策を考案し、その影響力を評価する際に、いま述べた事柄はどのような意味を持つのだろうか。第1章でも触れたが、経済学者は実際のところ、経済学は社会科学だという結論を無視する傾向がある。政策の変更、さらには政策論争に応じて、行動を何度も変化させる衆生の存在を無視する。もちろん、経済学者も現実を理解している。すでに紹介したように、グッドハートの法則（変数が目標になると、行動が変化する）の存在も、マクロ経済学におけるルーカス批判（新しいテクノロジーの登場や従来と異なる労働法の施行など、経済に構造的な変化が引き起こされると、歴史的関係性は未来を予測する指針ではなくなると論ずる）の存在もわかっている。しかし、これらの含意はしばしば無視される。なぜなら私たち経済学者は、評価の対象となる状況を、自分が外から眺めているところを想像するからだ。

評価の対象となる状況を外から眺めることが習慣になると、客観的かつ「実証的な」評価がきわめて主観的かつ「規範的な」結論にすり替わっても、それがわからないことが多い。ミルトン・フリードマンは実証経済学と規範経済学の区別を取り上げた有名なエッセイのなかで、客観的な結論は目的になれるし、そうなるべきだと、以下のように強く主張している。

公平無私な市民のあいだで経済政策に関する意見が分かれるのは、行動が経済にもたらす結果に関する予測に統一感がないことがおもな原因だ。基本的な価値観の根本的な違いに由来するわけではない。予測の違いは原則として、実証経済学の進歩によって解消できる……「正しい」経済政策に関する意見が一致するためには、厳密な規範経済学の進歩ではなく、実証経済学の進歩が欠かせない。実証経済学から生み出される結論は広く受け入れられるし、そうあるべきだ。(Friedman 1966)

しかしそれどころか、経済に関する助言はしばしば価値に集中する。最低限、自分の評価が引き起こす行動について考慮しなければならないが、それすら忘れる可能性がある。不幸にも現実は、アリスが不思議の国で参加したクロッケーのゲームのようなものだ。マレットはフラミンゴ、ボールはハリネズミで、どちらの生き物も物体として見なされる。アリスは政策経済学者のように、自分が介入すれば相手は一定の方法で反応を示すと想定するが、そうはいかない。お互いに影響し合うので、最終的にどんな決断が下されるのか予測することはできない。グレゴリー・ベイトソンは、社会科学においてはゲームのルールを発見することがゲームの大前提だと指摘する（Bateson 2000）。ルールは呆れるほど自己言及性や再帰性が強いからだ。しかし社会科学の他の分野の研究者と異なり、多くの経済学者はこの特徴について考慮しない。

このような類の手落ちについては、その事例の一部を第1章でも紹介した。私がそれに最初に注目したのは、イギリスの競争委員会のメンバーとして、二〇〇三年に延長保証サービス市場を調査したときだった。メーカー保証を延長する契約の市場（調査では、競争が機能していないことがわかった）は、家電の故障に対応するサービス契約が付随する保険取引を阻止するために誕生した。一九九七年に財務省は、家電製品を対象とする保険の税率を一七・五パーセントに引き上げて、当時のVAT（売上税）の税率と合わせた。それは競争条件の公平を保つことが目的だった。ところが小売店はVATの大半を回収できる可能性に目をつけ、洗濯機と冷蔵庫の最大手の小売店は、（税金のかからない）延長保証サービスというアイデアを思いついた。これは保険ではなくてサービス契約なので、一七・五パーセントが税金として失われず、利益として確保される。最終的に年間一六〇億ポンドの市場となり、しかも消費者の厚生を考える必要もない。そんな市場が誕生したのは、政府関係者が増税に関する評価を誤ったからだ。まさか小売業者が提供するサービスを変更するとは、夢にも考えなかったのである（Competition Commission 2003）。

評価に関する同様のエラーが、ランダム化比較試験でも発生する可能性があることは注目に値する。被験者が事前に同意を求められると、かならずエラーは組み込まれる。学術研究では、事前の同意が概して倫理的要件とされる。しかし自分が対照群と実験群のどちらなのかわからなくても、実験で評価の対象になったことがわかれば、行動には変化が引き起こされ、結果にバイアスがかかる可能性が生じる。結果を生み出す因果関係を実験で特定するためには、ランダム化比較試験で被験者にあらかじめ同意を求めるべきではないが、これは明らかに問題がある。もちろん、フィールドの自然実験ならこうしたバイアスとも無縁だ。

ただし、政策や介入への個人の行動反応を考慮に入れても、集団や社会の行動は本質的に予測不能だ。個人はお互いどうしでも部外者に対しても反応するが、この相互効果については事前に予測できない。経済はダイナミックで複雑なシステムだと言われる所以だ。ポール・オームロッドが長年指摘してきたように、私たち経済学者は一般論について予測できても、詳細については予測できない。あるいは気象学者や地震学者のように典型的なパターンについて語るのがせいぜいで、おそらくごく短期間の傾向についてなら語れるだろう（Ormerod 1999）。そうなるとやはり政策立案者が必要とする助言は、経済モデルだけでは提供できない。経済以外の根拠や経験、さらには集合的な影響力を発揮する政治で補う必要がある。

研究者は観察するだけでなく、必然的に参加しなければならないが、このふたつの行動のあいだの緊張関係は、社会科学に属するすべての学問に共通する。しかし経済学者は他の社会科学者と比べ、この緊張関係に注目する可能性が著しく低い。経済学者が部外者としての視点を持つと、現実レベルだけでなく道徳レベルでも厄介だ。そもそも政策の分野に経済学を利用するのは、公益に寄与することが目的であり、社会的厚生の概念を考慮する。確かに、偏見のない第三者の視点に立ち、政策介入が厚生におよぼす効果を客観的に評価しようとする姿勢は正しい。これはかねてよりリベラルな正義論のテーマでもあった。たとえばジョン・ロールズは「無知のヴェール」という有名な言葉を残し（Rawls 1971）、アダム・スミスは「公平な観察者」という表現を使っている。しかし同時に、経済学者も政策アドバイザーも結局は人間であり、インセンティブにも反応するし、効用の最大化にも努める。だからこそ公共選択論やニュー・パブリック・マネジメント（Lapuente and Van de Walle 2020）は、個人のインセンティブや政策立案者の利益を強調するようになったのである。

理想主義とダーティ・リアリズム〔訳注：資本主義の暗部を現実に即して克明に描き出す概念〕という矛盾する要素が混じり合った形で公益に尽くそうとすれば、政策への不信感が生まれるのも無理はない。市民だけでなく、政策立案者の一部のあいだでも不信感は膨らんだ。経済学が世界を形作っている事例はほかにもある。ニュー・パブリック・マネジメントなどの理論が、公共サービスの精神を提供者のあいだで大きく損ない、ひいては公共サービスに対する市民の信頼性を損なっている証拠が存在する。理論によって決定された政策の枠組みのなかで働くうちに公務員は、理論に忠実な形で民間の経営手法を取り入れ、結局は利己的な主体として行動する傾向を強める証拠が（異論もあるが）存在するのだ（Corduneanu, Dudau, and Kominis 2020）。すでに本書では、経済学が根拠に基づいた現実的な学問になるためには、効用や収入や利益の最大化とは別の動機づけを取り入れる必要があると論じた。アイデンティティや社会規範について考慮していれば、公共部門への外注の導入や成果主義に関して、経済学者の助言の内容は変化したかもしれない。なかには、市場の「行き過ぎ」に対する不安が膨らんでいる領域もある。マイケル・サンデルなどの著述家は市場経済が道徳的限界に達したと明言し、人々の共感を呼んでいる。なかでも特に、市場本位の政策が価値を改悪したという見解は広く支持されている（Besley 2013）。

そして、影響力の評価という点から社会的厚生が評価されるようになると、さらなる緊張がもたらされる。論理に一貫性があれば、目標の中立性は失われない。しかし政策の世界で将来の影響を評価する際には、特定の目標に関して公益を評価する必要がある。ところが政策の評価では往々にして、本来は客観的な経済的影響の測定値が、価値判断として解釈される。それもあって金融危機のあとには、市場哲学はいかれてしまったという印象を多くの人が持つようになった。たとえば経済学者は、消費者が実際にアルベール・カミュの小説（最近では『ペスト』が売れているが）よりもダン・ブラウンの小説を購入しているところを観察すると、ブラウンの作品はカミュの作品よりも本質的に優れていると推論するようだ。たしかに、ダン・ブラウンの作品は娯楽の面では優れているが、文学的な質の面ではカミュの作品にかなわない。

こうした実証的主張から規範的主張への移行は、普通は暗黙のうちに進行するが、いまやそれが経済学者のあいだで広く見られる傾向になったとアンドリュー・ゲルマンは論じる。彼はその具体例として、「フリーコノミクス（Freaconomics）」というブログを紹介している。ここでは、アカデミー賞の最優秀作品賞に『アルゴ』が選ばれたのは、『アベンジャーズ』が最高の映画だという事実を無視した決定だと不服を述べている。なぜなら興行収入は断トツで、二位の作品とも二億ドル以上の差があったからだ。ゲルマンはつぎのように説明する。

1．一方で、あなたは経済学者として純粋に記述的な視点に立っている。まるで火星人のように、人間の社会を客観的に眺めている。科学者が試験管での細胞培養を観察している様子にもたとえられる。何よりも大切なのは消費者の主権で誰でも考え方は異なるものだと、ややむきになって主張する。うぬぼれた人間は、自分は映画のチケットを購入する平均的な人間よりも分別があると考える……

2．同時に、私たちは道徳的教訓を与えられる。すなわち『アベンジャーズ』が最高の映画なのは、どの作品よりも稼いだからだ。「料金を払う人たち」の「意見が、業界にとっては大切

である」。(Gelman 2013)

こうしたすりかえがどれだけ普及しているのか私にはわからないが、最も人気のある作品が〔常に〕最高だと限らないのは間違いない。しかし最も人気のある作品を選ぶ立場の人たちは、そんなことを考えもしない。

矛盾はまだある。経済学者はしばしば、いま紹介したような明らかに規範的な判断を下すことに強い不快感を抱き、自分はあくまでも実証経済学の領域で提言を行なっていると信じたがる。その一方、行動経済学は本質的にパターナリスティック〔保護主義〕である。「非合理的な」人たちが「偏った」決定を下す構造のなかでは、「合理的に」介入するほうがよいと考える。たとえば経済学では、合理的な消費者はAPR〔年換算利回り〕を使ってローンのコストを比較するものだと予測する。しかしその通りならば、誰もクレジットカードで借金をしないし、ペイデイローン〔訳注：アメリカの消費者金融が給料を担保に提供する短期の小口ローンサービス〕についても考えない。そうなると金融規制や消費者規制、社会政策などの政策に関しては、行動経済学のほうが効果的だと考えられる。しかし、「選択アーキテクト」というアイデアを使い、人々の決断を――自分たちの基準で――良いと思われる方向に「ナッジ」すれば、経済学者は必然的にパターナリストになる。あるいはヴァンス・パッカードの『かくれた説得者』(Packard 1957)に登場するような政策オタクとなり、マーケティング担当者や広告主がいかに消費者を操作しているか説明する。つまり経済アナリストは、人々が行動「バイアス」に囚われないようにしてやれば、「真の」選好が明らかになると考える(Sugden 2020)。

ここまで私は、経済学者としての視点に伴う三つの曖昧さや矛盾について述べてきた。まず、私たち経済学者はモデルの内側と外側のどちらに存在するのか。つぎに、公平な観察者と利己的な主体のどちらなのか。そして、誰よりもよく知っているのはパターナリズムに傾倒する経済学者だろうか、それとも王様とされる消費者だろうか。

曖昧さが問題なのは、経済学者は公共政策の領域でテクノクラートの専門家としてのイメージを打ち出すからだ。「何が機能するか」を発見するために真実を追い求める姿を見せたがる。そして、二〇一九年のノーベル経済学賞で認められたRCTのような新しい刺激的なテクニックは、客観的な科学者としての経済学者の自己認識を強めた。いまや実験は、文字通り社会で行なわれる。アビジット・バナジーとエステル・デュフロは、ノーベル賞受賞後の共著『絶望を希望に変える経済学』(その移民政策はかなり物議を醸した)のなかで、つぎのように述べている(Bannerjee and Duflo 2019)。「いまはイデオロギーを排除して、最近の研究成果に基づき、ほとんどの経済学者の意見が一致する事柄を擁護する姿勢が緊急に求められる。その重要性を力説したい」。ここでも、公平性の可能性が強調されている。

しかし、実証的なミクロ経済学のプロジェクトが成功した結果、経済学は政治の世界への関与を深めているが、政治は規範的な選択が行なわれる世界だ。

たとえば、ＲＣＴなどの計量経済学の評価は、政治的に容認できるアイデアとは食い違う結論を生み出すときがある。シカゴ大学のある研究では、同大学の学生のテストの点数に最も影響をおよぼすインセンティブについて調査した。すると、学生のテストの結果次第で多額のボーナスを教師に前払いすると、断然大きな効果をもたらすことがわかった。損失回避の力は大きい。教師は受け取ったお金を手放したくないから、何とか結果を残そうと決意するのだ（Fryer et al. 2012）。しかし、ボーナスの前払いを公共部門に導入したら、政治にどんな影響が効果をもたらされるだろう。もちろんこの質問には答えを想定していない。ＲＣＴの結論は、正しい行動方針に関する政治や文化の信条とおそらく対立するだろう。ひょっとしたら、経済学で重視される効率性はあらゆる状況で社会の目標になりうるわけではないのかもしれない。最も公平で偏見のない経済学者が導き出す結果でさえ、他の人たちが考える良い結果とは異なる可能性がある。

　西側諸国で世界金融危機が発生し、脱グローバリゼーションが進み、コロナ禍が終息しない現在の複雑な状況では、テクノクラートを名乗る経済学者はどうしても政治的姿勢が強くなる。イギリスの著名な政治家マイケル・ゴーヴは、二〇一六年のブレグジット国民投票キャンペーンでポピュリズムの姿勢を表明してひんしゅくを買った。「専門家など、国民にはもうたくさんだ」と発言したのだ。少なくとも、自分と異なる結論を導き出す専門家はいらないということだ。なかにはワクチンやコロナの治療といった問題に関して、医学的な専門知識を信用しない人たちもいる。信用しなければ命にかかわる可能性があっても、そんなことは考えない。これでは、科学的立場から公平な判断を下す経済学者には、希望などあったものではない。ポピュリズムが台頭すると、専門知識は必然的に政治色が強くなる（Moore 2017）。

結論

本章の冒頭部分では、経済学者がカミュの描いた部外者と同じ間違いを犯していると指摘した。実際のところ研究対象の社会から距離を置き、自分と切り離して考えることはできない。部外者としての視点は、分極化が進む社会ではもはや維持不可能になった。要するに、いまでは政治経済学が復活した。分布シフトが期待できないゼロ成長の経済や景気後退期の経済では、特に復活の兆しが顕著だ。加えて、この数十年間で経済学が確実に進歩を遂げ、ミクロ経済学の実証研究が充実したことで、「客観的な」経済学者が効率を基準に「何が機能するか」を評価する内容と、人々が信じる内容や望む内容とが食い違うケースが増えた。たとえ合理的でなくても、いや筋が通らなくても、人々がそちらのほうを優先したいときはある。

小休止

第2章のたたき台となった講演は、聴衆の少なくともひとりの怒りを買った。それはイギリスの著名なマクロ経済学者だ。翌日に送られてきたメールの冒頭には、こう書かれていた。「きみの夕べの話は、控えめに言ってもお粗末で無礼な内容だった。経済学という専門職の半分をこき下ろしても、何の役にも立たない。そもそも、複雑な専門用語に関してきちんと理解していない」。そのあとさらに彼は、自分が世界金融危機（GFC）を予測していたことをつぎのように説明した。「私はこれについては二〇〇四年九月に書いた……過剰貯蓄仮説についてはじめて触れた。そこから考えれば、金融危機が避けられなかったことなど簡単に予測できる。そしてアメリカの住宅ローンが引き起こした危機については、私以外の複数の経済学者が正確に予測していた。今度マクロ経済学に関する意見を述べるときは、あらかじめこうした資料を読んでしっかり勉強するんだね」。

一部の経済学者が危機を予測していたのは事実だ。ただし公平を期するなら、二〇〇八年以前には経済学者の見解の多くが、金融危機について触れなかった。わざわざ教えなくても、どうせ世間もあとでわかると決め込んでいたのは間違いない。メールの厳しい反応には驚かされたが、それでも私の気持ちは揺らがなかった。マクロ経済学は本当に難しい学問だ。GFCのあとにモデルがかなり改善されたのは事実だ。たとえば金融「摩擦」や異質性（企業や個人のタイプの違い）が加えられ、不確実性について以前よりも明確に述べられるようになった。それでも経済全体のモデル化や将来の予想にかけて、いま優勢な戦略に説得力があるとは思えない。

なぜそうなるのだろう。それには、すでに述べた二つの理由の影響が大きい。まず、マクロ経済のデータはあまりにも少ない。GFC以降、私は自分の研究で経済統計を重視した（特にデジタル活動の測定には集中的に取り組んだ）。したがって私は、データについて以前とは比べものにならないほど深く考えた。ところがGDP、あるいはインフレと失業など、マクロ経済モデルの変数の数字は、四半期ごとにほとんど変化がなく、しかも複数の要素のあいだに強い相関関係が見られることが多い。しかし「インフレ」を一意的に定義可能な指標として受け入れると（実際にそんなことはない）、測定には大きな許容誤差が発生する。これでは原因と結果を確認することも、いま取り上げた状況で変数どうしの安定した関係を特定することも、インフレだけでは不可能だと私は確信している。したがってここにモデルの外からの情報も加える必要がある。歴史的ナラティブや、他の証拠や手法に基づく先行理論を考慮しなければならない。

もうひとつの理由としては、集計の適切なレベルが明確でないことが挙げられる。一個人や一企業の行動の解明に経済理論は取り組むが、そのデータを集計する方法は統一されない。どの国も政治的な理由から、国内を対象とするマクロ経済統計を実施する。政府は国策を実行するが、政治的境界と自然発生する経済的境界が一致することはめったにない。分析の対象としては、都市圏や国際的サプライチェーンが適切なレベルだろう。しかも、社会集団が生み出す結果を合計しても、確実な集計結果が手に入らない可能性は高い。パンデミックやロックダウンの経験は、大きな不確実性をはっきり示している。二〇二〇年の半ばには、回復の「形状」について盛んに議論された（V、U、W、さらには√も提案された）。結局、人々が支出を再開するかどうかは、その気持ちになれるかどうかに左右されることが認識された。自信の度合いによって、将来の道は決定される。

私と意見が異なるマクロ経済学者がたくさんいることは間違いない。厳しい内容のメールを送ってきたマクロ経済学者についてはすでに紹介したが、彼と同じように強く反発する人たちもいるだろう。ところで彼とは数年後、あるイベントで偶然に出会ったが、何事もなかったかのように上機嫌で語りかけてきた。私にメールを送りつけたことを忘れたのだろうか。それとも私を許してくれたのだろうか。

それでも世界金融危機から時間が経過すると、マクロ経済学の欠点は私の意識にあまりのぼらなくなった。その代わり、デジタル経済に関する研究に心を奪われる時間が増えた。さらに私は転職も経験する。二〇一四年には、政策やコンサルティングに関する業務から離れて学問の世界に移り、マンチェスター大学の経済学教授になった。ここで私は公共政策経済学の講座を持ち、それに基づいて二〇二〇年には『市場、国家、人々』（Coyle 2020b）を出版した。私は久しぶりに、経済学者が

「社会的厚生」と呼ぶものについてじっくり考えるようになった。社会全体は、どれだけ豊かなのだろう。次章で詳しく取り上げるが、この問題について深く考えてこなかった経済学者は私ひとりではなかった。数十年のあいだ、これについて考えた経済学者はほとんどいない。第3章では、実証経済学と規範経済学の構造に関してこれまで取り上げてきた点について、二〇一七年の春にオックスフォード大学オール・ソウルズ・カレッジのセミナーで行なったプレゼンテーションと、「経済的手法のための国際ネットワーク」が二〇一七年の秋に主催した会議での講演をたたき台にして話を進める。これは後に学術論文にまとめられた（Coyle 2019a）。第3章では第1章と第2章のテーマの一部をさらに詳しく取り上げ、特に合理的選択とホモ・エコノミクスに注目する。さらに、私がＡＩ関連企業ディープマインドの倫理・社会部門のフェロー（無報酬だった）として過ごした二年あまりの経験から得た情報も伝える。

　したがって第3章では、私たち経済学者の専門家としての助言が状況を改善しているかどうか、どのように評価すべきかが重要な問題になる。デジタルトランスフォーメーションが経済の特徴を大きく変化させている今日では特に、この問題は避けて通れない。

第３章

ホモ・エコノミクス、AI、ネズミ、人間

合理性はどこでも通用するか

三種類の実験を行なってみよう。

人工知能（ＡＩ）関連企業のディープマインドは、複数のＡＩエージェント〔訳注：あらかじめ定義された目標を達成するように指示されたコードやメカニズム〕――コンピュータの意思決定に関するルール――にリンゴ狩りゲームで希少資源を競わせた（Leibo et al. 2017a, b）。「ギャザリング」というこのゲームは、リンゴを集めるためにエージェントが協力し合うのか、それともただ乗り（フリーライド）を決め込み、他のエージェントが集めたリンゴを奪い取るのか、確認することが目的だった。ＡＩはどれも深層強化学習を利用する。すなわち、アルゴリズムのエージェントは「環境との相互作用を通じて試行錯誤を繰り返しながら、長期的に累積される報酬を最大化する方法を学ばなければならない」。要するにコンピュータのエージェントは、特定の感覚入力――ゲームのスクリーン上のピクセルの位置など――が追加点につながるかどうかを経験しながら、自ら学習していく。ここでエージェントは、ホモ・エコノミクスのように決断するものと想定される。したがって、条件付き最適化という古典経済学のモデルに登場する合理的行為者のようにふるまうことが期待される。

ゲームが進行して時間が経過するうちに互いに影響し合いながら、リンゴの入手可能性を考慮して点数の最大化を図らなければならない。その経過にしたがって、環境は形成される。リンゴが十分にあるときは、すべてが調和している。しかし数が少ないとどのＡＩも襲撃し合うようになり、リンゴを巡る戦争が始まる。資源の奪い合いが激しいほど、ＡＩは攻撃性を強めた。

エージェントが計算高く自己本位な人間、すなわち新古典派経済学のホモ・エコノミクスを想定してプログラムされていれば、これは当然だと結論するかもしれない。経済学者は、このアイデアを分析の最初のベンチマークにすることが習慣になっている。しかし多くの批評家から見れば、この前提は非現実的で道徳に反する。人間はしばしば利他主義や他人への気遣いを示すという主張は、当然ながら現実的な判断である。たとえばボウルズは、経済に関する決断が最小限の経験的妥当性を持つためには、人々は合理的に計算するのではなく、経験則に頼ることを考慮しなければならないと論じている（Bowles 2004）。いまや他の種類の実験をおもな根拠として支持を広げる行動経済学や心理学も、人間の意思決定に対する大局的な見方を支持している。人間の現実はＡＩのゲームとは異なり、万人の万人に対する闘争が経済で展開されない。確かにホモ・エコノミクスはいまだに最も一般的な出発点だが、実際のところ応用経済学では、代わりの前提が広く利用されるようになった（Pesendorfer 2006）。

一方、コンピュータの人工的な世界と人間のオフラインの世界の外では、第三のカテゴリーの実験が進行中だ。そこでは資源不足の状況での多くの生き物の行動に注目している。ネズミやハトなどの実験対象は時として感情的な反応を示し、友達とモノを共有することもあれば、自分が犠牲を払ってでも不正行為を罰することもある。しかしバクテリア、菌類、オマキザルなどの生物は、しばしば利己的で計算高い行動をとり、まるで経済モデルの主体やＡＩゲームのエージェントのような印象を与える。たとえば、埋没費用（サンクコスト）に合理的な判断を惑わされることなく、確率を正確に計算し、ブドウとキュウリの理にかなった交換レートを考慮しているようだ。これはいずれも、制約付き最適化の経済モデルで予測される選択と変わらない（De Waal 2006; Hammerstein and Noe 2016; Herbranson and Schroeder 2010; Hurley and Nudds 2006）。「生物市場」で進行する類の取引は、主流派経済学のモデルと合理的な一貫性があるようにも見える。

では、こうした三つのタイプの実験結果をどのように解釈すればよいのか。ネズミが私たち人間より合理的でないのは間違いないし、ＡＩと比べて私たち人間は思いやりがあるけれども理解が遅いわけでもない。菌類やバクテリアにはニューロンがないのだから、認知能力を対比させるのは不可能だ。さまざまな種類の生き物の心の（あるいはアルゴリズムの）「奥深くの配管系統」の類似点や相違点について問いかけても意味はない。行動の類似点や相違点は、内面的な世界ではなく、外の世界と結びつけて考えなければならない。個々の生物が資源の制約を受けながら、特殊化や遺伝子情報の交換など進化のプロセスを進行させる状況と結びつける必要がある。

個々の人間の選択には、環境だけでなく社会的状況も関わっている。私たちは、他の多くの生物やＡＩエージェントよりも社会的にずっと複雑な状況で決断を下す。たとえばライボら（Leibo et al.

2017a, b）は、つぎのように結論している。「効果的に協調する方法を学ぶのは複雑で、裏切りへの対策を学ぶときと同じわけにはいかない。こちらのほうがずっと簡単だろう」。まさにその通りだ。実際、協調するためには多くの計算資源が必要とされる。それに比べると、自己利益に基づいた最大化はやさしい。しかも資源が不足した状況では、協調のコストは高くなる。状況がすべてと言ってもよい。

この結論は、経済学で知られていないわけではない。たとえばベッカーはかなり以前（Becker 1962）、個人の選択がランダムにせよ不変にせよ、完全に「非合理的な」ときでさえ、市場の動向は制約下の合理的な選択の結果のように見えるときがあることを示した。そもそも市場の動向は状況がもたらす結果であり、個人の心理や優先傾向について推測する必要がない。最近では経済学者も状況に新たな関心を持つようになり、少なくとも歴史や地理に注目している。実際、さまざまな学問に関して、多くの興味深い研究が進んでいる。心理学や認知科学だけでなく、歴史、地理、情報理論、進化生物学、複雑性の科学、政治経済学への関心も高まっている。しかし、重要なのは認識ではなく状況だという生物市場理論や情報理論の洞察を真剣に受け止めるなら、行動経済学への関心が高まっただけでは本物とは言えない。むしろ、決断を形作る適切な状況を見つけ出すべきだ。

経済学においては、人間の意思決定について学ぶべきことがまだたくさん残っている。

分離の原則——「あること」(存在)と「あるべきこと」(当為)

実験結果は、事実に関する疑問や実証的な質問への回答であり、実験で観察された選択が記述されモデル化されたものだ。つまり、「当為」(どうあるべきか)ではなく、「存在」(どうなのか)を答えている。ここで、ホモ・エコノミクスの前提について考えてみよう。計算高い自己本位の行動が前提にされると、人々は道義に反する行為に駆り立てられると一部では批判される。そうした行動が正当化され、容認されるという社会的シグナルが送られるからだ。前章では、公共選択論に触発されたニュー・パブリック・マネジメントの政策が採択された結果、本来備わっているはずの向社会的モチベーションが失われる可能性について触れた。自己利益を前提とする政策の影響で、人々が従来よりも利己的な行動に駆り立てられることを示す事例については、ボウルズ(Bowles 2016)やサンデル(Sandel 2012)が紹介している。有名なのが、子どものお迎えに遅れた親に罰金を科すことを決定した保育園の話だ。罰金を導入すると、延長保育に料金を払えばよいという発想が定着し、むしろ遅刻が増えてしまったのである。

行動経済学の人気の高さからもわかるように、意思決定に伴う心理状態には大きな関心が寄せられているが、いま述べたような批判に経済学者はほとんど反応を示さない。私たち経済学者の多くは、倫理的な疑問に専門家としてほとんど興味を持たないことがその理由だ。「存在」についてだけ考え、「当為」は自分たちの問題とは見なさない。実際、経済学は「存在」についての学問であり、「当為」については哲学者に対処してもらう。

ただし経済学には、倫理的な疑問に関わる分野もある。たとえば厚生経済学は、経済的な成果や選択が社会にもたらす恩恵について研究する分野なので、必然的に政策評価の裏づけとなり、（費用便益分析や競争評価など）現実的な状況で広く利用される。ただし、最近は経済学者からほとんど注目されない。実際のところ経済学者は八〇年以上にわたり、「存在」と「当為」、あるいは「実証」と「規範」を厳密に区別するべきだと主張してきた。かつてはピグーが「倫理学と経済学はお互いに依存している」と記し（Pigou 1908）、アダム・スミスも同じように考えた。スミスは人間性について現実的だったが、その一方、誰でも「自分自身の利益が社会の繁栄と結びついている」ことを理解していると述べた（Smith 2000［1759］; Rothschild 2001も参照）。ライオネル・ロビンズが主導する実証主義運動はこの伝統から離れ、個人のあいだでの厚生の比較を排除した。だが、人々が経験するさまざまな損失や利益を比較できなければ、政策の選択への社会的厚生の影響について実質的なコメントをすることはできない。

『経済学の本質と意義』という有名なエッセイのなかでロビンズは、経済学と倫理学は「異次元の存在だ」と主張し、「経済学はどんな目的も中立的な立場で設定する。価値の最終的な判断の妥当性について意見を述べることはできない」と結論づけた。それ以後の経済学は、自らの役割は目的ではなく手段について意見を述べることだというアイデアにこだわり、ふたつを厳密に分離することが原則になった。価値の判断は、選挙で選ばれた政治家などに任せればよいと考えた。別の有名なエッセイのなかで、ミルトン・フリードマンはさらに明確に以下のように述べている(Friedman 1953, 146)。

実証経済学は原則として、特定のいかなる倫理的立場からも、あるいは規範的判断からも独立している……その任務は、いかなる状況の変化がもたらす結果についても正しく予測する手段となるような、一般化の体系を提供することだ。その成果は、予測の正確さや範囲、そして予測と実際の経験がどれだけ一致しているかによって判断される。要するに実証経済学は、いかなる物理科学ともまったく同じような「客観的な」科学であり、そうなりうる。

多くの経済学者は、政策の選択の多くに価値判断が関わることを認めながらも、経済学という学問は「実証的な」洞察への貢献が大部分を占めるという発想を捨てることはない。個人の倫理を経済専門家としての助言から除外するための努力は、ある意味で賞賛に値する。確かに私たちは、専門家にできる限り客観的かつ公平になってもらいたい。実際、いまや優勢な応用経済学の領域において経済学者は、証拠をどんどん積み上げて政策の選択に反映させることができる。

しかし政策の選択に経済学を実際に応用するときには、分離の原則のもとで結果――社会的厚生の損益――を評価してもその効果は危ぶまれる(Hausman and McPherson 2006)。分離を原則とするときには、概してパレート最適が基準にされる。すなわち、誰の効用も犠牲にすることなく、少なくとも一人の効用を高めることができてはじめて、社会的厚生を改善する政策として評価される。ただし、これでは明らかに制約が強すぎるので、経済学者はしばしば（ヒックス〔Hicks 1939〕とカルドア〔Kaldor 1939〕に倣い）、勝者の効用が（少なくとも理論的に）敗者の分を埋め合わせることができれば、社会的厚生を改善する政策だと判断した。この基準は、潜在的パレート改善とも呼ばれる。しかしほどなくシトフスキー（Scitovszky 1941）が、それに続いて複数の著者（Baumol 1952; Roberts 1980）が、勝者と敗者のどちらの視点に立つかにせよ、政策の採用も転換も、パレートの基準で利益がもたらされることを示した。つまり、勝者も敗者も存在しない。ボーモルは、ヒックス＝カルドア補償原理をつぎのように考えた。

> これは、効用の個人間の比較という問題の解消を考えない。効用を金銭的な物差しで測っているだけだ。この物差しは曲がったり伸びたりしたあげく、最後は手のなかで粉々に砕ける。
> (Baumol 1952)

経済学は勝者と敗者が存在する状況――ほぼすべての政策に当てはまる状況――を想定外と見なすことで、社会的厚生を評価する能力を弱体化させた。

もちろん、個人の損益を合計して社会全体の集計結果を計算するのは簡単な作業ではない。厚生経済学者はかねてより、いかなる集合にも資源配分に関する暗黙の価値判断が関わると指摘してきた（Graaff 1957）。すなわち、集計では所得分布の格差にどう対処すべきか。誰もが平等だろうか。最貧層は改善をもっと重視すべきか。これらが、暗黙のうちに判断される。これらに基づく社会的厚生関数（ＳＷＦ）の概念（Bergson 1938; Samuelson 1983）は原則として、分布に関して倫理的判断を明確に取り入れている。すなわち政策立案者は目的関数――たとえば平等な結果や、最貧層の所得の最大化（マクシミン基準）など――を特定すれば、個人の効用の集計を適切に評価するのは可能だと考える。しかしケネス・アローは有名な（不）可能性定理（Arrow 1950）のなかで、個人の効用を加算し続けても、パレートの基準を満足させるような社会的厚生を計算できないことを立証した。アローの定理は実際のところ、社会には利害の対立やジレンマが付き物だという明白な真実を正式に宣言した。ＳＷＦで価値を判断しようとしても、個人間での厚生の比較を排除すればうまくいかず、その結果として「不可能性」が発生する。人生において、パレート改善が通用する領域は実のところ小さい。

経済学部の学生は、めったにこうしたジレンマにさらされない。アローについては敬意をこめて言及されるが、ただそれだけのことだ。一定の仮定のもとでは、競争市場の均衡はパレート効率的だと若い経済学者は教えられる。そして当初の資源配分にかかわらず、市場での取引を通じてパレート効率的な結果は達成可能だとも教えられる。これは、厚生経済学の第一定理および第二定理として知られる。ここでは、合理的かつ利己的な選択、十分な情報、固定された選好、（汚染などの）

外部性や（大気汚染防止に役立つ）公共財の欠如などが、必要な仮定とされる。これなら、「自由市場」でどんな政策や政府による介入が必要かを分析する興味深くて役に立つ枠組みになるが、実際には確実に効力を発揮しない。なかでも仮定と現実の乖離が最も大きいのは、個と集団の関係についての発想だろう。たとえば、規模の収穫逓増が見られる業界では、個々の企業の生産に関する決定が、同じ業界の他のすべての企業に影響をおよぼす。あるいは、私が好んで購入を考える商品は常に同じではない。さもなければ、アップルはわざわざ iPhone を発明することも、広告することもない。

こうして経済の社会的側面の説明が欠如しているにもかかわらず、厚生経済学は競争市場というアイデアを強力なベンチマークとして採用した。そして、一九七〇年代から一九八〇年代にかけて政治の展開や経済思想の発展など、さまざまな出来事が同時に進行したおかげで、政策の選択のなかで盤石の地位を築いた。たとえばマーガレット・サッチャーとロナルド・レーガンは、自由主義経済を政府の信条に取り入れた。そして一九七〇年代にマクロ経済政策が失敗し、一九八九年に中央計画経済が破綻すると、公共政策の転換は妥当な印象を与えた。学術経済学はその傾向をさらに進め、すでに述べた合理的期待、公共選択、リアルビジネスサイクル理論などを取り入れた。

当時の政策分析の多くでは、政府は特定の識別可能な市場の失敗のみに介入すべきだという前提が立てられた。実際、介入場所について判断を誤る「政府の失敗」は、政策立案者が誰でも少なくとも同じように陥る危険な落とし穴だと、公共選択に関する文献では指摘されている（Le Grand

1991)。しかしボーモルの指摘によれば（Baumol 1952, 165)、市場は最善策を知っているという結論は、厚生経済学の基本定理の仮定にもっぱら由来しているが、この仮定からは個人が相互依存する可能性が排除される。だが、これでは議論が堂々巡りになる。個人が自主的に行動すると仮定するなら、自主的な行動から最善の結果が導かれることになる。その点を無視すると、社会全体にとって何が最善なのか分析する作業は困難になってしまう。

しかし、分離の原則の影響力は依然として強い。経済学者は概して、公共政策や社会的結果に関心を持つ自分たちの仕事が、技術的な領域に限られると考える。データに目を通し、それに関連する市場の失敗を確認し、適切な修正を加える段階までだと見なす。価値の判断は、哲学者や政治家に任せようとする。これはある程度までは問題ない。厳格な倫理的基準のもとで好ましい結果を想定すれば、その達成方法を分析するための理論的・実証的ツールが経済学から提供される。このように、公共政策での推論に「公平な観察者」の視点を明確に採用する伝統は、スミス（Smith 2000［1759］）からセン（Sen 2009）まで連綿と受け継がれてきた。したがって経済学者の大半は、技術的な分析作業に専念し、価値判断には自ら手を下さず、他人に任せる習慣に居心地の良さを感じる。実際ほとんどの経済学者は、このような形で分離する習慣を尊重し、忠実に守るための努力を続ける。

経済政策への影響

それでもやはり経済学は、規範的な問題との関わりを断ち切れない。緑の草原を通る新しい線路を敷設すべきか（費用便益分析）、企業の製品の安全基準を強化すべきか（規制政策）、ある企業が別の企業の買収を狙う民間取引を阻止すべきか（競争政策）、考えなければならない。そして経済学者にも、自らの価値観や見解がある。分離の原則は、共同利用や資源配分の方法が基本的な論点となったとき、公共政策の問題を経済的に分析する妨げになってしまう。

規範的な価値を実証的に利用していると思われる事例のひとつが、費用便益分析（ＣＢＡ）だ。実際、このツールは政府のなかで広範囲にわたって使われている。ＣＢＡは、介入に伴う費用と便益のすべてを金銭的基準で考える。できれば競争市場の価格を使って計算できるとよいが、実際には、ドルやポンドの値を代入するためにさまざまな手法がしばしば使われる。市場価格の利用に賛成するハーバーガー（Harberger 1971）は、人々が重視する一部の側面がこれによって取り除かれると、以下のように説明している。

これらの要素――何らかのプロジェクトやプログラムのなかで所得分布や国防を重視する側面、あるいは自然の美を重視する側面――はきわめて重要であり、政策の決定を左右する支配的な要因になる可能性もある。しかし、経済学者を他の人類と区別する根拠となる専門知識の一部には含まれない。

ここでもまた、分離の原則が注目されている。ただし費用便益分析の実践が進むうちに、政策が「影響をおよぼす範囲は広がり」、環境外部性などが考慮されるようになった。イギリス財務省はグリーンブック（政策評価ガイドブック）を何度も改正し、環境への影響や政策への願望など、非市場的側面や社会的側面を計算のなかで次第に強調するようになった。たとえばいまでは、豊かな地域に投資するほうが経済的な見返りは高く、費用便益に関する評価がポジティブになるとしても、いわゆる「取り残された」地域に投資する可能性が検討される。

費用便益分析は、環境保護主義者から特に厳しく批判されてきた。なぜなら、本来は値段を付けられない本源的価値まで金銭的に評価されるからだ（Kelman 1981）。すると経済学者は、手の込んだ技術を考案して対抗した（Drèze and Stern 1987; Dietz and Hepburn 2013）。それでもやはり、貨幣単位を一般的な尺度として利用すれば、政策の決定に伴う規範的な判断は明示されず、暗示されるだけになってしまう。しかも費用と便益の分配は、政治の世界の意思決定者に委ねられる。そして何よりこの手法では、個人にとっての費用や便益の価値の合計と、社会全体の費用と便益のあいだに違いはないと仮定される。個人間の交流や社会的影響は仮定からは除外されてしまう。

応用経済学には、厚生を評価する領域が他にもたくさんあるが、いずれにせよパレートの基準を利用すると、評価の正しさが損なわれる。私たち経済学者は、資源配分に無関心なパレート基準を拠りどころにしても社会的厚生に関して適切な判断を下すことができない。たとえば大勢の貧しい人たちの効用が増加しても、たったひとりの金持ちの効用が減少すれば、経済学で正式に採用されるパレートの厚生基準によると、介入は失敗したことになる。しかし実際のところ、政策への助言において厚生に関する正式な分析が常識よりも優先されるのは、明らかに望ましくない。そして、最後は混乱状態に陥る。そもそも政策が良いアイデアなのかどうか、どうやって判断すればよいのか。

経済の挑戦を受ける経済学

これからの経済の変化を考えれば、厚生経済学の空白は埋めなければならない。テクノロジーには常に社会が関わっている。電気のような古い技術でも、生産性の向上が顕著になるまでに半世紀を要したのは、補完的投資をいくつも行ない、職場や家庭の構造を再編する必要があったからだ(David 1990)。技術を利用するための政治的・社会的条件が整わず、電気を安定的に供給できない国はいまだに多い。

最近ではテクノロジーの革新の影響で、社会におけるスピルオーバー効果の範囲が拡大し、重要性も高まった。たとえばデジタル市場のネットワーク効果、規模の経済、データの蓄積と利用に伴う外部性、経済地理学での集積効果などが考えられる。その結果、個人的利益と集団的利益の違いは拡大し、市場の失敗が発生するケースが増えている。デジタルや遺伝子工学技術や材料技術の最前線で提供される複雑な財やサービスには、大規模な協力活動、広範なコミュニケーションと知識、有形・無形のインフラへの本格的な投資が関わる。そして、こうした新しい財やサービスはしばしば非競合的だ。複数の人たちが同時に利用しても消耗しないので、公共財の古典的定義を満たしている。公共財は先行融資が必要で、しばしば政府からの融資が提供される。しかしいったん融資すれば、使用するための追加（限界）費用はかからない。あとから使用料をとるのは現実的に困難で、経済的にも効率が悪い。

現代の知識経済では、収益逓増や外部性や非競合財が広く行き渡っている。安定した時代には、流行や社会的影響や学習によって個人の好みが変化するが、今日のように技術が急速に変化して、新しい財やサービスが急速に普及しているときは、安定した時代よりも目まぐるしく好みが変化する。したがって市場が存在するためには、公益の研究、技術基準、スキルなどに関して政府の事前の調整が欠かせない。この数十年の政治論争では、「国家vs.市場」という二分法が注目されてきたが、現代経済への実証的アプローチとして妥当とは言えない。国家なくして市場が存在したことはなかったし（逆も成り立つ）、経済が複雑になるにつれて、相互依存は深まっている。市場が失敗する状況は、政府が失敗する状況でもある。なぜなら、それは私益と集団的利益が最もかけ離れた状況に他ならないからだ。

厚生経済学を支える定理では、周囲に影響されない個人が前提とされ、実体経済では個人間の相互依存が重視されるが、今日のデジタル経済ではそのギャップが広がる一方だ。そのためアトキンソンによれば（Atkinson 2001, 193）、経済学では価値に関する発言が増えているにもかかわらず、一九六〇年代までには厚生経済学を学ぶ学生がいなくなった。「現代経済学では厚生に関する発言があちこちで聞かれるが、もはやそれは批判的な分析の対象にならない」という。同様にアンガス・ディートンも、アマルティア・センとの最近の会話でつぎのように語った（Sen, Deaton, and Besley 2020）。少なくとも一九七〇年代以来、厚生経済学はまったく進歩していない。当時はまだ古典的なテキストの一部（Little 1950; Graaff 1971; Sen 2017［1970］）が、この問題を強調していたものだ。「いまはどうかと言えば、ほとんどの経済学部――トップクラスの学部も含めて――が、厚生経済学をまったく教えない。この科目は完全に消滅してしまった」（Sen, Deaton, and Besley 2020, 16）。経済学者は、自分たちのモデルがもたらす道徳的結果について明確に考慮しなければならないと、アトキンソンは論じる。公共政策の選択に関する経済分析は、結局のところ専門技術の分析ではないし、そうなるべきでもない。個人的利益と集団の利益はしばしば異なる。そのため異なる人々や集団のあいだで利害の対立が発生し、経済的厚生にもたらされる結果を比較することが不可欠になる。パレート基準は、現実には役に立たない。

この一〇年から二〇年のあいだの主流派経済学の展開からは、こうした問題への意識が高まっている徴候が見られる。一例が制度派経済学だ。制度には定義上、複数の人間が関わり、場所的・時間的に存在する。政府、公共団体、大学、企業、協同組合、慈善団体、寺院、労働組合、家族などは、資源の利用や配分について集団的決定を下すための手段として認識されている。そして制度は、（現代経済モデルの標準的な特徴である）非対称的な情報や取引費用だけでなく、（標準的な特徴に含まれない）社会的選好によっても形作られる（Bowles 2004）。

相互依存は定義上、ゲーム理論によっても認識される。ゲーム理論では、意思決定者が戦略的に関わり合うプロセスが分析され、経済学の広範囲に影響をおよぼしている。同様に、マーケットデザインの分野も相互依存的な決定に本質的に関わっている。そしてデジタル市場や金融市場の状況では、ネットワーク理論が広く採用され、他者の存在やアイデンティティが中心に据えられる。あるいは環境経済学は外部性に注目しており、オンラインプラットフォームなどデジタル市場の研究も、同様に外部性に注目する。実際、現代の成長理論では、成長は知識のスピルオーバーに依存すると考える。要するに、人々はお互いに学び合うのだ。複雑系科学の経済への応用（Colander and Kupers 2014）や、進化論（Lo 2017）への関心は高まる一方だ。

厚生経済学にもっと具体的に関連しているのが厚生へのケイパビリティ・アプローチで、開発経済学の状況でも（Dasgupta 2007; Sen 2017［1970］）、経済の進歩を評価する方法についての広範な議論でも（Fitoussi, Sen, and Stiglitz 2009）、政策としての期待が高まっている。さらに最近では、欧州委員会や経済協力開発機構（ＯＥＣＤ）などの公的機関で政策立案や組織的活動に関して「ＧＤＰ以外の」測定単位、すなわち市場の動向以外の測定単位への関心が高まっている。それでもやはり、テクノクラートとしての直感や、一九八〇年代以降の政治で幅を利かせた自由市場経済の遺産の影響で、経済政策の分析の多くに最近の傾向が反映されず、アプローチの範囲も限定される。実際、数十年前に学生時代を過ごした経済政策立案者は、自由市場の枠組みを自分のものとして確実に吸収した。それがずっと維持されたのは、厚生経済学の枠組みについて考える経験がほとんどなかったからで、結局はその状態のままで研究結果を応用した。経済の研究はこの数十年で大きな変化を遂げ、個人主義よりも相互依存の要素を取り入れる傾向が強くなったが、厚生経済学はそれに追いついていない。私たち経済学者は厚生経済学の土台に目を向け直し、社会全体を対象にした資源の配分やその結果について考えなければならない。さもなければ、今日の政策問題について語る能力は制約される。本章の冒頭で紹介した実験では、経済的意思決定の「存在」(is) を理解するには、どんなコンテクストが適切かという点に注目した。そろそろ分離の原則とは縁を切るべきだ。状況が「当為」(should) に影響する方法についても正しく注目し、自分たちはどんな社会で暮らしたいのか考えていかなければならない。

小休止

第3章では、政治環境の変化についてはっきりと論じなかった。二〇一六年には、イギリスのブレグジットを巡る国民投票で「離脱」派が、アメリカ大統領選挙でドナルド・トランプがそれぞれ勝利を収めた。西側諸国ではポピュリスト政党が台頭し、選挙で敗北した場所でもかなりの票を獲得した。こうした政治的変化の原因は決してひとつではないが、経済的に不利な立場が関わっているのは間違いない。各地の投票結果に関する研究からは、ポピュリストの得票率と、経済が繁栄する大都市から「取り残された」（流行語になった）地域とのあいだの相関関係が明らかにされた。一九八〇年代の産業の空洞化にまで遡る悪行の報いが、いまになって返ってきたのだ。所得や富の大きな格差は一九八〇年代から発生していたが、すぐに政策で注目されることはなかった。オキュパイ運動が大きく報道され、トマ・ピケティの著書『21世紀の資本』がベストセラーとなり、さらにはアン・ケースとアンガス・ディートンが共著『絶望死のアメリカ』（Case and Deaton 2020）のなかで、取り残された人たちの社会的費用について信頼性のある記述を行なった結果、人々の意識が高まると、ようやく注目されるようになった。マクロ経済学の統計が何を語ろうとも、多くの人々にとって生活は改善されていなかった。

不平等は、経済的現象でもあり政治的現象でもある。いまや、どのOECD加盟国も同じ傾向に直面している。新しい破壊的テクノロジーの登場、人口の高齢化、サプライチェーンのグローバル化が貿易や雇用におよぼす影響などによって、程度の差はあるものの、どこも不平等を経験している。そして労働法、組合の役割、ソーシャルパートナーシップ、租税政策などの制度的特徴は、歴史的背景や現代の政治状況によって国ごとに異なる。

しかし、経済の変化はどの場所にも同様の結果をもたらした。すなわち、すでにラストベルトの一部になっている地域は、さらに不利な立場に追いやられている。なぜなら、知識集約型の新しいテクノロジーには、長年にわたり学校で正規教育を受けて培われるスキルが必要とされるからだ（経済の専門用語では、スキル偏向型の技術進歩と呼ばれる）。そのうえ、非公式なレベルの知識（経済の専門用語では体系化された知識と対照的に、暗黙知という表現が使われる）のやり取りも必要とされる。こうした特徴の影響で、さまざまな人たちのあいだで地理的選別が行なわれ、教育程度の高い知識労働者は、サンフランシスコやシリコンバレーなど特定の大都市や、ベルリン、ロンドン、パリなど国の首都に集中する傾向を強めている。このように経済地理学で指摘される格差は、アルフレッド・マーシャル（Marshall 2013）が一八九〇年代にいわゆる「集積の経済」、すなわち仕事や生産活動が特定地域に集中する現象を確認して以来、顕著に見られてきた。産業革命が進行したビクトリア朝時代に大都市が誕生したのも、結局は集積の経済によって説明できる。そして今日、デジタルテクノロジーが発達し、経済の発展がかつてとは様変わりして、知識集約型の活動や「重量のない」活動が重視されるようになると（Coyle 1997）、集積の経済は強化され、地理的不平等はさらに拡大した（Autor 2019; Moretti 2012）。コロナ禍はこの傾向を確実に食い止め、逆転させる可能性もあるが、それがいつまで続くかはわからない。

さらに、デジタル部門そのものが途方もない富を生み出し、しかもそれがごくひと握りの人たちに集中している。一部のコメンテーターは、二〇二〇年代を一九二〇年代の「金メッキ時代」にたとえるが、この対比はわかりやすい。なかでもサンフランシスコは、貧富の差の象徴的存在だ。絶望的な状況に置かれたホームレスが路上にあふれる一方、百万長者どころか億万長者が存在し、メンローパークやマウンテンビューへ向かうウーバーや重役専用車の車窓から、貧困者や薬物常習者が苦しむ様子を他人事のように眺める（Chan 2017; Solnit 2014）。いまではテクノロジー業界の富や権力にどう取り組むべきか、政策論争が活発に展開されているが、そこではひと握りの大企業によるデジタル市場の独占が大きな焦点になっている。コロナ禍をきっかけに多くの活動がオンラインに移行すると、五大企業――アルファベット（グーグル）、アマゾン、アップル、フェイスブック（現メタ）、マイクロソフト――はさらに大きな成功を収めた。

デジタルが私たちの経済的・社会的生活をいかに作り変えているかという問題に、一九九〇年代から私は集中的に取り組んできた。実際、ずっと関心を持つようになったきっかけは、一九九四年に『インディペンデント』紙で新米記者として働いた経験だった。当時はテクノロジー業界の株式市場バブルがまだ発生しておらず、年配の上司の誰もデジタルには興味がなかった。ケンブリッジの小さなテクノロジー企業のユニパームが、株式市場で新規株式公開（ＩＰＯ）による新株発行に取り組んでも、それを記事にすることには無関心だった。ユニパームは、イギリスで最初の営利目的のインターネットサービスプロバイダである。私はその業務内容をよく理解していなかったが、記者としての役目を忠実に果たすため、この企業のＰＲ会社が投資家や金融ジャーナリストのために借りたホテルのスイートに出かけた。このときのプレゼンテーションの目玉は、サンフランシスコのゴールデンゲートブリッジを渡る車の様子を撮影したウェブカメラで、私たちの目の前で、ライブ配信された。いまでは大騒ぎするような出来事ではないが、当時がどんな時代だったか思い出してほしい。ケンブリッジ大学のコーヒーポットに設置されたウェブカメラが撮影した映像が、普及し始めたばかりのワールド・ワイド・ウェブで公開されて評判になった時代だ[1]。いずれにせよ、私は強い印象を受けて、これはすごいことになると直感的に確信した。テクノロジー関連株に実際にお金を投資しようと決心するほどではなかったが、その代わりに本を書いたのである。

　それ以来、二十数年間にわたるキャリアでいくつも変化を経験したが、デジタルは私の研究の中心であり続けた。デジタルについて執筆し、コンサルタントとしてテクノロジーの経済学に取り組み、規制関係者として市場を分析し、いまでも詳しく研究している。第4章ではケンブリッジ大学で二〇一八年に行なった就任記念講演[2]の資料の一部を使い、考察を続けていく。デジタル化によって厚生経済学がいかに見直しを迫られたか、そして、社会が改善しているかどうか知る術について論じる。第3章では社会的厚生や規範的思考、そしてデジタル現象がもたらすGDPと社会的厚生の分断について触れたが、第4章でもそれを取り上げ、進化を測定する方法についての議論を進めていく。さらに第4章では、新しい疑問も紹介する。すなわち、テクノロジーは経済政策の効果についても見直しを迫っているのだろうか。そしてデジタルの世界では、政府と市場の関係はどうなるのだろうか。

第４章

歯車とモンスター

公共政策に関心を持つ人なら誰でも尋ねてみたくなるが、実際に明確な形で取り組まれることはめったにない根本的な質問がある。すなわち、政策が状況を改善するとは、どんな意味なのだろう。政策は、どんな結果の達成を期待されるのか。そして、優れた結果は他の結果と何が違うのだろうか。こうした質問には、かなり限定的な形で回答することもできる。競争政策は競争を激化または維持させるべきだ。金融政策はインフレをコントロールするべきだ、といった具合に。ただし、こうした限定的な目標の適切さについて仮定すると、大事な点が疎かになる。これらの政策は社会全体を改善するのか、そして、どうすればそれがわかるのだろうか。

公共政策の論争で常に中核を成す経済学では、言語にも思想にも機械の比喩が深く埋め込まれている（Lakoff and Johnson 1980）。しかも二〇世紀には、比喩ではなく文字通り機械で経済が説明された。いまではわずかしか残っていないフィリップスマシンは（図2）、経済全体を表現するために考案されたもので、パイプと歯車を使って経済の仕組みが機械的に説明された。これが経済の適切なモデルだと考えられていたのだから、当時はずいぶん単純だったものだ。いまではもっと理解が深まり、（比喩的な）モデルに不確実性、摩擦、期待、ショック、行動バイアスなどが取り入れられた。それでもやはり、経済政策には機械の比喩が深く定着している。その証拠に政策のてこ入れ、

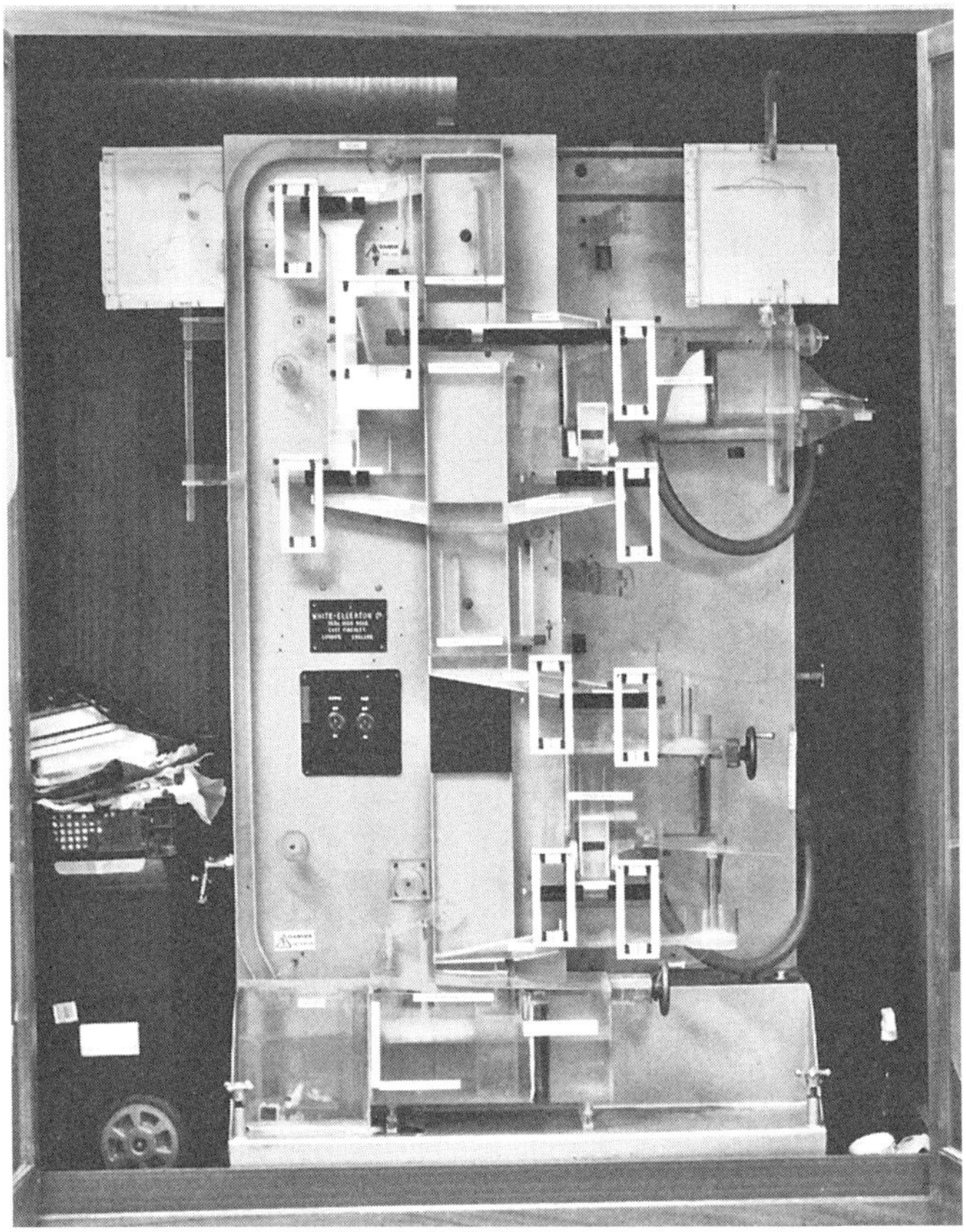

図2　ケンブリッジ大学経済学部ミードルームにあるフィリップスマシン
（著者撮影）

リンケージ、因果関係について語られる。そして経済学者は自分の学問分野について振り返ってほしいと言われると、しばしば自分自身をエンジニア（Roth 2002）や配管工（Duflo 2017）にたとえる。

言うまでもなく、世界は機械的ではないし、私たちはモデルで仮定されるような機械の歯車ではない。テクノロジーの変化が経済や社会や政治の変化を促すにつれて、私たちの世界は機械への依存度を強めているが、そのおかげで皮肉にも、機械的な傾向が弱まり予測しづらくなった。現在の知識の境界の向こう側には未知の領域があり、そこには中世の地図に描かれたようなモンスターが存在している。そして新しいモンスターは、ボストン・ダイナミクスが創造した悪夢へといざなうロボットに象徴される存在だ。[1]

日常生活、ビジネスや消費、社会的関係や政治などの領域で進行するデジタルトランスフォーメーションは、ふたつの疑問を提起している。ひとつは、新しい回答が必要とされる古くからの疑問、すなわち、私たちはどんな種類の社会を望み、その目標への進歩をどのように測定すればよいのか。そしてもうひとつ、因果関係で簡単に説明できない複雑な非線形の世界のなかで、政策が進歩の実現に効果を発揮するには何が必要なのだろうか。

デジタル世界では何が進歩と見なされるのか

では、デジタルテクノロジーから話を始めたい。まだ決定的な結果が出ているわけではないが、経済全体で広く使われる「汎用テクノロジー」は、イノベーションを誘発し、行動を変化させ、経済や社会に対応や大幅な修正を迫っている。人工知能（ＡＩ）や機械学習（ＭＬ）システムの利用が増えると、この傾向は加速される可能性が高いと思われる。いまや新しいテクノロジーが経済や社会生活におよぼす波及効果のおかげで、経済を分類・測定する現在の枠組みは再評価を促されている。なかでも特に、経済の進歩の簡潔な指標であるＧＤＰの地位は揺らいでいる。テクノロジー主導の変化は日常生活のあらゆる場所で進行しているが、標準的な経済統計にはそれが含まれない。何らかの理由でＧＤＰの成長を進歩の尺度として素直に信じられなくなると、他の理由からも有効性を疑うようになる。たとえば所得分布は反映されず、価値のある無給労働が省略され、環境については無視される。そんなＧＤＰの不備は、テクノクラートの経済学者がその他大勢の市民の生活を改善できない現実を象徴している。標準的な政策で採用される成功の評価基準が、重要な現象の一部にはっきり注目しない時期が長く続きすぎた。専門知識は人々の生活に影響をおよぼす。したがって効果がないことがわかれば、押しつけられてきた制約に人々が反発するのも意外ではない。たとえば選挙では、反エリート主義者に賛成票を投じる。

テクノロジーがもたらす構造変化は、私たちが変化を観察するために使う統計のレンズを歪めてしまう。そうなると、進歩を測定するためには新しい枠組みが必要とされる。経済も社会も大きく変化する状況で使われている測定法を振り返ると、古くから存在しているのにとかく忘れられる教訓を思い出す。すなわち、統計は現実の基本的な特徴の一部を反映しているが、決して価値判断の影響を受けないわけではない（Porter 1995; Desrosières 2002）。そして第3章でも論じたように、経済学者は自分たちの専門知識が中立的だと主張するが、現代の政府に対する経済学者の影響力もまた中立的ではない。

私が十代だった一九七〇年代には、インターネットやウェブ、携帯電話、パソコンやタブレットやスマートフォンは存在しなかった。検索、音楽や映画のストリーミング、メール、ショートメッセージなどのサービスも存在しなかった。電話は、一般的に寒いホールの壁に固定されていた（セントラルヒーティングはほとんど普及していなかった）。そして回線は、しばしば近所の住人と共有された。カセットテープが登場したものの、最初に楽曲を聴くのはいまだにレコードだった。銀行サービスを受けるためには、目抜き通りに出向いて列に並ぶ必要があった。車は有害な有鉛ガソリンを使い、燃焼の効率が悪く、ラジオもパワーウィンドウも、今日では当たり前の安全装置もなく、ましてやビルトイン式のＧＰＳやエアコンなど夢の話だった。ＭＲＩスキャナーはまだ発明されておらず、今日使われているガンの治療薬も存在しなかった。白内障や静脈瘤の手術は、日帰りが可能な簡単なものではなかった。こうしたインターネットや医療や医薬品の進歩は目覚ましいイノベーションとして目を惹くが、日常生活も多方面で徐々に改善された。アウトドア用品の素材は、風や雨を確実に防いでくれる。使い捨てコンタクトレンズや、すぐに伝線しないタイツが登場し、テレビ番組は好きなときに見られるようになり、電球のエネルギー効率は高まった。スマートフォン、3Ｇネットワーク、マーケットデザインが埋め込まれたアルゴリズムの三つが二〇〇八年に一気に登場すると、目覚ましい変化がもたらされた。それ以来、タクシーや宿泊から小売りに至るまですべての業界が「創造的破壊を経験している」。

同様に重要なイノベーションが、企業が利用する機器や企業の運営方法にも広く普及した。生産工程は自動化され、ジャストインタイム生産システムがサプライチェーン全体に拡張された。かつての重要な技術と同様、デジタルやＡＩが今日では経済をすっかり様変わりさせている。一九八〇年代以降に情報や通信テクノロジーが発達しなければ、多国籍企業の事業による経済のグローバル化はもっと遅れていたはずだ。アウトソーシングや「ディレイアリング」〔訳注：巨大組織の管理職の数を減らして管理体制を簡素化すること〕や中間管理職の削減といった形で事業は再編されなかった。そしてデジタルプラットフォームなどビジネスモデルのイノベーションも、オンデマンドサービスもｅコマースも、ソーシャルメディアも存在しなかっただろう。

大量生産が支える経済は一九六〇年代までに頂点に達し、一九七〇年代に経済危機が発生すると、転機を迎えたことが明らかになった。一九八〇年代半ばには、ポール・ローマーが経済成長における知識の役割に関する研究成果を発表し（後にこの功績を評価されてノーベル経済学賞を受賞した）、知識が経済現象に変化を引き起こしている点を強調した（Romer 1986a, b）。知識経済において成長は、坂を転げ落ちながら膨らんでいく雪玉にたとえられる。情報テクノロジーやバイオテクノロジーなどの主導部門では、規模に関する収穫逓増が普及している。そのため政策などの意思決定における小さな変化が、非常に大きな結果の違いをもたらす。たとえばデジタルプラットフォームのように、小さく始められたものでも転換点を超えると、いきなり巨大化する。一方、経路依存性やロックイン効果が問題として浮上し、変化の方向がいったん確立されると軌道の修正がほぼ不可能になる。技術規格の埋め込みや広範な顧客基盤の構築では、それが特に顕著に表れる。

いまや増える一方のアイデアに基づく無形の財やサービスは、非競合的だ。たとえばソフトウェアは、多くのユーザーがほぼ無料でコピーできるが、それで最初のユーザーが制約を受けるわけではない。同様にデータも、繰り返し使われても消耗しない。そのためデータは通常、公共財と見なされる。ただしもちろん、暗号化などの技術や法律によって、利用を拒まれる可能性はある。特許や著作権を含む知的財産法は、無形財の幅広い利用を制約するため広範囲で導入されている。[2]

概して、財を増やすには外部性や相補性が関わるので、個人ではなく集合的な生産や消費のほうが有益で価値が高くなる。いまや大手のデジタル関連企業は私たちのデータをかき集めては利用して、私たちの犠牲のもとに巨額の利益を生み出す。そんな現状への不安から、収集したデータに料金を支払う提案もある。個人データは一種の労働なので、報われるべきだという（Arrieta-Ibarra et al. 2018）。ただし、ひとりひとりに注意を向けてもさほど意味はない。個人主義的な解決策では、社会的価値が広く分配されない。デジタル関連企業は私たちの個人データを集約し、マーケティングに利用したり、広告主に売りつけたりして、データから社会的価値を引き出す。

しかしデータを個々の企業のサーバーのなかに閉じ込めて、「個人」のものと見なすと、潜在的な社会的価値の具体化が中途半端に終わってしまう。なぜなら、データはひとつひとつを取り上げるよりも、いくつもまとめたほうが価値は高いからだ。異なるタイプのデータをまとめあげれば、総和以上の効果を生み出す（Coyle et al. 2020）。たとえば規則性について学びたければ、食料品買い出しの習慣、健康状態、ウェブ・ブラウジング、運動のルーティンに関する大勢の人たちのデータを機械学習がまとめあげて発見した規則性が役に立つだろう。個々のデジタルプロバイダから保有するデータを提供してもらうよりも効果的だ。データはコモンズだと言われるが、コモンズは利用に関して競合性がある財で（一度にひとりしか利用できない）、しかも非排除性を備えている（対価を支払わない人を排除するのが難しい）。データはそれとは反対で、利用に関して競合性がなく、排除可能性を備えている。実際、デジタル市場の一部では、ネットワーク効果の存在によって非競合性が加速され、たとえば私個人の便益は、他のユーザーが増えるほど膨らむ。一例がグーグルのウェイズなどのアプリで、リアルタイムの交通情報を取り入れながら最適ルートを案内してくれるが、情報の多くはウェイズの他のユーザーから提供される。したがってデータの利用者が増えるほど、データを作成する人は増え、性能が向上する。他には、ソーシャルメディアと検索も良い例だ。データが増えるほど、意義のあるパターンを確認し、買い手と売り手をデジタルプラットフォームでマッチングさせる能力は向上する。

こうした特徴は大量生産とは正反対だ。大量生産されるアイテムの多くは流れ作業で組み立てられ、完成品はおおよそ似通っている。デジタル経済も大がかりな規模の経済である点は同じだが、多様性や個性化が強調される。たとえばエアビーアンドビー（Airbnb）、オープンテーブル、ウーバー、アマゾン・マーケットプレイスといったデジタルマッチングプラットフォームは、きわめて特殊な個人のニーズや優先傾向を満足させることができる。なかには金銭の交換を伴わないケースもある。アルヴィン・ロスが提唱した有名な腎臓の移植についてはすでに触れたが、いまでは非営利型のシェアリングエコノミープラットフォームが数多く存在し、不用品の交換だけでなく、設備や犬のシェアリングまで行なわれる。

活版印刷から電気まで過去の大きなイノベーションのエピソードと同様、今回も非常に大きな価値が創造されている。しかし現在の経済統計の枠組みでは、これらの現象はほとんど表れてこないと言っても大げさではない。新しいテクノロジーの進歩はパラドックスを生み出し、現在の経済学者を大いに悩ませている。これは生産性の謎と呼ばれる。何が起きているかと言えば、労働生産性――労働一時間当たりで生み出されるGDP――や、資本や労働の投入に起因しないGDPの伸びを測定する多要素生産性が、二〇〇〇年代半ばから横ばいなのだ。一部の経済学者、なかでも特にロバート・ゴードン（Gordon 2016）はパラドックスの存在を認めようとせず、テクノロジーはすべて誇大宣伝されていると切り捨てる。誇大宣伝がたくさん存在することに疑いの余地はないが、0と1の二進法に基づく重量のない経済の発展は、標準的な経済統計に反映されているだろうか。（私を含む）一部の経済学者はそれを理解するため、統計に丹念に目を通している。

政治算術

経済政策に関する提言を評価する際、進歩の標準測定値としてたびたび使われるのがＧＤＰだ。そのなかでも「実質」ＧＤＰは、物価の変動による影響を取り除き、本当の価値を算出したものである。ただしこれは経済の規模を測定する方法として多くの欠点があり、それは考案された時点から七〇年以上にわたって繰り返し指摘されてきた。ここでそれをすべて繰り返すつもりはないが、重要な点だけは指摘しておきたい。そもそもこれは戦時中に考案されたもので、定義で具体化された経済の概念は、経済厚生の測定には明らかにふさわしくない。実際、一人当たり平均のＧＤＰの増加と、生活水準が停滞または落ち込んでいる大勢の人たちの経験は、多くの国で少なくとも一〇年にわたって食い違っている。そのため、発表される数字に所得分布が正確に反映されていない点に注目し、ＧＤＰの増加は経済厚生の利益を誇張しているという批判がある。その一方、テクノロジー分野や金融市場からは別の形で非難の声が上がっている。ＧＤＰや生産性を表す数字では、デジタルへの移行がもたらした利益が考慮されておらず、確実に過小評価されているという。一九四〇年代に考案された枠組みが、二〇一八年の経済の構造にふさわしくないのは間違いない。しかし、それなら今度はどんな合意が適切なのか、現時点ではまったくわからない（Coyle 2017）。

ただし、こうして批判する人たちの一部でさえ、実質ＧＤＰは何かを計測する尺度だと勘違いしている。数字なのだから、本物だと考える。しかしそれは大きな誤解で、実質ＧＤＰはアイデアである。たとえば、トーマス・シェリングは以下のように記している。「いわゆる「実質の」規模は、本物とまったく異なる。本物と呼んでよいのは貨幣の量だけだ。「実質」と言うが、実は仮想にすぎない」（Schelling 1958）。

イノベーションは大小を問わず、絶えず誕生している。経済の進歩を測定する際には、それを十分に考慮する方法をきちんと採用することが、大きな課題のひとつになる。シュンペーターは（Schumpeter 1994）、大半の企業が価格ではなくイノベーションを巡って競い合うことが、資本主義の大きな経済的特徴だという有名な言葉を残した。実際、新しい商品は常に発明されており、生活の質（そして量さえも）を明らかに変化させている。しかし、たとえば「一九七八年の平均所得は、二〇一八年の貨幣価値で三万ドルに匹敵する」と言えば、一九七八年の平均的な女性は、当時手に入れた商品を今日の世界で購入するなら三万ドルを支払うことになる。[3] 物価指数の概念によれば、価格変動の測定では、消費者の効用（好みや満足度）は一定で変化しないことを前提にしているので、同じ財やサービスのあいだで比較が行なわれる。だが残念ながら一九七八年にはiPhoneの価格は存在しなかったのだから、一九七八年の女性がiPhoneを購入するために衣装代やバス料金を節約する可能性はなかった。実際、統計局は現実的な技術を色々と利用して、物価指数に新しい財を取り入れる一方、古い財を取り除いている。

刺激的で重要なイノベーションが登場するのではなく、すでにある商品が徐々に改善されるだけでも、問題は発生する。商品に関しては販売価格と販売量のふたつの指標が観察されるが、これに品質を含め、商品では三つの変化が常に進行している。同じ金額で購入できるパンの量が少なくなれば（自然酵母の手作りパンは、選択肢から外す）、価格は確実に上昇することになり、その逆も成り立つ。しかし車の場合には、大きさや重量だけを基準にして価格を評価できない。車に組み込まれた技術が改善すれば、輸送手段としての性能は改善される。では同じ金額を払うと、以前よりもはるかに改良された車やコンピュータや洗濯機を購入できるという事実は、物価指数にどう反映させればよいのか。原則として、統計学者は価値の向上を（「ヘドニック」回帰を使って）評価できるが、実際のところその対象になるのは、コンピュータなどひと握りの製品に限られる。

こうした根本的な課題があるにもかかわらず、実質ＧＤＰの増加は、進歩の実態をおおまかに描き出すまでにとどまっている。経済史家は一〇〇〇年分にわたるＧＤＰの変遷を統計にまとめたが、そこには、生活水準が何世紀にもわたって徐々に改善されてきたことが示されている。ルネサンスの時代にはそのペースが少し加速し、一八世紀末になると爆発的な進歩が始まり、以後はその傾向が継続している。これを具体的に示した曲線は、「ホッケースティック」型の成長として知られる。一方、平均余命、乳児死亡率、健康指標に関する統計は、進歩が着実に継続している様子を描いている（理論的には、統計構造のなかで進歩は無限に続くはずだが、人間が生物としての制約を受けるため、曲線ではなく直線が描かれる）。

しかし、経済成長には基本的にイノベーションが関わっているという事実からは、統計は全体像を十分に語れないことがわかる。医療の改善によって生活の質にどれだけの恩恵がもたらされたか、正確には把握できない。同様に、海の向こうにいる孫とオンラインのビデオ通話を使い、無料で会話を楽しめることで生活がどれだけ豊かになったのか、具体的に評価することもできない。逆に、かつては手つかずだった自然で多くの生物種が絶滅し、海洋が汚染されてどれだけの被害をこうむったのか、金銭面だけで評価するのは不可能だ。こうした事柄には、根本的に異なる計算方法が必要とされる。ちなみにジョン・ヒックスは以下のように主張する。「経済学は事実を研究する。そして、結論を引き出せるような形を想定して事実を整理する……したがって事実は正しく整理されれば、雄弁に物語る。さもなければ、完全に死んでしまう」(Hicks 1942)。第3章ではむしろ、エビデンスと価値は切り離せるというアイデアの間違いを紹介したが、それは統計すなわち経済のデータにも当てはまる。「データ」という言葉はラテン語の「与えられたもの」に由来するが、データは与えられるのではなく、作られるものだ。「定量的な記録は将来を予測するために役立つが、その前提として、数字が何を明らかにしているのか、そこから何が取り除かれているのか、確認しなければならない」(Rosenthal 2018)。私たちは測定結果に注目するが、測定しているのは見えるものだけである。

確かに、データは実際の行動やその結果と関わっているが、過去のさまざまな政治的選択の結果によって独特の形で構築され、それが分析の構造や定義や分類に影響をおよぼしている(Porter 1995; Tooze 2001)。データと行動の関係は単なる相対的なものではない。なぜなら、慣習として確立された定義の存在そのものに、社会を構成する多くの人たちの行動は注目するからだ。これもまた、第1章で紹介した自己関連づけ効果という現象の一例である。アラン・デロジエールはこう指摘する。「慣習として確立された定義からは、実際に現実が生み出される」。そうなると、統計が結果を変化させることは可能だ。政治的課題を浮き彫りにしたうえで、データの定義や創造に関して最終的には新しい枠組みや合意を提供できる。

ひとつ具体例を紹介しよう。インフレの定義づけと測定方法は、社会の異なる集団のあいだの資源配分に直接的な影響をもたらすため、統計に関する議論で常に大きく取り上げられる話題のひとつだ。すでに述べたが、消費者の習慣も財やサービスの特徴も時間と共に大きく変化するため、物価指数の創造は技術的にも概念的にも実に難しい。しかもここには政治経済も関わってくる。歴史家のトーマス・ステイプルフォードはアメリカのケースを遡って調べた結果、つぎのように述べている。生活指数の「客観的な」費用を見つけ出すため、政治的要素から政治色が取り除かれ、社会的価値が「機械的に」配分された (Stapleford 2009)。そのうえで、組合の賃上げ要求には応じるべきか、年金受給者への社会保障費の支払いを増やすべきか考えた。経済学に従って構築された物価指数からは、非個性的で客観的な回答が明らかに提供できる。要するに、規範的な分析が実証的な分析に見せかけられる可能性がある。

政治論争で一部の陣営が実際の統計に満足できないときは、方法論的レビューが行なわれるときもある。有名なのが、アメリカのボスキン委員会の事例だ。「生活費のより正確な測定に向けて」

という一九九六年の報告書は、イノベーションと品質的向上に特に注目し、ＣＰＩ（消費者物価指数）で測定されるインフレ率は年間で〇・八ないし一・六パーセンテージポイント過大評価されていると結論した。そこには、一定の生活水準を維持するために、労働者の賃上げ率を抑え、年金の受給額を減らす必要があることが暗示されている。その根拠としては、品質の良い廉価な新製品への乗り換えが可能な点が指摘された。この報告書は、ただちに政治的な文書と見なされた。「委員会が出した結論は、低所得世帯や中間所得世帯を苦しめる経済的課題を覆い隠す手段にすぎない」と、ある著名な評論家は記し、さらに以下のように補足した。「ＣＰＩを見直せば、共和党員は赤字削減の責任から解放され、それと同時に事業利益が膨らむ。しかしそのかげで、アメリカ人の労働者と高齢者が犠牲にされる」(Palley 1997)。

資源配分を巡る同様の争いは、最近イギリスでも進行している。ここでは、一部の価格を引き上げて給付金の支払いを増やすため、消費者物価指数（ＣＰＩ）ではなく小売物価指数（ＲＰＩ）が使われている点が争点になっている。このふたつの統計値が一貫してかけ離れているのは、統計を作成する手法の違いによるところが大きい。経済学者はＣＰＩのほうが正確な計測手段だと確信しているが、ＲＰＩには伝統の裏づけがあり、なかには（指数連動ギルト債の支払いなど）契約で決められているケースもある。財務省は、ＲＰＩの上昇によって増加した給付金の一部を、新たにＣＰＩと連動させる方針に変更した。こうして支出を少し抑える一方、学生ローンの金利やビール税などの歳入に関しては、ＲＰＩとの連動を維持したのである。統計の世界では論争が激しさを増し、勝者も敗者も決まらない。

統計の技術的構造に内在すると思われる利害の対立の具体例としてはもうひとつ、割引率の選択がある。この利率は、将来の価値を現在の価値に換算するために使われ、割引率が高いと現在価値は低く見積もられるので、お金はいまのうちに受け取ったほうがよいと判断される。割引率というアイデアは、一八世紀初めの政治論争で初めて導入された。合同法〔訳注：アイルランド王国とグレートブリテン王国の合併を定めた法律〕が成立すると、スコットランド経済を救済するためにイギリスが支払う「補償金」（equivalent）を計算する方法について、議論が戦わされたのである。ウィリアム・デリンジャーは、以下のように記している。「ここでは、死んだあとの出来事にほとんど価値を置かない。未来の価値に対する多くのイギリス人の直感と、この奇妙な主張は大きく対立した」（Deringer 2018）。割引キャッシュフローの計算方法を巡る論争は激化して、ホイッグ党とトーリー党の政治論争の中心的議題のひとつになった。懐疑論で知られるデイヴィッド・ヒュームは、つぎのように不信感をあらわにした。「この主題に関して説得を試みる人物は誰でも、いかなる理論の持ち主であろうと、その正しさを常に事実と計算だけで証明しようとする」（Hume 1974, 328）。

割引率が政治で注目された最近の事例が、気候変動に関して二〇〇七年に発表されたスターン報告だ。将来の気候変動によるダメージのコストを予測する際には、将来の気候変動の影響を深刻に受け止めるので割引率は高くなり、迅速な行動が提言されるのが従来のパターンだが、スターン報告では割引率がかなり低く抑えられた。あらゆる世代が等しく検討に値するのだから、未来のウェルビーイングを割り引く道徳的根拠はないという考えで、一・四パーセントという低い割引率を設定したのである。なかには、もっと典型的な六パーセントという割引率を支持した経済学者もいたが、スターン報告では現在のウェルビーイングのほうが重視された。しかし、社会を評価する包括的なバランスシートに自然資産などの資産を組み込み、経済を測定する枠組みで持続可能性を具体的に表現したければ、割引率を通じた未来の価格設定は避けられない道徳的選択となる。

ここまでGDP、インフレ、割引率の事例を紹介したが、そこからは、統計の構造は超関数型、すなわち関数の定義が当てはまらないことが暗示される。機械的に処理するだけでは十分ではない。経済測定の創始者のひとりであるウィリアム・ペティは、統計学を「政治算術」と的確に表現した。ところが前章で論じた分離の原則は、経済の理論が立てられ分析が行なわれるよりもずっと早い段階で、すでに経済データの収集を行き詰まらせている。経済学は客観性を主張することによって、政策立案に影響をおよぼしてきた。中央政府のあらゆる部門に経済学者は存在する。中央銀行は言うまでもなく、経済規制を専門とする関係者が政府機関には配属されている。そして企業は、政府へのロビー活動のために経済学者を採用する。そうなると現代資本主義は事実上、経済学者のあいだで交わされる会話の結果として組織されることになる。しかし世界金融危機やコロナ禍を経験した今日の経済を見回せば、大きな経済格差は隠しようがない。経済学者はあまり良い成果を上げているとは言えない。

経済学の影響力が、過去数十年になかったほど真価を問われているのは間違いない。マイケル・

ゴーヴは、「この国の人々は、もう専門家に飽き飽きしている」という発言で悪名を轟かせたが、ここで標的にされているのは経済学者の専門知識というより、価値観である。他にも大勢の人たちが非難の声に加わり、経済学者を激しく攻撃した。そのためついに、著名なグループが #whateconomistsreallydo というハッシュタグを使って投稿し、私たち経済学者の行動は本当に役立っていることをソーシャルメディアに限らず世界中の人たちに理解してもらおうと努力を始めた。

まず私たち経済学者は進歩というアイデアに取り組み、その測定方法について考える必要がある。現在の経済統計のままでは、私たちのビジョンも政治活動も制約される。

これは時代への対応を誤ったことも原因のひとつだ。産業や職業の分類で、製造業については驚くほど細かく記述されているが、いまや先進国経済のおよそ五分の四を占めるサービス業については、ほとんど何も提供されていない。労働力に関する統計は、労働市場で進行するパートタイムへの切り替えの大部分を無視している。なぜなら、正社員が基準だという前提が染み込んでいるからだ。異なる集団のあいだでの所得分配や財産の地域差について、政治家や評論家が簡単に入手できる統計はほとんど存在してこなかった。

原則としてコンセンサスが必要な公式統計が、経済構造の変化に後れを取ることは避けられない。一八八五年に発表されたイギリス年間統計の要約は、農業に関して一〇〇ページ以上を費やし、異なるマーケットタウン（市《いち》の立つ町）ごとの穀物価格、特定の種や家畜の取引状況などについて事細かく記している。それに比べ、産業革命の象徴とも言える鉱山、線路、紡績工場、運河には、一〇ページしか使っていない。この頃には、ディケンズはすでに故人になっており、「闇のサタンの工場」という表現をブレイクが使ってから八〇年が経過していた。国全体がいかに大きく変化したか、誰も知らないはずはなかった。そのギャップは、議会の報告書ブルー・ブックによって埋められた。ただし、近年のアメリカにおける計測の進歩の歴史を取り上げたエリ・クックによれば、ブルー・ブックのようなアドホック調査は「道徳的統計」だった（Cook 2017）。こうした調査は政策変更のきっかけになりうるが、政府が定期的に行なう公式統計とは異なり、日常的な政策を作成するための足場を提供することはできない。

私はデジタル経済の側面の一部について、論文の共著者と一緒に研究した。質の調整とデータ量の調整をすませた電気通信サービスの価格、企業がクラウドコンピューティングを利用する範囲とそれに伴う代償、デジタルイノベーションが促した市場での活動から無給の家事労働への移行、シェアリングエコノミー、企業による委託製造業者の利用などに注目した。いまや企業は外見こそ大手製造業者だが、イノベーションとサービスがおもな業務になっている。いずれに関しても基本的なデータが見つからず、それが障害として立ちはだかった。もっとも、いまでは官庁の統計学者も、調査やデータ収集の方法を少しずつ改め、ギャップを埋める努力を始めている。

しかし、測定の課題はそれだけではない。ビデオゲーム産業の被雇用者数や、ビットコインでの取引が全体に占める割合を知りたくても、確認できないことだけが問題ではない。そもそも経済統計は、世界を味気ない枠組みに押し込めてしまう。たとえば現在使われている国民経済計算は、

「二〇世紀最大の発明のひとつ」と評された。ＧＤＰ（というより、その前身のＧＮＰ）の発明にいたっては、第二次世界大戦で連合国を勝利に導いたと高く評価された。各国の生産能力や消費ニーズを以前よりも正確に予測した点を認められたのである（Lacey 2011）。この枠組みは、ケインジアンのマクロ経済学とともに進化した。パイプとバルブから成るフィリップスマシンについてはすでに紹介したが、これはＧＤＰモデルを物理的に表現したものだ。ここでは所得、消費、投資、貿易の現時点の流れに焦点を当て、功利主義を哲学的基盤としている。貯蓄すなわち資産は、溜め込むだけのものだ。そして自然に関しては、ほとんど考慮されない。あるいは、女性が戦時労働力から離脱したあと、一九六〇年代半ばから賃金労働者として復帰したことや、高等教育の普及といった形での社会的変化にも触れない。良いものも悪いものも、すべての変化は国民経済計算の枠組みに押し込まれ、見えない状態が続いてきた。

そこでいまは、経済や社会の進歩を象徴する代わりの枠組みやシステムが模索されている。たとえばアマルティア・センのケイパビリティ・アプローチは、経済学の重要な牽引役になった。経済パフォーマンスの測定に関するセン・スティグリッツ・フィトゥーシ委員会は二〇〇九年の報告書のなかで、単一の指標（ＧＤＰ）を手放して、ダッシュボード（指標群）を採用すべきだと提言した。ダッシュボードを構成する要素について報告書は具体的に触れなかったが、委員会の提言に刺激され、統計データや政策団体はＧＤＰを超える新指標「Beyond GDP」の採用に積極的に取り組むようになった。いまでは多くの国がウェルビーイングや環境保全活動を数値化した結果を報告し、ウェルビーイングを考慮した広い枠組みを採用している。ただしその内容には大きなバラつきがあり、広くコンセンサスを得られるような確固たる理論的枠組みは存在しない。そのため期待されたほどには利用される機会が少ない（さらに、ダッシュボードという比喩はドライバーを暗示するので、モデルの外側からのトップダウン方式という印象が強い）。結局は政策も政治家もいまだに、不満を募らせる有権者にではなく、少なくともメディアによって、おおむね従来の測定基準にしたがってパフォーマンスを判断される。

ケイパビリティ・アプローチというアイデアを統計に応用するためには、従来と異なる種類の資産を測定する必要がある。この分野で新たに始められた研究では、該当する資産を金融、有形、自然、人間、社会、無形など、異なるカテゴリーに分類している。しかしさまざまな概念が絞り込まれ、異なる集団や場所や個人が同じ条件で数値を測定できるようになるのは、まだ先の話だ。そして課題もひとつではない。たとえば、資産に注目すると持続可能性を無視できない。なぜなら資産を評価する際には、将来どのように使われるかという点まで考慮する必要があるからだ。これを統計で表すのは簡単ではない。

しかし、経済や社会にもたらす結果を判断する際、このような資産が何らかの形で重要な役割を果たすことは、社会科学の大量の文献からも明らかだ。たとえば社会関係資本は、熱波に見舞われた弱者の生死にかかわる（Klinenberg 2002）。社会的ネットワークと個人のつながりは、仕事を見つけるチャンスに影響する（Granovetter 1973）。株式市場での企業価値ひいては投資や活動の機会は、評判に左右されるし、無形資本すなわち「会社としての信用」は、多くのバランスシートで主要な資産と見なされる（Haskel and Westlake 2018）。「制度」すなわち経済に関して集団に適用されるルールや規範を簡潔にまとめた仕組みは、発展や成長を支える要素として欠かせない（Acemoglu and Robinson 2012）。しかしいずれの概念も厳密な定義がないため、正確な測定が不可能で、それが実証的な社会科学としての経済学に課題を突きつけている。同じような測定ギャップの存在は、経済効果の決定に重要な役割を果たすと思われるあらゆるタイプの富に共通するものだ。私たち経済学者が理論を真剣に受け止め、しかもその理論に基づいて行動する政策立案者が、自分たちの決断に影響される人々により良い結果をもたらすためには、理論を支える根拠が必要とされる。そうすれば、概念が絞り込まれた統計が作成される。

ウェルビーイングの測定には他のアプローチも考えられる。調査や日誌法によってウェルビーイングや「幸福」をじかに測定し、その結果から計量経済学でウェルビーイングの決定要因を割り出す事例は、多くの文献で紹介されている。なかには明確な結論——人々は通勤を嫌い、セックスを好むなど——もあるが、幸福の年齢構成比や高等教育の影響に関する結論は、それほど明確ではない（Clark et al. 2018で要約）。そして経済学では、時間の利用に新たな関心が寄せられている。資源を制約する究極の存在である時間に関しては、デジタルテクノロジーのおかげで時間の割り当ての見直しが可能になったことをきっかけに、注目が集まるようになった。実際サービスの生産性の測定基準として、時間は「産出」よりも確実に優れている。いまや、サービスは経済全体の五分の四を占める時代だ。（バス旅行など）時間を節約するとサービスが向上するときもあれば、（集中治療での看護など）時間を延長するとサービスが向上するときもある（Coyle and Nakamura 2019）。

「ここにはモンスターがいる」

社会を変革させる経済の進歩をどうすれば確認できるのか、ここまで考えてきた。ではつぎに、経済の構造的変化が経済の分析に突きつける課題について取り上げる。

金融危機が発生し、その悪影響がいつまでも消滅しなければ、経済学に関する疑念が湧くのも意外ではない。コロナ終息後の経済がさらに弱体化すれば、債務の負担や失業に直面し、フードバンク〔訳注：品質に問題がないのに市場で流通できなくなった食品を、生活困窮者に配給する活動〕の世話になる人たちも出てくる。わずか一〇年でふたつの経済的大惨事に見舞われると、経済の進歩とは何を意味するのか、その達成のために経済学者は何らかの役割を果たしているのかどうか、疑問は深まった。一方、さらに深刻な課題も浮上している。脱グローバリゼーションの進行は放置できないし、気候変動や生物多様性喪失の影響は緩和しなければならない。

そして、つぎの時代の経済的課題への不安も膨らんでいる。いまや自動化の波は、これまで影響を受けてこなかった部門にも押し寄せ、法務や会計などの専門サービスも呑み込んでいる。デジタルテクノロジーやロボット工学やＡＩの進歩が融合した結果、仕事の形は変容を遂げ、定型的な業務は自動化され、人間の仕事は非定型的な業務として分類し直す必要が生じた。こうした変化がどのように進行するのか、現段階で予測するのは不可能だが、未知の領域にモンスターが潜んでいるのは間違いない。「ロボット」は、今後二〇年のうちに仕事の半分を奪うのだろうか（Frey and Osborne 2017）。ロボットの所有者はさらに裕福になる一方、低賃金の不安定な仕事を押しつけられる人はさらに増えるのだろうか。

こうした疑問は、専門家としての経済学者に大きな課題を投げかける。ここまで各章で指摘してきたように、経済調査はこの数十年間で長足の進歩を遂げた。しかしそれでも、この新しい経済をモデル化するための優れたツールは十分にそろってないし、変容したデジタル経済を分析する――そして運営する――方法を次世代の経済学者は確実に教えられていない。従来の経済的手法に必要とされる重要な変化のひとつが、解析モデルからの移行だ。不確実性、不完全な情報、「行動」仮説、摩擦が現代のツールキットには加えられたが、すべては機械の歯車のように進行するという発想がいまだに影を落としている。私たち経済学者は、方程式で表現できる最善の回答をひとつだけほしがる。しかしデジタル経済の特徴を考えれば、結果はしばしば自己成就的（あるいは自己回避的）であり、はっきりと予測できない。第1章でも強調したが、これは現代に限られた現象ではなく、たとえば景気後退も自己成就的予言に当たる（Farmer 2010; Shiller 2019）。ただし線形的思考にこだわり、フィードバックループの強力な雪崩効果を無視する分野が、経済学だけだと考えるのは不公平だろう。政策立案者も含め、多くの人たちが指数関数的力学を簡単に理解できないことは、コロナ禍の経験からも十分にわかる。

直感に反する非線形現象のひとつが二〇〇〇年問題すなわちミレニアム・バグで、最近になって意外な議論のなかで復活している。西暦二〇〇〇年が近づくと、コンピュータコミュニティは動揺した。というのもメモリスペースを節約するため、西暦年は一般に下二桁だけがコード化されていたからだ。そのため多くのコンピュータシステムが二〇〇〇年を一九〇〇年と勘違いすることで、予想外の危険な結果が引き起こされる可能性が懸念された。実際、多くのシステムでさまざまなコードが採用され、時間の経過とともに積み重ねられてきたが、そこで使われるソフトウェアの実に多くに、この特徴は組み込まれていたのだ。一九九九年も終わりに近づくと、新聞には毎日センセーショナルな見出しが躍り、午前〇時を回った途端に飛行機が空から落ちるなどと報じられた。ところが時計がいよいよ一二時を打ち、「オールド・ラング・サイン」〔訳注：「蛍の光」の原曲となったスコットランド民謡〕のメロディーが流れても、何も起きなかった。では、すべては大げさな報道だったのだろうか。ブレグジット支持の急先鋒の政治家ジェイコブ・リーズ＝モッグはそう考え、二〇一八年にこうツイートした。二〇〇〇年問題では大惨事など発生しなかったではないか。同様に、ブレグジットはイギリスを崖っぷちに追い込むわけでも、大惨事を引き起こすわけでもない――。

こうした反応にソフトウェアエンジニアは心外だったが、それも無理はない。なぜなら二〇〇〇年問題で大惨事が発生しなかったのは、システムのコードの見直しに彼らが丸二年を費やしたおかげだったからだ。大惨事が発生することを想定して人々が行動したため、この場合は大惨事が自己回避されたのである。

　政策に異なるアプローチが必要なことを示すもうひとつの事例が、クローズ・ザ・ドア・キャンペーンだ。冬に目抜き通りを歩くと、多くの店舗の扉が開け放たれ、入口から熱が逃げていく様子を観察できる。これは環境の面からも、店の光熱費の面からも、望ましい状況ではない。では、なぜ改めようとしないのか。それは、ライバル店のすべてが扉を開けているのに、自分だけ扉を閉めたままでは、買い物客が気楽に立ち寄る気持ちになれないからだ。光熱費を節約したくても、熱の放出を抑えたくても、取り残される不安のほうが大きい。扉を閉めるなんて、他のすべての店がそうしないかぎり不可能だ。ここでは、協調に関する典型的な問題が生じている。クローズ・ザ・ドア・キャンペーンがいくら協調行動を狙っても、あらゆる目抜き通りで扉を閉める店舗の数がクリティカルマスに達しないかぎり、成功することはできない。ただし扉の開けっ放しを禁じる規制を導入すれば、どの店も悪い習慣に逆戻りできず、同じ目標がもっと効率的に達成される。ところが、ホワイトホールの関連部署の経済アナリストに私が説明を試みたところ、相手は困惑するだけだった。彼らは分析の手段を各種取り揃えているが、その格納庫のなかに、協調政策は標準的な武器として含まれていないのだ。しかし新しいテクノロジーが新しい市場を生み出している時代には、新しい大きな市場の創造が不可欠であり、そのためにはテクノロジーに関する基準を定め、投資家や企業の団結を後押しする必要がある。実際、協調政策はきわめて強力になりうる。たとえば、欧州連合が一九八七年に携帯電話を対象にＧＳＭ標準を設定すると、ネットワーク機器や携帯電話の基準が統一された結果、一〇年もしないうちに巨大なグローバル市場が誕生した。この代わりに、対立する基準がいくつも存在する状況を放置する選択肢もある。最終的には、そのなかからひとつの基準が勝ち残って普及するのだろうが、ネットワーク構築に伴って無駄になる機会費用は馬鹿にならないし、携帯電話が途上国に普及して進歩する勢いを鈍らせてしまう。自動運転車、データ、「スマートな」都市ネットワークなど、いまやイノベーションの広範な領域で基準の設定が必要とされる。

ところが大半の経済学者は同調しても、ほとんど機械的とも言える分析的方法で政策について考える習慣が染みついているので、概して発想の転換を驚くほどためらう。たとえば獰猛な犬が赤ん坊に噛みつくなら、獰猛な犬など存在を消してしまえばよいと考える。では、獰猛な犬をどうやって特定するかと言えば、該当する品種のリストを作成する。獰猛なピットブルが対象に含まれるのを回避するため、飼い主が異種交配を試みる可能性など、まったく認識しない。要するに、課税対象となる収入や金塊や高級ワインを特定してリストアップすれば、金融部門は作戦を変更し、たとえばそれを別の形で支払うようになるものだ。おそらく経済学者よりも政治家のほうが責められるべきだろうが、すでに第2章で論じたように、予測可能な事柄を対象にした従来の政策立案には、現実への認識が驚くほど欠如している。「行動経済学」の観点から人間は「合理的」だという前提に立つ。そして、行動を制約するために政策を変更したとき、相手が巧妙に調整すれば、往々にして「意図せぬ結果」に分類する。ただし、意図的ではなかったとしても、常に「予測不可能」というわけではない。いまの世界では自己成就的な力学が働き、行為遂行的な発言が具体的な結果につながる可能性さえある（第1章）。したがって経済の専門家は外から社会を見下ろし、客観的で無害な判断に基づいてレバーを引けばよいという発想は、どんどん通用しなくなっている。

いまの政策設計は、ほぼアルゴリズムに従って進行する。問題を特定したら、つぎにエビデンスを集めて分析する。それから問題を修正するための政策を設計し、最後に適切な規制や法律を導入する。このアルゴリズムは、三つ目の段階で行動への考慮を導入することによって強化される。人間の心理の規則性は、いまではその前のエビデンスを集める段階で認められている。実際、分析的推論以外の理由で行なわれるあらゆる選択を正当化するため、政策アルゴリズムを変更することは可能だ。イデオロギー的信念、短期間の政治的要因、社会規範の変化、パワーダイナミクス、メディアやソーシャルメディアからの非難、宇宙全般のランダム性などを理由に変更できる。政策設計では良い結果を得るために厳密な定義づけと測定が行なわれるが、政策を改善するためにはもっと内省的な思考が必要とされる。アリスの物語に登場するフラミンゴやハリネズミと同様、分析対象が口答えする可能性を認識しなければならない。それには、専門技術の領域をくまなく考慮することになる。経済的規制や金融政策、社会規範の変化、自己成就的または自己回避的な動的現象、これらの力学にナラティブがおよぼす影響などについて考える必要がある。おそらく政策立案者は、リーダーシップや象徴化の役割、さらには個々の意思決定の調整作業について、ゲーム理論の立場から考えるべきかもしれない。（自らがプレイヤーとして除外される）特定のゲームのなかで行動を促すのではなく、（自らもプレイヤーとして参加する）ゲームのルールを設計し、焦点を定めなければならない。

では、エンジニアや配管工のたとえが経済学者にふさわしくないなら、語り手としての経済学者とはどのような存在なのだろうか。私たち経済学者は、経済全体のストーリーを語るために経済統計を利用する。数字のわずかな修正――これは頻繁に発生する可能性がある――は、ナラティブを変化させる可能性がある。一例が、一九七六年九月にイギリスが国際通貨基金（ＩＭＦ）から提供された緊急融資だ。当時のデニス・ヒーリー財務相は空港に向かう途中だったが、危機に対処するために引き返した。きっかけは、国際収支と政府借入金の赤字のふたつの統計上の数字が思ったよりも悪かったことで、戦後のイギリスが競争力の欠如に長らく苦しめられてきた現実が、新たな形で突きつけられた（Roberts 2016）。最終的にＩＭＦは、融資の条件として公共支出の大幅な削減を求めた。この緊縮財政は不満の冬を引き起こし、窮地に立たされた労働党政権は崩壊し、サッチャー首相とサッチャリズム誕生への道を開いた。ただし最近公表された数字によれば、経常収支と予算の赤字がＧＤＰに占める割合は当時考えられていたよりも少なかった。さらに、景気循環も当時の統計が示すほど大きな変動はなかった。経済は間違いなく混乱状態だったから、統計だけで歴史の流れが変わったとは思えないが、反実仮想は効果的だ。一九九六年から二〇一二年にかけて公式のＧＤＰ統計につぎつぎ修正が加えられると、それ以前の一九九五年の統計で記録された一〇回の景気後退のうちの三回分が、取り除かれてしまった（Berkes and Williamson 2015）。

もちろん、同じデータが異なるストーリーを語るために使われる可能性はある。二〇一四年の第3四半期のGDPの成長率が、二〇一五年のイギリス総選挙の公示日に発表されると、三月三〇日の（保守党寄りの）『デイリーテレグラフ』紙には「イギリス経済は二〇一四年、急成長の九年目に突入した」という見出しが躍ったが、（労働党寄りの）『ガーディアン』紙は「一九二〇年代以降、景気回復は最も遅いことをデータは示した」と報じた（Khan 2015; Allen and Watt 2015）。その後、世界金融危機のあとに明らかに発生した「景気の二番底」は、最新の統計で見直された。

ナラティブ経済学のアイデアには提唱者がいる（そして政策の一要素としてのナラティブは、自然科学やAIなど他の領域でも話題にのぼっている）。ロバート・シラー（Shiller 2017, 967）は、経済のナラティブを伝染病にたとえ、心に感染して広がっていくものだと見なす。彼はつぎのように記している。「経済学の分野は範囲を拡大するべきだ。変化を繰り返して世間で普及するナラティブに注目し、その定量的研究に真剣に取り組まなければならない」。そして「ナラティブは、さまざまな真実を根拠にできる」と補足している。同様にジョージ・アカロフとデニス・スノーワーによれば、伝統的な経済学や行動経済学は経済発展に関して実証的な研究を行なわず、誰もが納得できるような説明をすることができないが、ナラティブの役割を考慮に入れれば、いくつも予測される結果のなかからひとつが実現した理由を説明できる。ナラティブは社会規範を教え、個人のアイデンティティやモチベーションを形作り、決断を促すという（Akerlof and Snower 2016）。

経済学者をストーリーの語り手――あるいはそこまで挑発的ではなく、ナラティブを解釈する研究者——と見なすアイデアに多少の不安を覚える人たちは、アナリストがモデルの傍観者になるべきでないことの意味を別の方法で考える。二〇一八年の著書『信仰の共和国』（Basu 2018）のなかでカウシィク・バスーは、ゲーム理論のアプローチを採用し、ルールの設定者と執行者として経済学者をゲームのなかに組み込んだ。このアプローチは、政策の仕事を二元的に考える。ゲームの焦点に影響をおよぼすことと、政策立案者や専門家のインセンティブと行動を政策の設計に含めることだ。これは、戦略的政策設計と自己拘束的介入（交通信号など、誰もが従わざるを得ないルール）に関するトーマス・シェリングの研究（Schelling 1960, 2006）の発想を前進させたものだ。ゲーム理論のアプローチは、政策の二元性を明確に示している。ゲームの焦点に影響をおよぼすと同時に、政策設計の実行可能性を考慮しなければならない。

本章の最後は、出発点すなわちテクノロジーに立ち返る。いまはテクノロジーの応用の初期段階だが、すでにAIの影響で、今後どんな社会を望むのかという問題に私たちは思いのほか早く直面し、どんな政策が必要とされるのか真剣に考える必要が生じた。

「AI」という言葉は大雑把に使われ、アルゴリズムによる意思決定のすべてが漫然と含まれるときもある。ただし、特定のアルゴリズムにコード化される決断と、機械学習システムが下す決断のあいだには大きな違いがある。なかにはかなりの演算能力が要求される問題もあるが、機械に段階的な指示を与えれば、解決法が明確になることもある。この場合には、決断についての説明は容易だ。これに対し、政策の世界に広く見られる問題は、解決の手順がわからない。一部の学校の生徒は、なぜ成績が振るわないのか。あるいは肥満の蔓延を引き起こすものは何か、明確な回答は見つからない。従来の経済的手法では、考えられる原因の解析モデルを作成したうえで、計量経済学のツールを使って仮説を実証的にテストする。しかしこのやり方では、たとえばいま紹介したふたつの問題などで、何かひとつの政策が明確な解決策だというコンセンサスは得られない。状況は複雑で、いくつもの要因が影響している可能性が考えられる。機械学習やニューラルネットワークのアプローチを使えば、説明をできる限り小さく構造化して、そのなかで大量のデータを利用しながら、明確な目標をひとつ特定できる。したがって、ターゲットの特定に大きな効果を発揮する意思決定が生み出されるが、なぜそうなるのか説明するのは本質的に難しい。そもそも簡単に説明できるモデルなら、ＡＩの手法は大して役に立たない。答えがわからないところで最も出番が増える。

政策立案者は、ブラックボックスでの問題解決を簡単に受け入れられないが、それにはもっともな理由がある。たとえば、データ生成のプロセスでＡＩの構造的安定性が損なわれるかもしれないし、データセットが原因でバイアスが生じるかもしれない。さらに、少なくとも同じだけ重要なのが、法的責任や政治的説明責任（アカウンタビリティ）の問題だ。たとえば、有限責任会社（ＬＬＣ）が所有する自動運転車が道路を疾走し、時として致命的な結果をもたらす状況を本当に受け入れられるだろうか。判決や仮釈放に関する決断が機械学習システムによって下される場合、法務大臣は結果について説明する義務があるのだろうか。機械の目的関数に結果がコード化されている場合、トレードオフはどうすればよいか。あるいは、妥協の産物でもある政治と、うまく折り合うだろうか。明確な目的のコード化が難しくならないだろうか（Coyle and Weller 2020）。しかも、こうした問題について考えると同時に、別の可能性に目を向ける必要もある。政策の決定や結果は、分析的な説明が可能だろうか。あるいは逆に、複雑で説明しにくいプロセスではないだろうか。その場合には、社会に組み込まれている不完全な人間と、強力で公平な機械のどちらを信用すべきなのか。じっくり考えなければならない。

そして何よりも問われるのは、どんな目的関数をコードに書き込むかだ。私たちはどんな社会を望むのか、早く教えてくれとＡＩは訴える。いまのところ、機械はホモ・エコノミクスのようにもっぱら効用の最大化を追求するが、その機能はホモ・エコノミクスよりもさらに強化されている。たとえば、どの囚人の仮釈放を却下すべきか予測する能力は、人間の裁判官よりも優れている。その予測に従えば、収監者を四〇パーセント減らしても犯罪率は大きく低下する可能性がある。では、アフリカ系囚人の数が大きく減少しているのに、ＡＩがアフリカ系囚人の仮釈放を拒む割合が不釣り合いなほど高ければ、それは望ましい結果なのだろうか。このような疑問が提起されるのだから、政策の目標については慎重に考えなければいけない。政策では、何がより良い結果と見なされるべきか。そして、いまや社会制度の広い範囲で意思決定が人間の手を離れ、機械に委ねられているが、機械の判断は妥当だろうかと、問いかける必要がある。

小休止

第4章では、経済において状況の改善が何を意味するのか問いかけた。最近の出来事を考えれば、これは差し迫った問題だ。いまでは誰もが変化し続ける破壊的テクノロジーの影響を受けている。確かにオンラインサービスは飛躍的に便利になったが、その半面、ソーシャルメディアには明らかに暗い側面が備わっている。テクノロジーの変化は人類の進歩を促すのだろうか、それとも妨げるのだろうか。コロナ禍のあとには「ビルド・バック・ベター」（より良い復興）が共通のスローガンになったが、それは具体的に何を意味するのだろうか。

新型コロナの流行とその後のロックダウンが経済にもたらした結果は、社会が分裂して病んでいる現実を暴露した。いまや不平等が広がり、多くの仕事は労働条件が劣悪で、公共サービスには十分な資金が提供されない。脆弱な制度のもとでは緊急事態への対応が遅い。そして実に多くの人たちが、公園の緑地でさわやかな香りに包まれ、汚染されない空気を吸い込む機会を奪われている。こうした残酷なスナップショットからは、「ビルド・ベター」が切実に必要とされることがよくわかる。いや、かつての状態への復興を目指す程度では、おそらく十分ではない。

このように景気の悪化は、西側（そしてそれ以外の）先進国の多くをかねてより蝕んできた経済の脆弱性を白日のもとにさらした。二〇〇〇年代の半ば以来、OECD加盟国の生産性はいずれもほとんど向上していない。イギリスでは、平均世帯収入の伸びがすでに止まり、人口の二〇パーセントを占める最貧層の所得は二〇一七年から二〇一九年にかけて減少した。アメリカでは、平均世帯収入が二〇一六年になってようやく二〇〇〇年のレベルに戻ったものの、その後は再び減少した。

この嘆かわしい景気動向には地域差もある。大都市で働く教育程度の高い労働者は概して生活が向上しているが、小さな町や村の労働者は大きく後れを取っている。そして、公共部門の緊縮財政がこれに拍車をかけている。後れを取っている場所では、病院や店や娯楽施設など、生活を便利にするさまざまな施設の多くが失われた（Algan, Malgouyres, and Senik 2020）。一方、地域ごとの健康格差も深刻で、疫学的に恐ろしい結果が引き起こされている。富裕国のなかでもラストベルトは取り残され、住民の絶望死が後を絶たない。繁栄する地域に追いつくためには、困難な課題を克服しなければならない。

テクノロジーや人口動態、さらにはグローバリゼーションや現在の地政学的逆転現象に促され、経済構造には大きな変化が引き起こされたが、健康や経済に関する非常事態はそれに輪をかけている。従来の統計は、デジタル経済の実態を適切に把握できない。そのため経済学者や統計学者は――私もそのひとりだ――デジタル経済の計測方法の改善に努めてきた。国際的に承認された基準である国民経済計算体系は、今回の定期的な改正が二〇二五年に完成する予定だ。そうなれば、デジタル活動の測定方法は刷新される。テクノロジー主導で変化が進行しているのに価格の上昇だけを測定するシステムでは、誰もが無料で利用するたくさんのアプリが対象外になる。従来は写真を撮るためにカメラとフィルムを購入し、写真の現像やプリントに料金を支払ったが、いまやスマートフォンで撮影した写真をオンラインでシェアするだけでよい。その一方でデジタル経済は、富や権力の不平等の拡大、政治の改悪、従来の産業や仕事の多くの破壊を明らかに助長している。すでに多くの経済調査が、自動化の波が雇用や収入におよぼす影響に焦点を当てている（Barbieri et al. 2019）。雇用への影響に関しては、潜在的にプラスという評価もあれば（Acemoglu and Restrepo 2019）、現在の仕事の半分ちかくが失われるという評価もある（Frey and Osborne 2017）。新しいテクノロジーはどんなものでも不安を煽り、最後にようやく必要不可欠だと判断される。たとえば電気は発明当初、恐ろしい怪物だと思われた。ビクトリア女王時代の人々は、自分たちが電気に殺されると考えたが、実際にいまでも危険なテクノロジーだ。

変化し続ける経済への理解を深め、集団ごとの行動の違いをどのように測定すべきか、議論を進める必要があるが、コロナ禍をきっかけにそれは喫緊の課題になった。もしもこの一〇年間、成長を測定するために従来のＧＤＰ以外のレンズを使っていたら、経済発展に関して思い浮かぶイメージは異なっていただろう。所得の伸びが場所ごとに、あるいは社会人口集団ごとに大きく異なる現実に気づいただろう。生活様式を維持するために生物多様性を破壊して気候を変動させた結果、国の自然資本をどれだけ減少させたか気づくはずだ。デジタルプラットフォームのおかげで人々の日常生活やビジネスモデルが大きく変容したことだけでなく、それにはマイナス面が伴うことについて、もっと意識が向いているはずだ。政策立案者も追いつくための努力をしている。デジタル・ジャイアントの力を抑え込むために競争政策を強化し、プライバシーを守ってオンラインでの被害を食い止めるための法律を制定し、データに偏りのある顔認証などのＡＩを規制している。

人々も自らの経験を通じて変化を感じ取り、進歩の意味をもっと広い視点で積極的に理解しようと努め、「ビルド・バック・ベター」というスローガンの「ベター」の意味に注目している。コロナ禍の最中に行なわれた意識調査からは、政府は経済の運営方法を大きく変化させるべきだと考えるイギリス国民が、全体の三分の一ちかくを占めると考えられる。一部の個人の富が増えるのではなく、社会の健全性が育まれる形での変化が求められ、その傾向はミレニアル世代やZ世代で特に顕著だ。[1]

いまはまだどんな変化が必要なのか、コンセンサスが得られた状態からほど遠いが、深刻な不公平感が漂っているのは間違いない。経済の成長や景気の好転が何を意味しようとも、利益はいまよりも平等に分かち合う必要がある。生活を変容させるテクノロジーは特に、これまでよりも広範囲に利益をもたらさなければならない。テクノロジー業界の百万長者や億万長者やギグワーカーが幅を利かせ、中間所得層の仕事が自動化によって削減されるような経済は、政治的に持続不可能だ。３Ｄプリンティングによる生体組織づくりによってバイオテクノロジーや医療の分野にイノベーションがもたらされ、患者個人に合わせたガンの治療が可能になっても、それが超富裕層だけのものであってはならない。

テクノロジー主導の不平等は多くの国で中間層の安定性を損ない、すでに政治の崩壊を招いている。もしかしたらコロナ禍が引き起こした衝撃をきっかけに、永続的な変化が確実に引き起こされるかもしれない。あるいは、あえて芝居がかった表現を使うなら、これからは革命の時代を経験するのかもしれない。

このあとのふたつの章では、経済学が学問として、そして経済政策を決定する手段として、デジタル化が突きつける難題にどう立ち向かうべきかにまずは注目する。[2] デジタルテクノロジーには独特の経済的特徴が備わっているが、第5章ではこの新しい状況のなかに、本書でここまで取り上げてきたいくつものテーマを当てはめて、経済分析の欠点をデジタル経済が増幅させる理由について説明する。つぎに第6章では政治経済学に焦点を当てて、いまや緊急に必要とされる政策に斬新なアプローチを持ち込む方法について考察する。ここでは特定の政策分野をいくつか取り上げて検討したうえで、デジタルトランスフォーメーションがいまのような形で進行するなら、第3章で述べた分離の原則には終止符を打つべきだと結論する。経済学は、経済だけに専念すればよいという主張はいつまでも通用しない。経済学者がそんな考え方なら、本書執筆時点の二〇二一年初めの経済的見通しには大きな不備がある。経済学者は価値や政治について深く考える必要がある。他のあらゆる分野と同様、政治でもデジタルによる創造的破壊は進行している。これらの問題は、私がケンブリッジ大学のベネット研究所で現在取り組んでいる学術研究の中心テーマでもあるが、当然ながら、政策の世界への関心とそこでの長年の――ほぼ四半世紀におよぶ――経験にも基づいている。

第５章

変化するテクノロジー、変化する経済

デジタル経済に関する私の最初の著書は、四半世紀ほど前に出版された（Coyle 1997）。出版に先立ち一年あまり、研究と執筆に夢中で取り組んだが、そのとき私はインターネットが革命的な変化を引き起こす見通しについて、ある非常に有名な経済学者に熱弁をふるった。すると相手はこう答えた。「取引コストを少し減少させるだろうな。でも、我々のモデルで取引コストに対処する方法はすでにわかっている。そんなにむきになって、時間を無駄に費やす必要はないね」。彼は——あとから考えれば、明らかに——間違っていた。デジタルテクノロジーに顕著な経済的特徴に注目するなら、経済学そのものについての考え方を改めなければならない。

デジタルは異なる

デジタルはＩＣＴすなわち情報通信技術の略称になった。経済学者から汎用テクノロジー（ＧＰＴ）と呼ばれるものの事例のひとつで（Helpman 1998）、以下のような特徴を備えている。

●製品やサービス、そして生産プロセスにおいて、画期的なイノベーションの実現を可能にする。

イノベーションは革新的な部門から始まるが、経済の広範囲の活動も徐々に対象に含まれる。

●経済の構造の大々的な再編につながるが、それは相対的な投入費用に劇的な変化を引き起こすからだ。

●他の分野でかなり大きな追加投資が必要とされる。資本、インフラ、組織、スキルなどを従来と異なる形に変化させなければならない。変化は当初、ごくゆっくりと始まるが、最後は経済や社会にとてつもない影響を与える。

わかりやすい例が、活版印刷と蒸気と電気だ。ポール・デイヴィッド（David 1990）は、GPTの特徴を歴史的に解説したことで知られるが、そこでは一九八〇年代のコンピュータ技術の拡散を二〇世紀初めの発電機にたとえ、ロバート・ソロー（Solow 1987, 36）が指摘した「生産性パラドックス」が共通点であると指摘した。「コンピュータの時代が到来したことはどこを見てもわかるが、生産性の統計にだけは表れない」のだ。最終的な影響が大きいのは間違いないが、GDPや生産性の数字に影響が反映されるまでには長い時間がかかる。

広範囲におよぶ影響に関して、デジタルテクノロジーを過去の汎用テクノロジーと同一レベルに扱うことに一部の経済学者は疑問を抱いているが（Gordon 2016; Bloom et al. 2020）、私はそうは思わない。デジタルは過去の汎用テクノロジーと同様に社会を変容させると考えている。いまでは電気経済という表現を使えばおかしな印象を与えるが、最終的にはデジタル経済という言葉も奇異に感じられるようになるだろう。変化はなかなか数字に表れないが、最後は劇的な影響がもたらされる。すでに世の中にはかなりの変化が引き起こされている。ただし、そのおかげで私たち全員が基本的にどれだけ豊かになったのか、評価するのは難しい。この問題については、本章でこのあと取り上げる。

経済の再編がどれだけ劇的に進行しているのか判断するためには、大きなイノベーションを経験している商品の価格低下に注目する方法もある。複数の段階を経てテクノロジーが進歩した結果、演算能力（一秒ごとの演算）当たりの価格が劇的に低下したことは、ムーアの法則を使ったウィリアム・ノードハウスの計算によって確認されている。[1] 長年にわたり、価格低下は加速している。法外に高かった演算のコストは（政府や大企業が所有する大型コンピュータによって行なわれた）は、一九五〇年以来下がり続け、タダ同然に安くなった（いまや、すべての人のポケットにスーパーコンピュータが入っているような状態だ）。

テクノロジーの価格が大きく下がれば、人々が利用する機会はもっと増える。そして演算コストの低下は、他の場所での劇的な価格低下につながった。最近私が共著者と行なった研究からは、デジタルイノベーションのペースを標準的な統計よりも十分に考慮した場合、一部のサービスでは価格が大きく下がることがわかった。たとえば、クラウドコンピューティングの機能にアクセスするために支払う料金は、二〇一〇年からおよそ八〇パーセントも安くなっている（Coyle and Nguyen 2018）。そうなると、かつてはサーバーなどの設備に投資して、大規模なＩＴ部門にスタッフを採用していた企業は、もはやそんな必要がなくなる。以前よりもたくさんの企業、さらにスタートアップ企業のほぼすべてが、こうした投資をまったく行なわず、アマゾン・ウェブサービス（ＡＷＳ）やマイクロソフトのアジュールなどのクラウドサービスを利用している。私はインタビューを行なったエグゼクティブたちから、こんな話を聞かされた。かつてはＩＴ部門に優秀なデータサイエンティストを確保するために年間何万ポンド、いや何十万ポンドもの出費があったが、いまでは会社のクレジットカードで数ポンドを支払うだけで、クラウド・プラットフォームから提供されるサービスを受けられる。しかも最新のソフトウェアと最先端のＡＩが準備されている。大企業や政府の省庁はクラウドコンピューティングに切り換え、新しい企業は最初からこちらを使っている。

もうひとつの事例は、電気通信サービスの価格だ（Abdirahman et al. 2020）。これらのサービスの公式物価指数が大して変化していない現状に、電気通信関連のエンジニアは驚きを隠せない。何といってもいまは、通信技術が大きな進歩を経験しているのだ。データ送受信のスピード、帯域幅、圧縮、待ち時間などあらゆるものが劇的に改善した一方、人々がスマートフォンなどを通じて利用したり通信したりするデータの量は一気に増えている。そこで国家統計局と工学技術学会の同僚とともに、私たちは新しい価格指標を考案した。すると、新しい指標が慎重に考案された新指標でも、価格は二〇一〇年から三分の一も低下していることを示した。それとは別に、電気通信業界の各社の収入をまとめ、それをデータの量（ビットで測定される）で割り算すると、同じ七年間で価格は九〇パーセントも低下していた。これを理にかなった尺度として採用できるのは、あらゆる電気通信が基本的にビットという物理的な単位で測定されるからだ。たしかにコンポーネントサービスによってビット当たりの市場価格が異なるが、結局は同じ傾向を強めている。消費者は料金のかかるショートメッセージから、ワッツアップ（WhatsApp）など無料のインスタントメッセージ・サービスに乗り換えている。ちなみに、慎重に考案された新しい指標を試験的に使ってイギリスのGDPを計算したところ、数年間にわたって年間の成長率に〇・一六パーセンテージポイントが加算される結果になった。[2] この数字からは小さな印象を受けるが、最近の年間成長率はおよそ一、二パーセントであることを考えれば、決して小さな数字ではない。しかもこれは、経済の一部門でのひとつの価格指標の影響にすぎない。

こうしたケースは、現代の経済統計が計測に関して抱えている問題の一部にすぎない。計測が重要なのは、経済を理解したうえで、概念化する方法として役立つからだ。ただし、いまやGDPは進歩の正しい尺度としての意味を失いつつあり、それも意外ではない。というのもGDPは、一九四〇年代の経済の測定基準として構築されたからだ（Coyle 2014）。デジタル経済でひとつ問題なのは、GDPが付加価値の総和であることだ。消費の中間段階は、最終収益から取り除かれる。さもないと、利益が二重に計上されてしまう。パンの材料に使われる小麦を、パンと同時に計上したくはない。しかしこのやり方だと、少なくとも過去二〇年間に進行したプロセスがGDPの統計に表れない。この二〇年間にはクラウドコンピューティングが普及するだけでなく、サプライチェーンが分割されて専門色を強めており、それに合わせて従来の仲介業者は排除され、代わりにインターネット関連の仲介が増えてきたが、それがＧＤＰの統計に反映されない。中間の段階はすべて取り除かれ、この段階での利益は最終生産物に現れてこない。生産性に関する難題は形が変化した。問題を解決するためには、成長に関する考え方の概念的枠組みを見直す必要があると、私は考えている。

既存の経済統計が把握していない要素は、他にもたくさんある。たとえば、どんなデータがどこに流れ、そこにはどんな価値があるのか。企業はどの程度までクラウドコンピューティングを採用し、それで何をしているのか。ＡＩを採用している企業の数はどれくらいなのか。ベルリンのスタジオでの設計に基づいて、ダブリンでＩＰアドレスを設定した設計図をイギリスの企業がメールで送信し、マレーシアで受託生産された場合、何をカウントし、どの国のＧＤＰに計上すべきなのか。そして、他の価格はどうか。たとえばデジタルカメラの価格はＧＤＰに記載されるが、いまや以前ほど多くの人が購入しなくなったので、消費者物価指数（ＣＰＩ）での価値は下がり続けている。ところがスマートフォンで写真を撮り、その成果を楽しむために支払う価格はゼロなので、ＧＤＰに含まれない。これでは、本物のＧＤＰや本物の生産性を計算するために利用するはずの価格指数は、不完全でしかない（Coyle 2021）。

デジタル市場も異なる

アマゾンは一九九四年、フェイスブックは二〇〇四年、グーグルは一九九八年に創設された。アップルとマイクロソフトはそれよりも古く、一九七〇年代半ばにスタートした。これらのテクノロジー企業は、かつての世代のいかなる巨大企業よりも規模が大きい。いまやひと握りのテクノロジー企業が私たちの生活を支配しており、アメリカでは大手のテクノロジー関連企業がGAFAMと総称され、中国ではアリババ、百度（バイドゥ）、テンセントが有名だ。他のデジタル関連企業は巨人たちに匹敵する規模を持たないが、それぞれの活動領域を支配している。エアビーアンドビー、ブッキング・ドットコム、ウーバー、デリバルーなどのプラットフォームは馴染み深い。私たちは消費者として、そして企業の一員として、社会、文化、政治、経済の日々の活動の多くをこうした企業のサービスに依存している。オンラインショッピング、ソーシャルメディア、検索、クラウドコンピューティングなど、実に多彩だ。スマートフォンや第三世代移動通信システムが立ち上げられてから多くの変化が引き起こされ、生活は様変わりした。こうしたモバイルネットワークが確立されたのは、一〇年前にすぎない（Cellan-Jones 2021）。それなのになぜ、デジタルテクノロジーはこれほどまでに権力を集中させたのか。複数のデジタルサービスプロバイダが共存する変化に富んだ状況が創造されず、すべてがひと握りの巨人の支配下に収められたのはなぜだろう。

このストーリーには確かに政治や政策が関わっているが、デジタル市場に内在する経済的な特徴の数々によって説明することもできる。

なかでも真っ先に挙げられるのが、スーパースターの特徴だ。この言葉は、シャーウィン・ローゼンの論文で最初に登場したもので（Rosen 1981）、一部の映画スターやスポーツのスター選手が、同僚よりもずっと高額の報酬を支払われる理由を説明するために使われた。この現象は、市場の需要と供給のどちらにも有利に働く。供給サイドから見れば、固定費が高く設定されても、限界費用は低く、場合によってはゼロに抑えられるので、規模の収穫が著しく拡大する。バスケットのトッププレイヤーになるためには何年も練習を積み重ねなければならず、大ヒット映画を製作するためには数百万ドルの費用が必要とされる。しかしいったん訓練が終了すれば、あるいは大ヒット映画を製作すれば、そのあとゲームに出場するための費用も、新しい映画を配給するための費用も、どちらも低く抑えられる。一方、需要サイドから見れば、商品は本質的に経験である。映画やゲームを鑑賞して実際に消費するまでは、どんな商品なのかわからない。しかし、好意的な感想を家族や友人から聞き、レビューで読み始めると、客観的には市場で他の商品より大して優れた特徴を持たない人物でも、スターとしての需要が膨らむ。こうしたスーパースターの特徴は、多くのデジタル市場でも有利に働く。なぜならデジタル市場は流通の限界費用がほぼゼロで、しかも私たちの注目を集めるために競い合うからだ。今日の経済では勝者がすべてまたは大半を独占するパターンが顕著だが、スーパースターの特徴はその最初の牽引役である。

デジタル市場で集中を促す傾向のあるもうひとつの特徴は、「間接的ネットワーク効果」だ。ネットワーク効果については馴染み深いだろう。誰かに電話をしたいときには、電話網に参加している人の数が多いほど好都合だ。一方、「間接的」という言葉は、供給業者と消費者のマッチングをするデジタル市場がいくつも存在する事実に言及している。たとえばあなたがエアビーアンドビーでアパートを借りたければ、エアビーアンドビーのアパートを供給してくれる人が多ければ多いほど都合が良い。あるいはあなたが供給サイドで、自分のアパートを賃貸ししたければ、プラットフォームに大勢の消費者が参加するほど状況はよくなる。こうしたデジタルプラットフォームは、両面市場あるいは多面的市場としても知られる（Evans and Schmalensee 2016a）。そして、間接的ネットワーク効果は相互に強化し合い、規模の拡大を促すことも特徴である。プラットフォームのユーザーが増えるほど、プラットフォームはあらゆる「面」で――少なくとも潜在的に――利益を得られる。具体例は多く、消費者向けプラットフォームならエアビーアンドビー、アマゾン・マーケットプレイス、イーベイ、オープンテーブル、ウーバーなどがすぐに思い浮かぶ。B2Bプラットフォームは、化学業界や鉄鋼業界で重宝されている。そしてデジタルプラットフォームは、独特の価格構造に支えられていることも特徴だ。もしも市場の一方（通常は消費者サイド）が他のものを選択して乗り換える可能性があれば、もう一方は相手がプラットフォームにとどまってくれるように援助しなければならない。その結果、こうしたケースの多くでは、消費者は何も支払わない。これに対し、広告主やレストランのオーナー、所有するアパートの登録者などの供給サイドは、プラットフォームに手数料や料金を支払う。手数料の割合は高く、典型的なレートは三〇パーセントだが、場合によってはずっと高くなる。

三番目の重要な特徴は、デジタルプラットフォームがしばしば需要と供給の細かい側面のマッチングを行なうことだ。都市で手に入る（大きさや立地やアメニティが）さまざまなアパートなど、多彩な物件を供給し、それを多彩な需要と結びつける。人々の好みは同じではない。静かな環境を好む人もいれば、近くでナイトライフを楽しめる立地を好む人もいる。手料理を楽しみたい人もいれば、そうでない人もいる。プラットフォームが大きくなるほど、個人が販売できるものは多彩になり、目当てのサービスを見つけられる可能性は高まる。そしてここでも、規模の拡大がユーザーの利益を増やしている。消費者向けプラットフォームでは、何百万、いや何十億もの人々が、高く評価するサービスを無料で手に入れている（Brynjolfsson, Collis, and Eggers 2019; Coyle and Nguyen 2020）。一方デジタルプラットフォームにとっては、市場の供給サイドから徴収する手数料や広告料金が収入源になっている。購入してくれる可能性が最も高い顧客に広告が提供されるように、プラットフォームはさまざまなデータを収集し、データを採用した広告がクリックされる数に応じて料金を請求する。ちなみにアマゾンなど一部のプラットフォームは顧客データを自ら処理したうえで、マーケティング・アナリティクス・サービスを販売している。

ただし、いま紹介した特徴をすべて併せ持っても、プラットフォームを立ち上げて成功させるのは難しい。実際、五つのプラットフォームのうち四つは失敗に終わり（Gawer, Cusumano and Yoffie

2019)、存続に最低限必要な規模を達成し、需要と供給のあいだに適切なバランスを維持するのが難しい。たとえばアメリカの大手プラットフォームは、損失が大きく膨らむ可能性があってもベンチャーキャピタル関連の巨額のマネーを確保しているので、長期間の損失を補塡することができる。一方スタートアップ企業は、しばらくは苦戦する可能性があるが、やがて臨界点に達すると、あっという間にテイクオフを果たして、いきなり急成長を遂げる可能性がある。しかし巨大な規模に成長しないかぎり、大体は消滅する。これはまさにデジタルプラットフォーム経済の基本原理で、この原理に基づいて機能する市場は、経済学の基準であるメンタルモデルとかけ離れている。

デジタル経済学

デジタル経済では、生産と消費のどちらも変化し続けている。いまやテクノロジーは、不可欠な存在になった。人々は多くの時間をオンラインで過ごす。イギリスでは、二〇〇七年から二〇一七年にかけてその時間は倍増し、一週間に二四時間にまで増えた。これは、睡眠をとらない時間全体の七分の一におよぶ。さらに他の証拠からは、私たちがデジタル経済を高く評価していることもわかる。エリック・ブリニョルフソンは、代償としていくら支払えば検索やソーシャルメディアなどのデジタルサービスを一定の期間諦めてもよいか尋ねた。平均的なケースでは、およそ一万七〇〇〇ドルと引き換えなら、すべての検索エンジンに一年間手を触れなくてもよいという回答が得られた。これはアメリカの平均収入のおよそ半分に匹敵する。メールに関しては、金額は六〇〇〇ドルだった。そしてイギリスで行なわれた同様の研究でも、無料のデジタルサービスに対する消費者の評価は、サービス提供者が獲得するユーザー一人当たりの平均収益（ARPU）などの市場指標よりもはるかに高いことがわかった（Coyle and Nguyen 2020）。実際にかなり大きな金額だが、こうした情報をどのように集約すべきか、あるいは時間と予算の制約をどのように考慮すべきか、まだ明らかではない。

オンラインで過ごす時間からもわかるように、私たちはいま多くのことをオンラインで行なっている。銀行サービス、旅行の手配、教育、娯楽、ソーシャルメディア、コミュニケーション、情報へのアクセスなど多岐にわたる。ところが、従来の経済理論の多くは、こうした活動をうまく説明できずに苦労している。実はこれは、第3章で論じた問題と関連している。個人の効用の最大化を主張する経済学の枠組みにおいては、予算の制約内で選好を満足させてくれる効用や便益を個人は選択するものと見なし、個人の効用の総和として社会的厚生を計測する。ただしこの枠組みでは、新しい商品について容易に考慮されないし、相対的な価格や行動に大きな変化は引き起こされない。たとえばここでは、二〇一九年にスマートフォンを購入する際の選好が現時点で、あるいは二〇〇五年の時点でわかっていたことが前提とされる。しかし個人の選好は固定的なものではないし、未来の発明に関してはその傾向が特に顕著だ。しかも、選好は個人的なものではない。たとえば広告業界は常に、選好は外部の影響に適応することを大前提にしてきた。しかしソーシャルメディアが広く普及した現在では、選好が影響される方法もまた変化した。なかでもネットワーク効果の影響は大きく、いまや自分の効用は他人の効用に左右される。個人が単独で決断できるとは考えられない。

デジタル経済は個人の効用の最大化の他にも、標準的な経済学のベンチマークを支える重要な前提について疑問を提起している。たとえば、デジタル商品の多くは非競合的だ。誰かがソフトウェアを開発したり、データセットを創造したりすれば、多くの人たちがそれを同時に利用できて、しかも消耗されない。そして高い固定費とネットワーク効果のおかげで、経済の多くの分野で規模に関する収穫逓増が働く。ところが、経済のモデル化や分析の多くでは、規模に関する収穫逓減や収穫一定が前提とされる。しかもデジタル経済にはネットワーク効果だけでなく、多くの外部性が存在する。たとえば、あなたと私に何らかの似通った点があれば、私が個人データを提供するとあなたのプライバシーにまで影響がおよぶ可能性がある。あるいは、デジタル経済では知的財産が大きな争いの種になることを考えれば、財産の役割が問われる可能性さえ考えられる。トラクターのメーカーであるジョン・ディア社と製品を購入した農家が、トラクターの所有権を巡って展開する争いは顕著な例だ。いまやトラクターにはソフトウェアがインストールされており、トラクターの操作から得られるデータが会社にフィードバックされ、逆に会社が農家にデータを提供する。そのためジョン・ディア社は、農家はトラクターを借りているだけだと主張するが、これに対して農家は所有権を主張する。なぜなら、すでに何万ドルもかけて購入し（自分で修理も行なっている）からだ。

同様の争いは、メーカーが提供する情報とソフトウェアを結びつける自動運転システムや、飛行機がフライト中にメーカーのサービスセンターとやり取りするデータを参考に調整されるエンジンにも当てはまる。

これを読んだ経済学者の一部は、そんな指摘には何ら新しいところはないと考えるだろう。前提は現実の世界で通用するわけではなく、経済についての思考を整理するための出発点にすぎないことは、もちろん誰でも知っている。しかしすでに論じたように、政府機関に所属する何千人ものエコノミストだけでなく、経済学部の学生や多くの研究者が、従来の既定路線の発想に染まっている。そのため政策の目標は個人の効用の増加であり、市場は概して経済を組織する最善の方法について語ってくれると考える。そして何らかの外部性が発生したり、前提と矛盾する状況に見舞われたりすれば、それをひとつずつ特定し、適切な政策を個別に考案すれば対処できると確信している。

私も長年この前提を受け入れてきたが、いまでは考えを改めた。現代の経済では相互依存性が高まり、規模に関する収穫逓増が働くのだから、従来の枠組みは不正確であり、経済政策を考案する役には立たないと確信するようになった。第6章では政策の問題に焦点を当てるが、ここでは新しい状況が経済学そのものにどんな影響をおよぼすか考えたい。

経済学の新しいアジェンダ

ただし、私はまったく新しいアジェンダを提案するのではなく、重要ではあっても十分に活用されてこなかった洞察を組み立て直す。たとえば個人の選択の相互依存性や、財の非競合性について本格的に取り上げている経済分析の事例は、すでにいくつか存在する。マーケットデザインの分野(Kominers, Teytelboym, and Crawford 2017)は、相互依存性の状況で個人の選択について考慮しているし、ゲーム理論にも同じ傾向が見られる。ゲーム理論家の一部は、ゲームのルールの作成者も実行者もプレイヤーと見なし、社会規範は個人の行動の結果と同じように重要だと認識している(Basu 2018; Sugden 2018)。私は共著者とともに、データに効率的な市場が存在しうるかどうかに注目し(答えはノーだった)、その他にも、デジタル経済でソーシャルグッド〔訳注:社会に対して良いインパクトを与える活動やサービスの総称〕を生み出すには、データの利用に関してどんな政策が必要とされるか検討した(Coyle et al. 2020)。まだ多くの補足が必要だが、デジタルプラットフォームの研究は急速に進歩している。

自己強化型(あるいは自己排除型)の現象のフィードバックでは、モデリングや分析に異なるアプローチが必要とされる可能性がある。複雑性理論(Arthur 2021; Hidalgo 2021)、エージェント・ベース・モデル(Gallegati and Kirman 2012; Richiardi 2016)、コネクショニズム(Schulze 2010)など、すでに一部の経済学者は代わりのアプローチを採用している。そしてそのすべてに、経済学者が従来利用してきた代数解析ではなく、コンピュータをベースとするアプローチが関与している。このアプローチが採用される機会は増えつつあるが、既存のアプローチを主役の座から引きずり下ろすほどの勢いのあるパラダイムは、まだひとつも存在しない。今後一〇年間のどこかの時点で、方法論に関するパラダイムシフトが実現すると私は考えている。

こうした代替アプローチや、それ以外のアプローチのいずれかが普及したとしても、経済学者が出発点として考えるべきものは変わらない。個人の選択における相互依存性、高い固定費と規模に関する収穫逓増、広範囲での波及効果、多くのデジタル製品の非競合性についてまず考える必要がある（非競合性は、典型的な「公共財」、アクセスが一部に限定されれば「クラブ財」の特徴である）。そのうえで、デジタル市場の特徴である転換点（ティッピングポイント）の力学や、低炭素社会への転換に必要なテクノロジーの変更に関しては、十分に考慮しなければならない。どちらも調整機能を持ち、ナラティブとしての役割を果たすので、政策への影響を無視するわけにはいかない。利用できる文献はいくつもある。古くは公共財やゲーム理論を取り上げた経済分野、新しいところでは複雑性やコネクショニズムに関する文献が参考になる。この分野での今後の課題は、標準モデルから離れた理論が新しい標準として認められることだ。デジタル経済が幕を開けた二五年前に、私が著名な経済学者から指摘された言葉の繰り返しになるが、実際のところいまの私たちのモデルには、これらの特徴の多くを取り入れることが可能だ。あとは、ためらわずに実行するだけ。さらに、こ

20世紀の経済学と21世紀の経済学の比較	
20世紀の経済学	21世紀の経済学
線形	非線形
静的	動的
収穫の一定または逓減	収穫の逓増
外部性は例外	外部性の蔓延
均等な配分	不均等な配分
固定的選好	流動的な選好
個人重視	社会重視
→市場へのバイアス	→制度へのバイアス

の新しい形のモデルについて、経済学を学ぶすべての学生にも、将来的に政策立案に関わる人材にも教えていかなければならない。

では、デジタル経済を支える経済学の新しいアジェンダは、どんな内容になるだろうか。標準、すなわちベンチマークと見なされる要素に必要なシフトについて、以下の表に簡単にまとめた。

こうした問題には何らかの実際的かつ実証的なアプローチも必要で、それには計測や理論、さらには競争政策をはじめとする政策の応用などが考えられる。たとえば、新しい検索エンジンが市場に参入できないために消費者がこうむった被害を、競争当局はどのように評価すべきか。そして、デジタル市場が広範囲に社会的利益をもたらすためには、どんな種類の規制やガバナンスが求められるだろうか。

経済学そのものにとってのアジェンダは明確だ。すでに存在している研究を土台として、外部性、非線形性、転換点、自己成就的な（あるいは自己回避的な）力学を標準として組み込む必要がある。あるいは厚生経済学を復活させ、見直さなければならない（これについては、第3章で強調した）。情報財の社会への供給や規制には現代に合ったアプローチが求められるためで、非対称的な情報や従来のネットワーク産業に関する豊富な研究を、デジタル世界の非線形性や外部性に応用すべきだ。さらに経済学の研究においては、個人でなく社会を中心に据えなければならない。制度が経済的成果におよぼす重要性を認識し、役立てる必要がある。そのためにはまず、政治経済学としての経済学の原点に立ち返るべきだ。第3章で論じたように、政治と経済の分離は一世紀の長きにわたって既定路線となってきた。その結果、経済学はテクノクラートとして、本来持つはずのない権力を振りかざしてきた。その挙句、二〇〇八年以降の出来事——世界金融危機や、コロナ禍がもたらした悲惨な状況——によって、大きく信用を失ったのである。私たちは個人的には歯車のような存在だが、多くの経済分析が推測するように個別に活動するわけではない。ところが前提の段階で間違えた結果、大きなモンスターを出現させてしまった。モンスターを飼い慣らすためには、個人の相互依存性を認識する必要がある。そうすれば、世界が直面する経済的課題を理解できるだけでなく、おそらく克服することも可能だ。

第6章
二一世紀の経済政策

バック・トゥ・ザ・フューチャー──社会主義計算論争

フランシス・スパフォードは話題作『レッド・プレンティ』(Spufford 2010)のなかで、二〇世紀初めに経済学者のあいだで展開された激しい論争を脚色した。これは、社会主義計算(または経済計算)論争として知られる。ここでは、資本主義の自由市場と社会主義の計画経済のどちらのほうが、効率的な結果を生み出すかが争点になった。経済の運営へのアプローチとして、どちらのほうが勝利を収めるだろうか。

この論争には、経済学の精鋭たちが参加した。自由市場の陣営にはハイエクやフォン・ミーゼス、計画経済の陣営にはランゲやラーナーなどが加わった(Hayek 1935; Von Mises 1920; Lange 1938; Lerner 1938)。『レッド・プレンティ』では、ふたつのアプローチが形式的には同じであることを、ストーリー仕立てで強調している。中央経済を計画する人と、ワルラスが唱えた一般競争均衡理論を支える競売人は、どちらも情報が十分に提供されて摩擦のない世界を前提としている点で同じだ(Lange 1936, 1937)。したがって、どちらのアプローチも同じように非現実的である。未来の製品も含めたあらゆる製品が準備された完全な市場が前提条件で、(時間や場所ごとに)あらゆる製品が完全に指数化されることを要求する。そしてどちらも、大量の情報を収集しなければならない。

歴史――そして『レッド・プレンティ』――からは、現実には自由市場のほうが優れていることが明らかだ。なぜなら、経済のなかであらゆる財やサービスの生産に資源の配分を促す需要や供給についての情報が、価格メカニズムによって不完全な形ではあるが要約されるからだ。この点は、ハイエクが「社会における知識の利用」(Hayek 1945)という第一級の論文で指摘している。それによれば、中央計画によって効率的な生産を経済全般で実現するために必要な情報は、ひとりの人物やひとつの組織では把握できない。必要とされる大量の情報は分散しており、中央計画によって引き出すよりは、価格メカニズムによる調整のほうが成果は上がる。

『レッド・プレンティ』について詳しく論評したブログ記事のなかでコスマ・シャリジは、ソビエトの計画経済が効率的になるにはどれだけの演算が必要かを算定した。[1] この問題は形式上、計算が可能だ。というのも、財やサービスが増えれば、必要な演算の数は指数関数的ではなく、多項式的に増加するからだ。ところが一九八三年のソ連では、製品の範囲がアメリカと比べて限られていたが、経済計画を一年以内に考案するためには、当時の最高のコンピュータよりも性能が一〇〇〇倍優れたコンピュータが必要なことがわかった。「形式上は可能」でも、「現実に」可能ではないのだ。線形計画法の問題で変数の数――財の数――が増えれば、計算に必要な時間は多項式的に増えていく。

もちろんコンピュータのパワーとスピードは、ムーアの法則にしたがって一九八三年から向上しており、社会主義的計算を擁護する人々に新たな希望を与えた。ＡＩによって我々はついに、効率的な中央計画を実現できるのではないかとの希望が出てきた。実際、一九七〇年代にはアジェンデ政権下のチリで計算経済学の実験が行なわれ、サイバーシン計画として知られた（Medina 2011）。今日のコンピュータやアルゴリズムは以前よりもはるかに強力なので、混乱をきわめる市場よりも計画経済のほうが効果を発揮するのではないかという期待から、計画経済の復活をささやかに取り上げた著書や、共産主義の勝利をひっそりと取り上げた著書も出版されて評判になった（Cottrell and Cockshott 1993; Cockshott and Zachariah 2012; Morozov 2019; Bastani 2019）。

しかし、こうした希望には根拠がない。効率的な中央計画の実現がほど遠い理由としては、まずは計算のスピードが考えられる。今日のコンピュータは一九八三年と比べればはるかに強力で、指数関数的に性能がアップしているが、それでも必要な計算の数が多項式的に増えている現状にいまだに追いついていない。

その理由のひとつは、手に入る製品の数が増え続けていることだ。これに関しては、経済統計は存在しない。おもに日々の経験から得られる証拠に頼るしかないが、それでも製品が多様化してカスタム化が進んだことがわかる。いまや消費者は自分でスニーカーをデザインし、ノートパソコンを好きなように設定し、何百ものクラウドコンピューティングサービス、あるいは何十種類もの携帯電話のパッケージから好きなものを選び、大通りのファーストフード店でビーガンやグルテンフリーの食事を楽しむようになった。手に入るわずかな統計は、新製品がどんどん増えている現状を暗示している（Coyle 2021）。中央計画経済が今日のコンピュータのパワーとＡＩを駆使すれば、毎日すべてのケンタッキー・フライドチキンの店舗で、ビーガンバーガーとボンレスディップがどれだけ売れるか計算できるだろうか。その可能性は低い。

つぎに二番目の理由だ。いまは製品の数が飛躍的に増えており、その指数化を場所に関しても時間に関しても行なう必要がある。指数化を行なわないと、輸送にかかるコストや時間の一部始終を説明しなければならない。時間が経過すると痛んで価値が低下する製品についても考慮しなければならないが、たとえば前の週に製造されたパンは売り物にならない。さらに、現在使われているアルゴリズムは、線形生産関数、あるいは少なくとも凸型の生産関数を前提としているので、規模に関する収穫一定もしくは収穫逓減が働くとされる。生産を拡大するために必要な投入を少し増やせば、算出は同じ（一定）か、あるいは必要とされる量が少し減少する（逓減する）と考える。

社会主義者が収穫逓増やネットワーク効果を実現したくても、現実にプログラミングを行なおうとすれば、残念ながら非凸の制約を受ける。第５章でも述べたが、デジタルビジネスではスタートアップの固定費が高く、しかもネットワーク効果が発揮されるので、規模に関する非常に大きな収穫逓増がしばしば働く。シャリジはつぎのように説明する。「非凸の制約下で最適化を行なう汎用アルゴリズムは存在しない。非凸プログラミングは線形計画法のように扱いやすくない。概して処理しにくい」。ただしこの指摘は、不可能であることを誇張しているかもしれない。同様の問題、たとえば物流会社は何百万もの小荷物を世界中からどのように集めて発送したらよいかという問題に、アルゴリズムは何とか対処している。しかし製品が多彩を極め、経済全体が大きく拡大した状況では、アルゴリズムの最適化は確かに容易ではない。それでも非凸や収穫逓増といった現象は、サービスや知識を基盤とする現代のデジタル経済に広く行き渡っている。

規模に関する収穫の一定や逓減は、中央経済だけでなく、主流として頻繁に取り上げられる市場経済でも前提とされているが、デジタル経済はこの前提に従わない。それはある程度、デジタル以前の経済にも当てはまった。鉄鋼製品や航空機の製造の固定費は非常に高いので、規模に関する収穫逓増が働いた。しかしいまでは、非凸がいたるところで確認される。ソフトウェア、映画、データベース、医薬品、オンライン小売サイト、さらにはタクシーの運行にも関わっている。

経済学は収穫逓増と、それが示唆する力学に関心を持つ必要がある。知識集約型経済の特徴は顕著だ。ところが、いまは研究が盛んな時代なのに、収穫逓増はいまだに主流派のベンチマークではなく、講堂や権力の回廊で取り上げられる機会は少ない。しかし、収穫逓増で必要とされる政策へのアプローチは、今日採用されているものと大きく異なる。いまはまだ一九七九年から、あるいは共産主義が崩壊した一九八九年から確実に採用されてきた前提、すなわち「市場はいちばんよく知っている」という前提が幅を利かせている。しかし中央計画は機能しなかった。そして「自由市場」資本主義という最近のモデルも機能しない。その理由は中央計画と同じで、まだ生き残っているのは崩壊のペースが遅いからだ。

つぎに経済学で問題なのは、「主体」すなわち企業や個人や立案者は、目的関数を最適化するために関連情報を効率的に利用するという前提が、社会主義計算論争の両陣営で採用されていることだ。認知プロセスは大きく注目されるようになったが、それでも行動経済学さえ、最大化や最適化されるものの存在を仮定しており、個人の好み（選好）が実際に内在していると考える。しかし私たちは、目的関数を常に最適化したいわけではない。特にＡＩが自動的に意思決定する機会が増えて、いまでは政策など微妙な分野にも進出しているが、経済政策の多くでは、目的関数に関して建設的な曖昧さが求められる。目的関数は最大化に努めるが、人生にはトレードオフや利害の対立が付き物である。しかしコンピュータは建設的な曖昧さと無縁だ。ソ連の計画経済や公共部門、あるいは大きな組織の経験を見るかぎり、目標はゲーム化されている（これについては、第4章のニュー・パブリック・マネジメントの箇所で取り上げた）。機械学習システムはそれをさらに上回る。目標を定めると、本当に望ましい結果をもたらすためではなく、目標の達成を目指し、官僚よりも熱心に取り組む。ゲーム化を自動的に行なっている（Coyle and Weller 2020）。

さらに、意思決定にＡＩを利用するときには、プログラミング問題の解決につぎ込まれる情報、すなわちデータの質が問われる。データにはバイアスがかかっているのだ。第4章でも触れたが、経済や社会に関するデータは念入りに細工されている。自動生成されてデジタル空間に「排出される」データでさえ、すでに存在する社会や組織の構造の副産物である。調査の一環として集められ、多くは産出やＧＤＰの数字の割り出しに使われるデータにせよ、ウェブ上から自動抽出されたり、センサーから回収されたりしたデータにせよ、分類や分析作業のためにまとめられると、プログラミング問題の解決に使われる「客観的な」データからは、ほど遠い存在になってしまう。それが目に見えるただひとつの方法を描き出すことによって、経済に関する私たちの理解は形作られる。いまやデータのバイアスは、ＡＩの応用で大きな問題になっている。

ほかには、世界のありように関する大量のデータが欠落している。サンプリング誤差やバイアス、データ収集の特徴、除外変数バイアス（未知の未知）を考えるなら、データは額面通りに解釈できない（Hands 2020）。たとえば外部性には市場で価格が付けられない。したがって、二酸化炭素の排出量や地表温度ならびに海面温度について何らかの情報が得られても、炭素の価格づけは行なわれない。たとえばヨーロッパなどでは二酸化炭素の排出権取引が行なわれているが、市場はうまく機能せず、炭素価格は低く設定されている。外部性を織り込んで排出量を制約するために必要だと研究者が見積もる価格には、はるかにおよばない。そもそも強力なＡＩは、経済の効率性と成長の最適化を目指してコード化されている。きわめて低い市場価格を前提とした排出量削減計画に、そんなＡＩを使いたいと思う人はいないだろう。

コンピュータやアルゴリズムを強力にしても、社会主義経済の可能性が現実になるわけではない。しかし現実――規模に関する収穫逓増、ならびに目的関数の最大化に必要な情報基盤の不備――に向き合うべき理由は、市場経済や主流派経済学にも同様に当てはまる。すでに指摘したが、市場の失敗と政府の失敗は同じ状況下で同じ理由のために発生する。この点に注目すれば、産業革命以後は数十年のサイクルで、政府と市場の境界についての考え方が変化したことも納得できる。正しい答えがひとつ存在するわけではない。経済やテクノロジーや政治が変化するにつれて、政府と市場の構成比率も変化していく。

本章では、デジタル時代の変革が経済政策の設計にとってどんな意味を持つのか考える。これまで優勢で、政策を選択するために情報を提供してきた経済学のアイデアは、今日の経済の現実が反映されたアイデアに取り替える必要があり、変化はようやく始まったところだ。第5章では、そのためには経済学のマインドセットの変化が必要だという点に触れた。では、こうした変化はどうしたら実現するのか。過去の変革を振り返れば、答えのヒントが見つかる。

政治経済学のループ――出来事―アイデア―行動

経済のなかで国家による介入と市場経済とのバランスを決定するものは何なのだろうか。経済をふたつの要素に分解して答えを見つけることはできない。専門的に効率よく区別できるわけではなく、結果は偶発的な要因に左右される。そして、その要因も時間とともに変化する。出来事とアイデアと行動のあいだには、フィードバックループが存在する。経済にとっての危機や衝撃的な出来事が、何らかのアイデアが普及している状況で発生すると、そのアイデアによって、人々がどのような反応を示し、どのような政策が導入されるか決定される（図3）。すると、これによって経済の路線に変化が引き起こされ、つぎの危機や転換期を生み出す原動力が生み出されるだけでなく、社

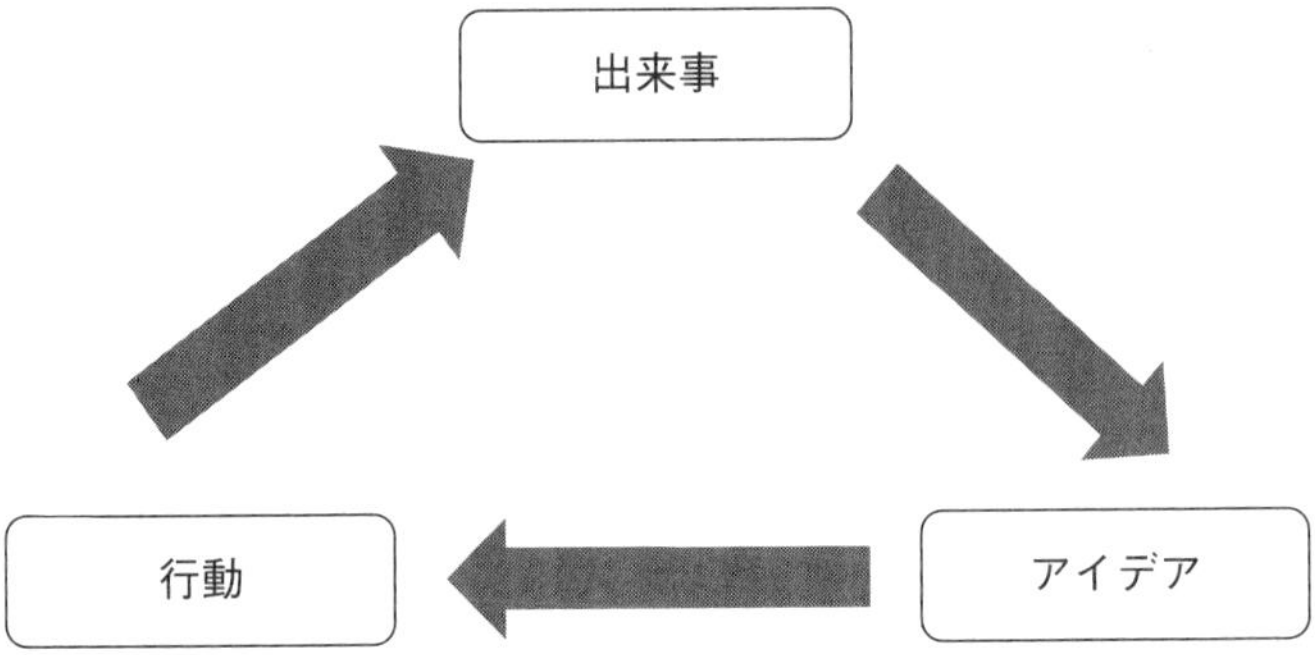

図３　政治経済学のループ

会の仕組みについて今度は新しいアイデアが「普及する」。このプロセスは、「社会的学習による政策決定」とも言われる（Hall 1989, 1993; Shearer et al. 2016）。

このようなサイクルはテクノロジーや金融にも存在し、変化の原動力を支えている。カルロタ・ペレス（Perez 2002）によれば、歴史では同じパターンが繰り返されてきた。テクノロジーのイノベーション、起業家のアイデア、財政投資のあいだにはフィードバックループが存在しており、マクロな出来事や、政治や政策に関するアイデアのサイクルと相互作用している。ただし、景気はおよそ五〇年ごとに循環するという有名なアイデアをコンドラチェフが最初に提唱して以来（Kondratieff 1935）、長期波動説の存在を肯定するような理論には、多くの経済学者が控えめに言っても懐疑的だった。実際、従来の経済モデリングの枠組みに長期波動説を押し込むのは難しい。しかし二〇世紀には、政府における経済の役割が変容を遂げ、テクノロジーに劇的な変化が生じ、優勢な経済哲学が大きくシフトした。この事実を無視することはできないし、いくら誇張しても十分ではない。資本主義に関するさまざまな研究や、経済の発展における制度の役割に関するさまざまな研究が強調するように、制度の仕組みや文化は国ごとに異なり、それが結果に計り知れない影響をおよぼす（Hall and Soskice 2001; Acemoglu and Robinson 2012; Mokyr 2017）。ドイツやノルウェーはアメリカともイギリスとも似ていない。しかしそれでも、大きな景気循環は明らかに存在しており、特有の歴史や制度のフィルターを通じて国民の議論に影響をおよぼしている。テクノロジーの変化などの普遍的な傾向、金融危機や戦争などの世界的な出来事、アイデアの世界的拡散の三つは、地域の特性とも相互作用している。

政治経済の景気循環は、社会主義計算論争が展開されてからの一〇〇年間に限っても明らかに存在している。オスカル・ランゲとフリードリヒ・ハイエクのどちらも、一九三〇年代と第二次世界大戦のあいだの一時期をシカゴ大学で過ごした。国家計画を支持するランゲは一九四七年、共産主義政府のメンバーとして祖国のポーランドに帰国した。一方ハイエクは、一九六二年にリタイアしてオーストリアに戻るまでシカゴにとどまり、有名な（見方によっては悪名高い）シカゴ学派の形成に影響力をふるった。シカゴ学派には、アーロン・ディレクターやミルトン・フリードマンなどが参加している。やがて鉄のカーテンが、世界を計画経済の領域と市場経済の領域に分断した。冷戦では経済が闘争の舞台となり、それについては『レッド・プレンティ』でも語られている（Schmelzer 2016も参照）。ここでは、どちらの陣営も自分たちの優位性を競って主張した。西欧では、マーシャルプランによる支援が提供され、欧州石炭鉄鋼共同体やＯＥＣＤ（経済協力開発機構）の前身が結成されるなど、戦争で疲弊して空腹に苦しむ有権者に対し、社会主義のアピールを限定させるための努力が続けられた（Steil 2018）。やがてスプートニク号の打ち上げと核軍拡競争に衝撃を受けたアメリカは、研究開発に巨額の投資を行なうが、そこにはコンピューティングへの投資も含まれていた（Waldrop 2001）。

しかし冷戦にもかかわらず、いや、おそらく冷戦ゆえに、当時の西側諸国の大半では、政府による介入を支持する風潮がかなり強くなった。ヨーロッパの多くの国で、経済企画庁が設立される。フランスとイタリアでは、共産党や社会党が選挙で多くの票を獲得した。イギリスでは労働党が一九四五年の選挙で圧倒的勝利を収め、国有化と社会福祉制度の充実という大がかりなプログラムに乗り出した。ケインズ派の人々は安定的な雇用を高レベルで維持するだけでなく、大恐慌の再現で大量の失業者が発生する事態を防ぐための政策方針を要求し、西側諸国の経済学ではこれがたちまち主流になった。ヒックスが提唱した総合（Hicks 1937）やサミュエルソンが執筆した権威のある教科書『経済学』（Samuelson 1948）は、戦後世代の経済学者のためにケインズ主義をわかりやすく体系化した。

こうした風潮のなかでは、ハイエクをはじめとするモンペルラン・ソサエティ（一九四七年に設立される）の創設メンバーを含む経済学者はいかに熱烈に自由市場を支持しても、国家が経済で果たす大きな役割を受け入れるしかなかった。ただしハイエクは有名な著書『隷属への道』（Hayek 1944）で「個人主義の伝統が完全に放棄された」事態を嘆いた。市場への介入を支持する経済学者の新しい集団は、ビクトリア朝時代の純粋な自由放任主義を明確に否定して、国家による統制を前提とする二〇世紀半ばにふさわしい混合モデルを作り上げる一方、市場原理が機能する余地が増えることをささやかに期待した（Burgin 2012）。大恐慌と戦争は、ケインズが創造した知的環境にとりわけ大きな影響をおよぼし、その結果、戦後の西側諸国では混合型経済が形成された。これは、戦後最初の政治的景気循環になった。

その後の数十年間は高度成長が実現するが、その一因は戦後の復興事業だった。他には、ケインジアンが唱える積極的なマクロ経済政策や貿易の成長も貢献した。この時期を、フラスティエは「栄光の三〇年間」という有名な言葉で表現した（Fourastié 1979）。家庭でも工場でも電気が普及し、町や都市の復興や建設が進んで環境が整うと、自動車は広く普及して、ラジオや映画は全盛期を迎える。一方、電気や内燃機関は汎用テクノロジーの模範的存在だった。幅広い目的に使われ、経済全体に普及した結果、経済や社会に大きな影響を与えた。これらのテクノロジーは一九世紀末に発明されたが、それが二〇世紀半ばに成長と生産性向上をもたらしたのである。

しかし、栄光の三〇年間にはつぎの政治的景気循環の種が蒔かれた。歴史とはいくつもの要素が積み重なって決定されるものであり、一九七〇年代の経済危機を招いた可能性のある要因はいくつも指摘される。ＯＰＥＣによる石油ショックがきっかけとなり、国際的な資本移動に変化が引き起こされると、ブレトンウッズで決定された固定相場制は崩壊した。一方、公共部門では労働組合の活動が激化して、これらの要素のすべてが何らかの役割を果たした。そしてそこに、需要管理政策の失敗が加わった。この政策では、経済全体での所得の流れを機械にたとえた前提――有名なフィリップスマシンで具体的に表現されたことは第4章で紹介した――が現実に成り立つと考えられていた。しかし実際の結果からは、経済変数のあいだの関係は機械のように正確に長続きするわけではなく、前提とされる政策によって変化することがわかった。ここでもやはり、経済学が現実を作り直していた。失業とインフレの関係を表した逆フィリップス曲線――一方が微減すれば、もう一方が微増する――は一見すると信頼性が高いが、当てにならないことがわかった。イギリスではインフレ率が一気に上昇すると同時に失業率も上昇し、戦後最悪の数字を記録した。不満の冬に大規模なストライキが続くと、一九七九年には選挙でサッチャー政権が誕生した。それからほどなく大西洋の向こう側では、レーガンがインフレ撲滅と小さな政府を公約に掲げ、大統領選挙で勝利を収めた。

従来の政治経済的コンセンサスへの反動として、経済危機をきっかけに新たな政治状況が生み出された背景にあるアイデアは、すでに普及していた。このアイデアの提唱者たちは、志を同じくする学者や政策起業家で構成される国際ネットワークのなかで、数十年間にわたって新しい政策プログラムの形成に努めてきた。レーガンやサッチャーの世界観の起源は、一九四七年に創設されたモンペルラン・ソサエティにまで遡る。時代の流れが大きな政府、さらには社会主義計画経済に大きく傾いているときに、モンペルラン・ソサエティは経済のなかで市場が果たす役割を積極的に支持し続けた。やがて、プロジェクトにイデオロギー的に共鳴し、結果を待つ準備のある民間財団の支持を受けたメンバーは、自由市場経済を純粋な形で実現することに熱中した。今日では、規制緩和と市場第一主義を掲げるシカゴ学派の新自由主義として記憶されている。シンクタンクや学者から成るネットワークは、長年にわたって地道な知的作業を続けた。そのためサッチャーやレーガンが選挙で勝利する頃には、経済政策に関するアイデアは準備が整い、あとは実行を待つだけの段階に入っていた（Gamble 1988; Stedman Jones 2012）。

スティーブン・マーグリンはつぎのように要約している（Adereth, Cohen, and Gross 2020）。「ケインズ革命が成功したのは、新しい政治の台頭とタイミングが一致したからだ。アメリカではニューディール、ヨーロッパでは社会民主主義が注目を集めた……一九三〇年代から一九七〇年代にかけて、ケインズ革命と左派政治はお互いに支え合い、共生関係を築いた。逆に、ケインズ経済学の終焉が、ニューディール連合や社会民主主義の崩壊と同じ時期だったのは偶然の一致ではないし、ロナルド・レーガンやマーガレット・サッチャーの政治が新古典派の復活と同時期だったのも偶然の一致ではない……変化を引き起こすためにはアイデアが必要だが、アイデアは政治運動と結びつかないかぎり拡散しない」。

やがて一九八〇年代初めからは、金融市場は緩和され、グローバル化した生産チェーンは国際資本の移動によって活性化された。まずはイギリスが、つぎに他の国も国有企業を民営化し、労働組合の力を弱体化させ、戦後の福祉国家を支えた社会的契約の解除を進めた。こうして二〇〇〇年代の経済は形を整えていったが、そのプロセスではつぎの課題を発生させる条件も整っていった。それは二〇〇八年の金融危機だ。経済の金融化はリスクを集中させるため、国際金融の構造全体が砂上の楼閣のように不安定になった。しかもグローバリゼーションが進んだため、結果は国から国へとつぎつぎ伝わった。金融危機が発生してから少なくとも一〇年間は、多くの国の多くの世帯が生活水準の改善をほとんど経験していない。成長がゼロに近い状況では不平等が拡大し、それが政治的な反動を引き起こした（Algan et al. 2017; Billing, McCann, and Ortega-Argilés 2019; Pastor and Veronesi 2018）。生産性は横ばいで、実質所得も低迷する状況で、一部の経済学者は懐疑的になり、現在のテクノロジーのイノベーションは単に誇大宣伝ではないかと考え始めた（Gordon 2016; Bloom et al. 2020）。あるいは、市場の力が経済を機能不全に陥らせた可能性に注目する学者もいる（Philippon 2019; Van Reenen 2018）。

では、現在すなわち二〇二〇年には、どんなアイデアが主流なのだろうか。モンペルラン・ソサエティが提唱し、一九八〇年代から一九九〇年代にかけて優勢だった新自由主義も、サッチャリズムやレーガノミクスで採用された規制緩和や市場志向の政策も、大きく信用を失った。そして代わりに政府による介入の人気が復活している。イギリスやアメリカも含め、すべての政府のコロナ禍への反応は、政府には経済に介入する能力があることを強烈に印象づけた。干渉主義の拡大は、具体的な形で表れている。たとえばアメリカでは一部の学者や政策立案者が、シカゴ学派以前の独占禁止政策に立ち返り、肥大したデジタル企業を分割すべきだと主張している。あるいは、「取り残された」地域の成長を押し上げるため、昔ながらの地域政策への関心が復活している。そしてヨーロッパの政治家のあいだでは、補助金を支給される中国の生産者と戦うためにEU内での産業発展を優先すべきか、議論が進められている。ただし現時点では、統一された枠組みが提供される段階には至らず、欠陥のある一九七〇年代の経済の復活が目標にされるときもある。いまは政策の形を決定する土台となる明確な世界観が存在しない。そして、国家統制された市場と自由市場のいずれの実現を目指すアイデアにせよ、有権者の強い不満と信頼の喪失が大きく関わっている。いまの危機から一貫性のあるアイデアが代わりに生み出されるかどうかは、現時点ではわからない。

では、現在の政治経済的課題に対応できるような、デジタル時代にふさわしい経済学や経済政策のアプローチの概略について、説明することは可能だろうか。その答えを出すためには、第5章で紹介した新しい経済の大きな特徴、すなわち非凸性について考慮したうえで、情報中心性に（改めて）取り組む必要がある。

通用しなくなった前提

デジタルは変革を引き起こしてきた。世界が経験した変化は広範囲におよぶ。一九八〇年代からは製造業の自動化が始まり、つぎにアウトソーシングやオフショアリングの波が起こった。一九八九年にはティム・バーナーズ＝リーがウェブを発明し、二〇〇七年にはスマートフォン、3G・4G、アルゴリズムが同時に実現した結果、私たち全員がいつでもどこでもオンラインを経験できるようになった。グローバル生産チェーン、eコマース、ソーシャルメディア、デジタルプラットフォームはいずれも、テクノロジーやビジネスのイノベーションによって可能になった。これからAIが進化すれば、さらに多くが実現する。ゲノム学、積層造形（アディティブ・マニュファクチャリング）〔訳注：三次元データをもとに3Dプリンターで材料を積層し、立体を成形する方法〕、グリーンエネルギーと輸送手段の変化、先端材料など、他の分野との融合も進んでいる。

第5章では、テクノロジーの経済的特徴について取り上げたが、これは実際にどのような意味を持つのだろうか。二〇二〇年にはアップルの時価総額だけで、シーメンスやBMWなど、ドイツの上位二〇位までのメーカーの時価総額の合計を上回った。[2] 製造の世界（Storper and Salais 1997）は完全に再編され、特定の地域との結びつきがある程度まで断ち切られた（Coyle 1997; Haskel and Westlake 2018; Coyle and Nguyen 2019）。

デジタルテクノロジーによって早い時期に引き起こされた変化のひとつが、多国籍企業のサプライチェーンのなかでの生産の分散化とグローバリゼーションだ。まずは製造業から始まり、つぎに取引可能なサービスの分野に移行して、多国籍企業は価値の低い活動をしばしば低所得国にアウトソーシングする一方、実体のない高価値の活動は企業の枠内にとどめた。同時に、企業の境界は国境に制約されないので、無形資産は税率の低い地域に容易に移すことができた。こうした傾向を促したのは、情報の伝達と演算のコストの急速な低下だ。リチャード・ボールドウィン（Baldwin 2006）は、それが国際的な生産構造に与えた影響を追跡した結果、バリューチェーンのさまざまな段階が「切り離され」、それぞれが別の場所と結びついたことに注目し、なかでもアイデアと製造の分離は顕著だと指摘している。それが可能になったのは、通信や輸送のコスト低下と、貿易の自由化が同時に実現したからだ。さらに、低コストの情報や通信は、組織の内部構造の変化も促した。情報へのアクセスが改善されると、重要な決断を他人に委ねるほうが効率はよくなる。そして通信のコストが下がると、決断について上層部に相談しやすい環境が整う（Bloom et al. 2014）。実際、分散化の影響は大きい。しばしば指摘されるが、多国籍企業は生産エコシステムの強力なメンバーとして権勢をふるい、生産ネットワークの中心で無形資産を持ち続けている。

ただし生産の変革は従来型のアウトソーシングにとどまらず、企業のヒエラルキーのディレイアリングも引き起こした。固定資産、直接雇用、無形資産など、企業の内部からの入力と、クラウドコンピューティングなど外部からの入力（Coyle and Nguyen 2019）や派遣社員などを結びつけた形で生産が大々的に再編された。さらにビジネスモデルの選択の範囲も拡大し、標準的な垂直的なサプライチェーンにとどまらず、ネットワークやエコシステム、そしてさまざまなプラットフォームのモデルが採用されている（Spulber 2019）。こうして企業の象徴的な形態は、ヒエラルキー型の組織からネットワーク化された多国籍企業、さらにはマルチサイドプラットフォームに支えられた組織へと変化を遂げた。

組織の変化を促す要素としては、産業構造の長期的な転換も考えられる。かつては製造業が中心だったが、いまではサービスや知識を基盤とする経済の比重が増えている。ホルムストロームとロバーツ（Holmstrom and Roberts 1998, 90）は、つぎのように説明する。「情報と知識が組織の本質に関わるのは、契約やインセンティブ上の問題を市場や企業に引き起こすからだ」。今日では、暗黙知（すなわち文書化されず、経験を通じてしか伝えられない知識）の役目は重要で、製造過程で占める割合も増えている。おまけに情報の非対称性が、現代経済の特徴的な活動の多くに浸透している。そのため、契約によって委託した活動を監視して、あるいは法的強制力のある契約を交わして、あらゆる不測の事態に備えるのは難しい。デジタルトラッキングのおかげで、ウーバーのドライバーやアマゾンの倉庫作業員の所在地を監視することや、コールセンターのオペレーターの通話を盗聴したり呼び出し時間を確認したりするのは簡単になった。しかし、ソフトウェアを作成するシステムエンジニアや会計士の仕事の質を監視するのは、作業中はおろか、作業が完成したあとでさえ難しい。

そして、適切な数量単位もはっきりしない。ソフトウェアシステムの量は、システムエンジニアが作成するソースコードの行数なのだろうか。それとも、会計士の監査を経て会計報告に記載される行数なのだろうか。たとえば、医者が病気を治してくれるかどうかわかっても、病気にならなければ医者の良し悪しは判断できない。教師は生徒のテストの点数を上げることができても、その生徒が現代の職場の課題に立ち向かう準備が整っているかは、（長い）時間が経過しなければわからない。

さらに、デジタル経済は消費のリワイヤリング（配線組み替え）も行なった。オンラインでの買い物が占める割合は増え続けている。テレビの視聴、音楽鑑賞、銀行サービス、旅行の手配など、さまざまなサービスがオンラインで提供される割合も増えている。一方、日記、地図、カメラ、計算機などかつては実体のあった製品が、いまでは原子ではなくビットで構成されるようになった（ただしいまだに、物理的なデバイスを介して組み込まれ、アクセスされるケースもある）。いまや新しいタイプのデジタルサービスが登場した。相変わらずヘアサロンに行かなければ、髪を切ることはできないが、驚くほどたくさんのサービスがビットの形で提供される。これは、二〇二〇年から二〇二一年にかけて行なわれたロックダウンの経験から得られた教訓のひとつだ。しかも有名なＩｏＴ〔訳注：さまざまな物どうしがインターネットでつながる仕組み〕や自動運転車が登場するずっと以前から、データと通信への需要は大きく、データの使用量は跳ね上がっていた。

ツヴィ・グリリカス（Griliches 1994）はかなり前に、経済のなかで測定しやすい部門と測定しづらい部門を区別した。測定しやすい部門には、農業、鉱業、製造業、輸送、通信、公益事業などが含まれる。測定しづらい部門には、建設、貿易、金融、サービス、政府などが含まれる。テクノロジーの目覚ましい進歩を考えれば、いまや通信は測定しづらい部門に分類し直すほうがよいだろう。そして製造業が産出のなかで占める割合はどんどん低下した。その結果、アメリカ経済のなかで「測定可能な」部門のシェアは、グリリカスの計算によれば（一九四七年の四九パーセントから）一九九〇年には三〇パーセントまで低下した。いまでは二三パーセントだ（Coyle 2021）。

実体のない産出が増え、多様化が爆発的に進み、情報の非対称性が顕著になった状況で、価格や量や質をどのように定義すべきなのか。たとえばスマートフォンのアプリは、画像処理機能を持つ低価格のカメラなのだろうか。ここではカメラそのものと、画像を取り込み保存するプロセスのどちらを対象にして、価格を測定すればよいのか。価値があるのはデータの構造であり、ビットの数やエネルギーの使用量ではないが、その事実をどのように説明すべきなのか。もしも既存の医薬品が新しい用途（経口水分補充療法、心臓血管の問題を回避するための低用量アスピリン、加齢に伴う滲出型の黄斑変性症の対策としてアバスチンの代わりに使われるルセンティス）に使われたとき、コストや製造方法には変化がなくても、全体的なコストは低下して、しかも症状が改善した場合には、それを経済統計のなかでどう説明すればよいのか。いずれも既存の製品を異なる方法で利用するためのアイデアである。このように形のない製品の生産性は、どうなるのだろう。

経済の概念的枠組みが以下のような前提から成り立っていると、この疑問には簡単に答えられない。

(a)収入とは、価格と量を掛け算した積である。「量」は明確に示すことができ、「質」はほとんど変化しない。

(b)人々はそれぞれ異なる財やサービスに対する安定的な選好を持っており、新しい製品には目を向けない（あるいは少なくとも、将来実現する可能性のあるすべての製品に対して、選好を明確に示すことができる）。

(c)貿易には有形の製品、あるいは少なくとも最終的な消費の段階まで追跡可能な製品が関わっている。

いずれの前提も、今日ではもはや通用しない。

デジタル経済における政策

すでに述べたように、デジタル経済では経済の巨大な相互依存性が重要な特徴である。規模に関する収穫逓増と外部性、たとえばネットワーク効果やデータのスピルオーバー効果の影響で、ひとりの人やひとつの会社が行なう選択は、他にも影響をおよぼす。

収穫逓増が本来は働かない場所で、一部のプラットフォームは規模に関する収穫逓増の実現に成功している。それは、消費者とサプライヤーをマッチングをしたおかげだ。たとえばレストランのビジネスには、規模の経済はほとんど存在しない。客のひとりひとりに食事を準備しなければならず、しかも一人分を調理するためには一定量の食材が必要とされる。ところがプラットフォームは、ネットワーク効果を通じて経済の規模や範囲を拡大している(オープンテーブルなどのマッチングプラットフォームは、客とレストランのどちらも惹きつけて規模と範囲を拡大し、どちらにも恩恵をもたらしている)。他にも組織のイノベーションを促し(「ダークキッチン」[複数の配達専門のレストランをひとつの厨房で運営すること」)、デリバリー・ロジスティクスに工夫を凝らしている。このようにして、散髪や外食など、本来なら規模の経済も範囲の経済も機能しないはずのサービスで、デジタルプラットフォームは売り手と買い手をマッチングさせるアルゴリズムを介し、どちらも実現させている。さらにデジタルプラットフォームは、取引が発生しないはずの場所でその可能性を増やすためにも役に立つ。売り手と買い手の双方が、プラットフォームで相手の存在をはっきり確認できる。しかもマッチングが成立する可能性が高まり、料金構造やルールや評価システムが安定すれば、インセンティブとして効果を発揮する。プラットフォームは、自らが生み出した市場の民間の規制監督者のような存在だ(Sundararajan 2016)。

いまでは他にも多くの経済活動が、高い初期費用とゼロまたはそれに近い限界費用という特徴を備えている。日常的なデジタルサービスのほとんどはこれに該当するが、他にもデジタルでの流通やデジタルでの注文・編成が可能なあらゆるもの――ソフトウェアシステム、映画やテレビ番組、オンライン商取引プラットフォームや為替など――が含まれる。収穫逓増の費用構造には過去の事例がいくつも存在する。たとえば製鋼所や発電所を稼働させるためにはかなりの初期費用がかかるが、鉄鋼や電気を一単位増やすための費用は低い。ただしいまでは、収穫逓増があらゆる場所に存在している。ソフトウェアは世界を飲み込んでいる(Andreessen 2011)。そして、ソフトウェアを書くための費用は高いが、完成品を再生産して流通させるための費用はかからない。無形財のほぼすべては早い段階、すなわちマーケティング、ブランド構築、新しい薬や治療法の創造のための研究開発などに費用が集中している。

データそのものも、外部性と規模の経済が大きい（Coyle et al. 2020）。企業がトラッキングやマーケティングの目的で個人情報を土台に大量のデータセットを構築すると、プライバシーの喪失によって負の外部性が発生する（可能性がある）ことについては、多くの議論が展開されてきた。ただしそれよりも重要なのは、（企業の収益ではなく、もっと広範な社会的厚生の分野での経済への貢献に関して）あちこちからデータを集めると、ポジティブなスピルオーバー効果が発生する可能性が生まれることだ。データに含まれる貴重な情報の内容は、通常は相関性を持っている。たとえば、個人のデータの収集に価値があるのは、全住民に関する情報を手に入れて予測を行なえるからだ。個人的なデータ主体に関してさまざまなデータソースから情報を集め、まとめ上げてもよい。あるいは個人のデータと参照データセットを比較すれば、参照する地理空間データのなかでの個人の位置づけが確認できる。さまざまな個人から提供された多くの情報は、交通状況について役に立つ情報を生み出し、医学研究を支え、送電網の電気の需要を管理して、疾病を監視するために貢献する。健康に関するデータなど、ごく個人的なデータの情報の内容でさえ、全市民の情報を集計したデータに依存していることは多い。

このように相互依存関係は、いまやデジタル経済の至るところに見られる。そして規模の経済が定着し、大きなプラットフォームの重要性が高まると、ライバルや協力者やエコシステムとの戦略的相互作用を無視できる企業は少なくなる。ひとつの企業が拡大すれば、その影響はライバルや供給業者にまでおよぶ。ネットワーク効果が働く状況下で個人が消費に関して決断すれば、それは他の人たちの決断にも影響する。「私」のデータは、グーグルにとってもあなたにとっても価値がある。

ところが、規模に関する収穫逓増の影響力は明らかに拡大しているのに、この現象についての経済学者の関心はつい最近まで一部の研究分野に限定されていた。たとえば内生的成長理論（Romer 1994）は収穫逓増を成長プロセスの中心に据え、ひとつの企業が手に入れた知識は他の企業に波及すると考える。しかしこの重要な洞察の影響力は、驚くほど狭い範囲に限られた。特に、全要素生産性の測定に頻繁に利用される成長会計のアプローチでは、集計レベルで規模に関する収穫一定が働くことを前提としている。そうなると「生産性の謎」が発生する。たとえば、成長会計の前提である収穫一定が実現するような世界では、企業が生産プロセスの再編に積極的に取り組む理由がない。ところが実際には、大きく再編されている。たしかに、デジタルの市場やテクノロジーについて研究する経済学者（Arthur 1994）や、集積効果――現代経済では以前よりも強力になっている（Autor 2019）――について詳しく調査する経済地理学者は、収穫逓増の状況での動的挙動の解明に必然的に取り組んでいる。そこには転換点や勝者総取りの力学、複数の経路の可能性、初期条件におけるわずかな違いの重要性、先行者利益の影響などが含まれる。

ただし、こうしたアプローチが普及しているというのは拡大解釈だ。なかでも非凸型の発想は、経済政策の分野にまで届いていない。しかし二一世紀のデジタル経済の特徴は、多くの政策領域で広範囲にわたって影響をおよぼしている。

その一例が、すでに紹介した競争政策だ。デジタルプラットフォームはユニークな特徴を備えており、競争への影響力を他のビジネスと同じようには分析できない。活動によってネットワーク効果が引き起こされ、ユーザーの人数が増えるほど、プラットフォームに参加する全員が大きな恩恵をこうむる。一方、デジタル市場の多くは「勝者総取り」の側面を持っており、市場を独占するひと握りの企業——大手テクノロジー企業——はユニークな特徴、すなわち規模に関する収穫逓増を巧みに利用する。そしていったん大きくなると、規模と範囲に関する有利な立場をさらに拡大するために他の戦略を採用する。そのひとつが「エンベロープメント」と呼ばれる戦略で、ウーバーから派生したウーバーイーツは典型的な事例だ。市場のひとつの分野で多くのユーザーを抱えていれば、すなわち多くの消費者がウーバーのタクシー・プラットフォームを利用していれば、まったく異なる製品を消費者に抱き合わせ販売すればよい。これは、少数の企業が独占する寡占市場でよく見られる一括販売と似ている。ただし新しいデジタルの事例では、製品どうしには何の関係もない。カミソリとカミソリの刃、プリンターとカートリッジのような関係性は見られない。ウーバーのケースでは、プラットフォーム上の消費者に対し、交通やロジスティクスに関して構築した従来と同じソフトウェアや知識に基づいて、まったく異なるサービスの提供を目指す。このエンベロープメント戦略は巨大なプラットフォームでは頻繁に利用されるが、これについて理解するためには、競争がひとつの市場だけでなく、プラットフォームが参入できそうなあらゆる市場を視野に入れていることを考える必要がある。そして支配的な企業が有望だと判断した新しい市場で何らかの事業を始めると、実質的に障壁が設けられ、他の企業が後に続いて参入するのは難しくなる。

デジタルプラットフォームの大きな特徴としてはもうひとつ、データの参入障壁がある。大きなプラットフォームはユーザーに関して大量のデータを入手して保存している。これは自己強化型のプロセスを生み出し、データのフライホイールあるいはデータ・ループと呼ばれるときもある。もしもあなたが素晴らしいサービスを提供する大企業ならば、多くの顧客を勝ち取ることができる。つぎに多くの顧客データを蓄積すれば、それに基づいてサービスを改善できるので、顧客をさらに増やすことができる。たとえば広告収入で運営されるプラットフォームのケースでは、ターゲットをうまく絞り込む能力があれば、収益の増加につながり、それによってサービスが改善され、さらに顧客の数が増えて、そこからさらに多くのデータを収集できる。このサイクルが繰り返され、フィードバックループが強化されるのだ。

これらの特徴を考えれば、競争当局が行なう従来の分析は、新しい市場で広く展開される競争についての分析には役立たない。競争に関して調査する従来のやり方では（私はイギリスで八年間、これに携わった）、合併された企業や支配的な企業を対象にして、小幅ではあるが実質的な形で価格を引き上げることができるかどうか、その場合には、どんな代替効果が考えられるかに注目する。たとえば顧客は、よく似たものに簡単に乗り換えるだろうか。ライバルは似たような製品を簡単に作り始めるだろうか。このような小幅ではあるが実質的かつ一時的ではない価格引き上げ（Small but

Significant, Non-Transitory Increase in Price）の影響を確認するためにはＳＳＮＩＰテストが行なわれるが、これをデジタル市場へ応用するのは難しい。デジタル市場ではエンベロープメントの影響で、境界の特定さえ難しい。価格設定が非対称的だと、完全競争を前提とするプラットフォームでも、消費者に料金を請求しない可能性がある。したがって、収益性を分析しても役に立たない。従来ならば、市場支配力を持つ企業は、平均よりも収益性が高くなると予想された。しかしデジタル企業は、規模が非常に大きくても損失を出す可能性がある。そして収益を上げるためには、投資家が初期段階でこうむった損失をカバーできるほど、その収益が高くなければならない。

要するに従来の競争分析では、新しい形の企業にどう対処すべきかわからない。ただしアメリカ、ＥＵ、イギリスなどでは、当局がこれまでの慣習を競って変更している。さらに、企業が損失を計上し、料金を請求しないことの何が問題なのかという声も出ている。なぜいけないのかと言えば、たとえばグーグルがこのような形で市場を支配すると、イノベーションが抑圧され、改良された新しい検索エンジンの市場参入が妨げられるからだ。それでも逆転がないわけではない。一例が、後発のフェイスブックがマイスペースに対して挙げた勝利だ。しかし遠い過去になった二〇〇八年と比べ、いまでは参入がさらに難しくなっている。

いま必要なのは、経済用語を使うならば、市場のなかでの競争ではなく、市場を巡る競争についての動態分析だが、これは競争当局にとって難しい。なぜなら、特定の部門で将来何が起きるか予測する必要もあるからだ。控えめに言っても、どんな企業が改善されたテクノロジーを携えて登場し、デジタル・ジャイアントに戦いを挑むのか予測するのも難しいのだから、改善されたテクノロジーに対する消費者の反応を予測するのは、なおのこと難しい。歴史を振り返ると、テクノロジーについての予測にはおかしなものが多い。しかしこうした政策課題に対し、経済学者はいまこの段階で答えを準備しなければならない（Coyle 2019b）。

ひと握りの巨大テクノロジー企業による市場の支配には、多くの国が不安を募らせている。特に欧州委員会は、こうしたケースの立件に積極的に取り組んでいる。そしてかつては後れを取っていたアメリカでも独占禁止法規制当局や政治家が関心を示すようになり、バイデンが大統領に就任してからはその傾向が特に顕著だ。多くの政策報告書で（Furman et al. 2019; Cremer, de Montjoye, and Schweitzer 2019; Scott-Morton et al. 2019）、競争分析はデジタル市場でのネットワーク効果の影響力を反映し、データのフィードバックループが生み出す参入障壁の問題に取り組むべきだと指摘している。フィードバックループが機能すると、データが増えるにしたがって顧客に関する情報も増え、それが収益を増加させるのでサービスが改善され、それがさらなる顧客やデータの確保につながっていく。イギリスの競争・市場庁（CMA）やドイツの連邦カルテル庁などの競争当局は、デジタル市場に合わせたアプローチの採用を始め、合併が提案されても素直に認めない傾向を強めている。そしてCMAは、フェイスブック（現メタ）やグーグルがデジタル広告市場を支配する結果、宣伝される製品の価格は競争市場よりも高く設定され、イギリスの二七六〇万世帯のそれぞれが、広告料の五〇〇〇ポンドを負担している計算になると結論した。これに対し、新たな規制がかけられる可能性はある。たとえば、オープン標準でのデータへのアクセスの義務づけは考えられる。あるいは、デジタルプラットフォームで検索結果が紹介されるとき、自分と関連するサービスが「自動的・優先的に紹介」されないように、行動規範を強化する必要もあるし、利用規約やＡＰＩ〔訳注：ソフトウェアやプログラムをつなぐためのインターフェイス〕の偏向は見逃せない。

ただしこれらの動きは、消費者の厚生を重視する競争経済学の現在の枠組みにとどまっている。そして、各国の法的・知的伝統に合わせて異なる形で採用されるが、大体は普遍的かつ（科学的知見を重視する）専門的な分析の枠組みに当てはまる。一方、デジタル・ジャイアントに批判的な一部の人たちはこの枠組みを完全に撤廃し、民間企業の力を制限するための産業構造の構築に慎重に取り組んでいる（たとえば Khan 2017）。これは専門的な分析よりも政治的な分析に訴えるので、経済学者はあまり得意ではない。しかし、ネットワークのスピルオーバー効果、ロックイン〔訳注：現在利用しているサービスや製品、技術から別の同種のものへの乗り換えや入れ替えが困難な状態〕、非線形が際立つ状況では、標準的な厚生経済学は消費者の厚生を容易に分析できない。政治的動向は明らかだ。いまや政治経済のサイクルでは、巨大企業が市場支配力を強めている。したがって、規制介入や競争政策の強化によって、その影響力を食い止めることが不可欠である。しかし、デジタル市場に関する経済分析は、まだ形を整えていない。かりに消費者厚生基準が正しいアプローチだとしても、多くの敗者、転換点、複雑なエコシステムなどを特徴とする勝者総取りの市場で消費者の厚生をどのように評価すべきか、まだ見解は定まっていない。ちなみに、国内市場の規模の大きさから、デジタル関連の大企業はアメリカと中国に集中しているが、そうなると地政学が関わってくる。これらの企業は別の国で自由な活動を許されるかどうか、改めて議論する必要がある。あるいは、レーガンやサッチャーの革命によって国家の経済活動は封じ込められたようだが、それからしばらく時間が経過した今日、ヨーロッパの政府はデジタル市場でチャンピオンを育成するべきか、考える必要もある。かつては純粋な経済政策しか考えられなかったが、いまでは政治経済についての考慮が避けられなくなった分野はいくつもあり、競争政策もそのひとつだ。

そして、もうひとつの事例が産業政策である。一九八〇年代初めからは、自由市場のアイデアが優勢となり、しかも一九七〇年代に発生した多くの大惨事が動かぬ証拠となり、ほとんどの経済学者は産業政策に本能的に反対するようになった。産業政策は、「結局は失敗する運命にある者を勝者に祭り上げる」政策だと指摘されてきた。ところがいまやアイデアを巡る状況では、介入を重視する傾向が勢いづいてきた。生産性が徐々に落ち込み、所得の伸びがふるわず、「取り残された地域」で反体制票が増えるパターンが、この傾向の追い風になっている。一部の地域や町が大きく取り残される理由は色々とあるが、そのひとつは、公共投資や政策のパターンが一部の場所への集積を加速させたことだ。ここには過去の政治的選択が確実に反映されているが、もうひとつ、経済学者には馴染み深い費用便益分析（ＣＢＡ）も関わっている。費用便益分析というテクニックは、小さな投資を評価するために考案された。したがって、波及効果を生み出すほど大きな投資の評価には使われない。たとえば、新しく敷設された一本の線路に対してＣＢＡを行なっても、そのおかげで新しい通勤パターンや新しい取引先が生まれるといった波及効果は考慮されないので、ネットワークの外部性が見落とされる。あるいは、裕福な地域と貧しい地域の費用便益分析を比較するときには、たとえ全国平均の賃金率や地価を使ったとしても、結果は裕福な地域に有利に働く傾向がある。なぜなら、すでに確認されている集積に波及効果があるので、生産的な地域に経済活動を追加するほうが良い結果が生み出されるからだ。

経済はこれからどこに向かうべきで、どんな能力が求められるのか戦略的に考えるには、産業政策が必要だという点は、経済学者の一部がかねてより主張してきた（Rodrik 2004; Tassey 2014）。非線形力学と多重均衡を特徴とする経済では、戦略的介入が経済の進路を大きく変化させるため、わざわざ反実仮想を設定する必要もなくなる。あるいは、人々の行動を整理して特定の進路に向かわせるためには、ナラティブも重要な役割を果たす（Shiller 2019）。たとえばハロルド・ウィルソンは「テクノロジーの白熱」、トニー・ブレアは「クールブリタニア」という表現を使った。さしずめ現代ならば、政府の産業政策には「ミッションドリブン」という表現がふさわしい（Mazzucato 2013）。いずれもスローガンではあるが、産業政策の成功に必要な調整機能を働かせるため、こうしたアプローチは役に立つはずだ。

政策の三番目の具体例はデータに関わる。データには情報が結晶化されているので、経済にとって常に不可欠な要素であり続けてきたが、いまでは経済の取引を体現する存在としての側面を持つようになった。意外にも、データの利用に関するデータは十分にそろっていないが、手に入る数字からも、利用される回数は跳ね上がっていることがわかる。データ経済に関する従来の市場の枠組みでは、個人の所有権やデータのやりとりが政策に関する問題とされた。たとえば、大企業に自分のデータを提供すれば、見返りを払ってくれるだろうか、と問いかける（Arrieta-Ibarra et al. 2018）。しかしデータは波及効果や外部性が大きな特徴であり、限界費用は発生せず、価値は状況に大きく左右される。ちょうど水の利用価値も限界費用も、状況次第で大きく異なるのと同じだ。データという資源をできる限り効率的に利用して、社会的厚生を最大化するための政策について考える取り組みは、やっと始まったばかりだ（Coyle and Diepeveen 2021）。政策立案者はデータの用途や可能性だけでなく、プライバシーが悪用される点まで理解すべきだとわかっているが、具体的な研究はニーズにまだ追いつかない。

デジタル経済で経済政策を設定するためには、根本的な問題が立ちはだかる。すなわち、非線形が蔓延する状況で、社会的厚生を評価するための枠組みが確立されていないことである（第3章も参照）。そんな状況で政策立案者は、何らかの政策がより良い結果をもたらすかどうか、ある程度まで明確に判断できるだろうか。経済学はいまのところ、答えられる範囲が限られている。実証的アプローチが改善され、手に入るデータセットが増えた結果、経済学者は狭い範囲の政策問題には、専門家として答えられるようになった。応用ミクロ経済学は良い状態にある。ところが、繁栄する都市と貧しい町のあいだで拡大するギャップの解消に取り組む方法や、勝者総取りの経済にイノベーションや競争を吹き込む方法、経済成長に伴う利益を公平に分配する方法など、差し迫った政治的問題へのアプローチは、ほとんどが説得力に欠ける。

経済学者は今後、収穫逓増の経済に関する指針を政策立案者に提供する必要がある。ただし、本章の冒頭に登場した社会主義計算論争に立ち返るが、政府による解決に過度な期待を寄せても答えにはならない。組織の中枢にいる賢明な人たちはいまや十分な量のデータを確保しているのだから、大きな問題を解決してくれるだろうという発想は錯覚にすぎない。

第5章の結論でも述べたように、これから必要とされる新たな分析の枠組みを構成する要素については、経済学の文献のなかで紹介されている。その多くはノーベル経済学賞を受賞した経済学者たちによって提供されており、クルーグマン（Krugman 1991）、ローマー（Romer 1994）、スティグリッツ（Stiglitz with Greenwald 2014）、ティロール（Tirole 1988, 2016）など多彩だ。これらの研究は、市場による解決へのバイアスを支える根本的な前提の限界に関して、それぞれ意見が異なる。経済学のつぎのパラダイムがどのような形をとるのか私にはわからないが、規模に関する収穫逓増、情報の非対称性、ネットワークの波及効果と外部性、プリンシパル・エージェント関係〔訳注：行為主体が、自らの利益のための労務の実施を他の行為主体に委任すること〕、意思決定者のあいだの相互作用。これらがあらかじめ前提として設定されるだろうと考えられる。どれもデジタル経済の特徴として多くの経済モデルや専門分野で取り上げられているが、いまだに統合されたり主流に位置づけられたりすることはなく、現在のアイデアの趨勢を形作るまでには至っていない。

政府も市場も確実に失敗しそうな状況で、政府などがどんな行動をとればより良い結果につながるのか、経済学者は理論を提唱するだけでなく、エビデンスとなる裏づけを提供する必要がある。非凸計算は概して処理しにくいことを思い出してほしい。経済を管理する「正しい」方法が、ひとつだけ存在する可能性は低い。ここでは背後にある状況が重要になるが、それは普遍的な傾向が個別の制度にレンズを通して反映されるからではない。むしろ政策課題には、分析による普遍的な回答が通用しないからだ。そうなると経済学者が課題に取り組むためには、テクノクラートとしての立場を離れ、以前のような政治経済学者に立ち返る必要がある。Python のプログラミングだけでなく、経済の歴史についても理解するのだ。社会科学のなかでも特に閉鎖的な学問を実践する多くの人たちにとって、これは心地よいものではないだろう。しかし現代の経済、そして政治は、私たちにそうすることを求めている。

要するに、経済学には長所もあるが、政策にできる限り役に立つように大きく貢献し続けるだけでなく、一般市民に奉仕するためには、変化する必要がある。経済学者は政府（そしてビジネス）に影響力を持っているものの、現代経済の変容がもたらす重要な課題の一部に対し、実践的な方法で取り組むことができていない。一方でデジタル化の進行、もう一方ではポピュリズムが台頭する状況では、以下のテーマに取り組むべきだと本書を通じて指摘してきた。

●経済学者、なかでも政策に関わる経済学者は、自分の行動が経済にどんな変化をもたらすのか、もっと考慮する必要がある。たとえば、「パフォーマティヴィティ」（行為遂行性）を徹底すれば、説明する行為が現実を構成する。必要な政策を採用するために介入すれば、人々は無意識に反応する。もっと広い意味では、行動規範に影響するアイデアが行き渡った状況を形作る必要もある。現時点では、こうした事例が実現したケースは稀だ。

●「存在」(is)と「当為」(should)は、結局のところ切り離せないという現実を受け入れる必要がある。私たち経済学者は常に偏見を持たず、根拠に基づいた行動や発想を心がけるべきだが、その一方、技術の進歩が進む社会において強力な存在でありながら、政治的行為者として説明責任を果たそうとしない。

●なかでも特に、政策に関わる経済学者は物事を改善し、公益のために行動していると主張するが、何を誰のために「改善する」のか、もっと慎重に考える必要がある。現代国家で経済学者に与えられた役割を考慮するなら、ここでは経済学者の正当性が問われている。そしてこれからは、厚生経済学の分野の再活性化が求められる。とりわけデジタルトランスフォーメーションの影響で、手に入る経済統計と社会のウェルビーイングとの違いはますます大きくなっている。こうした状況においては、収穫逓増、外部性、公共財といった古典的な「市場の失敗」の範囲を拡大することで、厚生経済学の再活性化を図る必要がある。

●最後に、いまの経済調査の多くを構成する要素をうまく組み立て、デジタル経済にふさわしいベンチマークの枠組みを構築したうえで、その枠組みを反映した適切な政策手段を提供する必要がある。

実際、必要な構成要素はそろっている。特に産業組織論とマーケットデザイン、情報経済学、成長理論などのサブフィールドでは充実しているが、いま述べたようなシフトがすんなり実現するとは、私にはどうしても思えない。ブロックとなる要素は存在するのだが、それを組み立てた一貫性のある構造ができ上がっているわけではないし、何よりもまず、厚生経済学の問題への取り組みが見られない。あるいは、貴重な洞察を学校の教室や政策アナリストのオフィスで伝えるために必要なモデルやツールや経験則も存在しない。だから私の研究では、経済統計の基本を詳しく調べ、デジタル市場やデータ市場で役立つ実践的な政策ツールについて検討している。さらに著書『市場、国家、人々』(Coyle 2020b)の出版や、COREのオンラインテキスト『経済』への寄稿を通じ、次世代の政策立案者に教える内容への投資を行なっている。

目下、経済学に関する公の場での議論では、妥当な内容か否かにかかわらず(妥当でないほうが多い)、騒々しい批判が目立つ。さらに、今日の人生の多くの側面と同様、経済学の一部の分野でも分極化が進んでいる。自由市場支持者は大胆な構想を打ち出し、たとえば、ブレグジット後に自由貿易を積極的に進めるため「シンガポール・オン・テムズ」、すなわちシンガポールのような自由市場国家を建設するビジョンを提案した。アメリカのトランプ政権は、富裕層の減税によって企業活動は活性化されるという見解を示した。その半面、新しい干渉主義も目立ってきた。

このように騒々しい議論がたびたび展開されるが、これからは「主流」のパラダイムの変化が必要で、最終的にそれは実現すると私は確信している。その理由は一連の出来事だ。消費に関しても生産に関しても、デジタルテクノロジーは経済の構造を根本的かつ永続的に変化させた。グローバリゼーションが制約を取り払ったこともあり、いまやテクノロジーが発見されない場所や利用されない場所はなくなった。そして世界は、二〇〇八年には金融危機、二〇二〇年にはコロナ禍というダブルパンチを食らった。いまこれを書いている時点で、コロナ禍が最終的にどんな影響をもたらすのか明らかではないが、国家の役割に対する市民の期待が永久に変化する可能性は考えられる。二〇〇八年から二〇〇九年にかけて金融危機に見舞われた後、グローバル経済の機能にもたらされた変化は驚くほど少なかった。もしかしたら、崖っぷちを何度も飛び越えて走り続ける漫画のキャラクターのように、その結末はまだ訪れていないのかもしれない。ふたつの衝撃的な出来事が重なったのだから、永続的な効果がもたらされないはずはない。それはほぼ一世紀前、大恐慌に続いて第二次世界大戦が勃発したときの状況からもわかる。

これからの経済学者は課題に挑み、自分たちの職業に内在する欠陥の解消に取り組む必要がある。政治経済学は目覚めなければならない。確かな分析を行ない、経験に基づき、歴史を振り返り、外に目を向け、規律を守る姿勢を心がけながら、社会にポジティブな貢献をするべきだ。この課題は、すべての社会科学に当てはまる。そして私たち経済学者の多くは、研究の対象として選んだ経済学にそんな姿を期待する。

すでに経済学のなかでは変化が引き起こされているが、他にも明るい兆しは見える。たとえばコロナ禍への経済学者の反応は、きわめて迅速かつ建設的だった。イギリスでは経済観測所（ECO）が創設され、このパンデミックに関して政策立案者や市民が抱く疑問に関する研究の証拠（そしてギャップ）のすべてをまとめている。四月に初めて話題にのぼり、早くも六月一日には創設された。そして八月半ばまでには、古い研究とコロナ関連の新しい研究に関する大量の情報をまとめ上げ、一〇〇本の論文を公表している。他にも経済学者のあいだでは、同様の協力的な取り組みが世界規模で進められている。

では、「はじめに」で紹介した経済学者としての課題はどうか。二〇二〇年にブラック・ライブズ・マターの抗議運動が始まると、それをきっかけに議論は白熱し、経済学者の調整能力の欠如、あるいはトップの学術誌や経済学部のモノカルチャー的側面がやり玉に挙げられた。しかし、文化に重要な変化が引き起こされて定着するためには、このエネルギーを長続きさせなければならない。私が本書で一貫して主張してきたように経済学や経済学者は、アイデアや政策決定への影響力を通じて経済や社会を形成する。では、経済学がもっと多様で共生的な学問になれば、経済の性質をポジティブに変化させるために貢献できるだろうか。それには間違いなく従来と異なる調査やデータが必要とされるし、これまでは考えられなかった疑問が提起される。裕福な白人男性という典型的な経済学者の経験や枠組みには、もはや収まらない疑問が浮上する。そんななかで経済学者には、他の社会科学や人文科学など、異なる学問分野の研究者との協力を通じ、状況や歴史への洞察を深めることも必要だ。コンピュータ科学や工学などの分野との交流は、デジタル経済の実態の把握に役に立つ。

私は、変化の兆しを見つけると楽観的になるが、目の前の課題の大きさを考えると悲観的になる。ある意味、コロナ禍に対して経済学者は最高の形で反応した。たとえば、学問の垣根を超えた協力関係を築いた。そして、あらゆる場所で経済が破綻して不平等などの課題が発生すれば、それに焦点を当てた。しかしこれからは、政策のあらゆる分野で同じ姿勢を強化しなければならない。第1章で述べたように、私たち経済学者が政府や政策のなかで中心的存在として評価されるためには、そのあとの各章で取り上げたパラダイムシフトを達成する課題が残っている。これは決して平坦な道でも簡単な道でもない。

二〇二一年　二月

謝辞

本書の執筆には一〇年の歳月を要した。その過程では、ここで紹介しきれないほど大勢の方々のお世話になった。

まず、当時オックスフォード大学ブレーズノーズ・カレッジの学長だったロジャー・キャッシュモア教授は、二〇一二年に予定された人間の価値についてのタナー講義に、私を講演者として招待してくれた。後に講義は、後継者のアラン・ボウマンの手で開催にこぎつけた。当日は、パネルの著名なメンバー――ケイト・バーカー、ピーター・オッペンハイマー、デイヴィッド・ラムスデン、ピーター・シンクレア――から貴重なコメントをいただいた。翌年には、プロボノ・エコノミクスが年次講演会に招待してくれた。そして経済方法学会、オックスフォード大学マーティンスクール、ノッティンガム・トレント大学からも、公開講座の講演者として招待を受けた。ケンブリッジ大学では、同僚のマイケル・ケニーとヘレン・トンプソンが、私の就任記念講演の原稿に惜しみないコメントを寄せてくれた。

この一〇年のあいだは幸運にも、マンチェスター大学やケンブリッジ大学で同僚や学生たちに恵まれた。さらに経済学者や官僚と政策の立案に取り組み、以下のようなさまざまな組織に所属した。BBCトラスト、移住諮問委員会、自然資本委員会、国家インフラ委員会、ジェイソン・ファーマンが議長を務めるデジタル競争専門家パネル、競争・市場庁。そして、国家統計局にはフェローとして参加した。このような役割、さらにそれ以前の多彩なキャリアからさまざまな経験や洞察が得られたことを考えると、自分は本当に恵まれていた。それから数々の講演には、以下の素晴らしい共著者の方々との成果が反映されている。モー・アブディラーマン、ステファニー・ディペフェーン、リチャード・ヘイズ、ペニー・ミーリー、キャハル・モラン、レオナルド・ナカムラ、デイヴィッド・ヌイン、マリアンヌ・センシエ、ウィル・スチュアート、マヌエル・トン、エイドリアン・ウェラー、ティモシー・ヨン。

ケンブリッジでもそれ以外の場所でも、他にもたくさんの同僚がコメントを寄せ、会話を交わしてくれたおかげで、この一〇年間のさまざまな段階で私の思考力は刺激された。以下にお名前を紹介する。マシュー・アガルワラ、アンナ・アレクサンドロヴァ、エリク・バインホッカー、ティム・ベスリー、サミュエル・ボウルズ、ジョン・ボワース、エリック・ブリニョルフソン、ウェンディ・カーリン、ヴァスコ・カルバリョ、ジギット・チャーダ、キャロル・コラド、ジャック・クレメール、メレディス・クロウリー、パーサ・ダスグプタ、マーク・ファビアン、マルコ・ヘリシ、アメリア・フレッチャー、ジェイソン・ファーマン、ティム・ガーダム、レイチェル・グリフィス、デニス・グルーベ、アンドルー・ホルデーン、ジョナサン・ハスケル、キャメロン・ヘップバーン、セシリア・ヘイズ、ビル・ジェインウェイ、デール・ジョルゲンソン、サイテ・ルー、デレク・マッコーリー、フィリップ・マースデン、デイヴィッド・マイルズ、ジョン・ノートン、ジェニファー・ルービン、デイヴィッド・ランシマン、ポール・シーブライト、マーガレット・スティーンブンス、ジョセフ・スティグリッツ、ジェニ・テニソン、アレックス・テイテルボイム、ジャン・ティロール、フラビオ・トックスバード、ロメシュ・ヴァイティリンガム、バート・ファン・アーク、トニー・ヴェナブルズ、アンナ・ヴィニョール、ディミトリ・ゼンゲリス。

私の経済学でのキャリアに最も大きな影響を与えてくれた人物をひとり紹介するとすれば、それはピーター・シンクレア教授だ。オックスフォード大学ブレーズノーズ・カレッジでは私の学部指導教官を務め、長年のメンターであり友人だった。彼の存在があったからこそ、私は経済学者になったのであり、彼の教えを忠実に受け継いだ。コロナウィルスの犠牲となり天寿をまっとうできなかったのは、大きな損失である。

最後に、本書の完成を後押ししてくれた方々を紹介しておく。ヤミニ・シナモン・ネール、アナベル・マンリー、ジュリア・ウドウィンは、研究助手として私を支えてくれた。リンゼイ・フレイザーは、初校の編集を担当してくれた。サラ・キャロ、ハンナ・ポール、ジョッス・ドレイクは、本書の編集作業に最初から最後まで責任を持って取り組んでくれた。他にもプリンストン大学出版会のチームの素晴らしいメンバーには、本当に助けられた。そしていつもと同様、私を励まし続けてくれたロリー・セラン＝ジョーンズと、仕事をそばで見守り続けたキャベッジに、とびきりの感謝を捧げて本書を締めくくりたい。

WALKIES

訳者あとがき

いまは世の中の変化が目まぐるしい。テクノロジーは進化する一方で、人工知能やアルゴリズムが注目されたと思ったら、いまではチャットGPTが話題にのぼる。インターネットやモバイル通信は必需品となり、そのおかげで、海外で暮らす家族との距離の隔たりは感じられなくなった。そして、コロナ禍をきっかけにリモートワークがかなり定着した。

では、こうした変化を経済学者はどのように見ているのだろうか。経済学というと、どうしても小難しい学問のような印象を受ける。マクロとミクロに分類されることはわかっても、様々な理論が飛び交い、どれを信じてよいのかわからない。合理的期待仮説、行動経済学、規模の経済、ゲーム理論、線形・非線形、ナッジ、ナラティブ……これらはほんの一部だ。でも本書を読めば、頭のなかがスッキリすることは間違いない。

著者のダイアン・コイルは、ケンブリッジ大学公共政策教授で、オックスフォード大学やハーバード大学で学んだ。財務省で働き、複数の役職を歴任しただけでなく、経済記者として働いた経験もあり、おまけにＡＩなどのテクノロジーにも詳しい。英国で優れた金融ジャーナリストに贈られる「ウィンコット賞」を受賞したほか、経済学への貢献によって英国勲位も受勲している。こんな頼もしい人物の話は、読まないわけにいかない。ちなみにこれまでの著書では、『ＧＤＰ――〈小さくて大きな数字〉の歴史』『ソウルフルな経済学――格闘する最新経済学が1冊でわかる』『脱物質化社会』の三冊が邦訳されている。

経済学者は自分の研究成果が正しいと決めたら、テコでも動かない。周囲の社会の変化など気にせず、社会の一員としての自覚がないとコイルは指摘する。本書では、これまで社会がどのように変化してきたか、その仕組みの解明や問題解決のためにどんな経済理論が考案されたか、さらに経済理論が現実といかに乖離しているか、わかりやすく解説したうえで、経済学者が現実的な視点を持つことの大切さを訴えている。経済学者は、人間の行動が歯車の歯（コグ）のように規則的だという発想を簡単に捨てられないが、デジタル経済はモンスターのような存在だから、対応を改める必要があるという（そのため、原書のタイトルは *Cogs and Monsters* となった）。ただしそう指摘する一方、経済学者も手をこまねいているわけではないと弁護することも忘れない。世の中があまりにも速く変化するので、追いついていくのが容易ではないのだ。たとえばＧＤＰがいまの時代に合わないことはあちこちで指摘されるが、代わりのものを完成させるまでには時間がかかるし、ようやく完成したと思ったら、世の中がさらに変化している可能性もある。それでも地道な努力は必要だとコイルは強調する。新型コロナウィルスに置き換えてみると、わかりやすいかもしれない。ワクチンが早い段階で開発されて安堵したものの、そんな人間をあざ笑うかのように、つぎつぎと変異株が登場した。でもそのたびに新しいワクチンが開発されてきた。

本書は、経済学者にもっと柔軟な姿勢を持つように訴えているが、その忠告は一般の人たちにも当てはまるだろう。固定観念を捨て去るのは簡単ではないが、今回のコロナ禍でやむを得ず自宅にこもってみると、在宅勤務も悪くないという思いがけない発見があった。あるいは、世の中の動きは数字でコンパクトに表現できるほど単純ではなく、様々な要素が絡み合っている。だから経済学者も、他の学問をもっと勉強すべきだとコイルは指摘するが、それも私たち全員に当てはまるだろう。データを見るときには数字がすべてを物語っているわけではないことを忘れず、数字以外の要素への関心を失ってはならない。そうすれば経済学者に限らず、誰もが経済学オンチを卒業できる。経済学に興味がある人も、変化の激しい世の中でどう生きるべきか悩む人も、ぜひ本書を読んでいただきたい。

最後に、本書の翻訳では、筑摩書房の田所健太郎さんに最初から最後までお世話になった。どうもありがとうございました。

小坂恵理

cbe）の内容をもとにしている。

第５章　変化するテクノロジー、変化する経済

1　ムーアの法則では、１年半から２年ごとに、コンピュータの性能は倍増し、価格が半減すると予測した。https://www.intel.co.uk/content/www/uk/en/silicon-innovations/moores-law-technology.html, 12 August 2020.

2　https://www.ons.gov.uk/economy/nationalaccounts/uksectoraccounts/articles/producinganalternativeapproachtogdpusingexperimentaldoubledeflationestimates/2020-11-02.

第６章　二一世紀の経済政策

1　Cosma Shalizi, 'In Soviet Union, Optimisation Problem Solves *You*', Crooked Timber, http://crookedtimber.org/2012/05/30/in-soviet-union-optimization-problem-solves-you/.

2　https://www.ft.com/content/6f69433a-40f0-11ea-a047-eae9bd51ceba.

12 公共の価値という概念は、従来の取り組みに代わる、より明確な判断へのアプローチである。これは本質的に、測定しづらく、場合によっては測定不可能な変数の比較には困難が内在することを認める費用便益分析だといえる（Coyle and Woolard 2009）。
13 http://www.bbc.co.uk/programmes/p00gq1cr/episodes/player, accessed 17 April 2012.

小休止（第１章）

1 https://www.ineteconomics.org/events/the-economic-crisis-and-the-crisis-in-economics.
2 http://www.paecon.net/HistoryPAE.htm.
3 この講演の内容は、Coyle（ed.）2012 としてまとめて発表された。
4 coreecon, n. d., 'The Economy', https://www.core-econ.org/project/core-the-economy/.
5 Editorial, 'Ec 10 Shifts to the Future', *The Harvard Crimson*, 4 April 2019, https://www.thecrimson.com/article/2019/4/4/editorial-ec-10-shifts-future/.
6 Dylan Matthews, 'The Radical Plan to Change How Harvard Teaches Economics', *Vox*, 22 May 2019, https://www.vox.com/the-highlight/2019/5/14/18520783/harvard-economics-chetty.
7 https://www.probonoeconomics.com/news/pbe-lecture-2013-diane-coyle.
8 'Teaching Economics after the Crisis', Royal Economic Society, 1 April 2013, https://www.res.org.uk/resources-page/april-2013-newsletter-teaching-economics-after-the-crisis.html.

第２章　部外者としての経済学者

1 ラインハートとロゴフは、西側諸国の政府が緊縮政策を採用し、政府の債務水準の引き下げに専念するよう説得するうえで影響力を発揮した。ところが、ふたりの研究の集計データに厄介なエラーが含まれていることが判明し、債務負担閾値がその後の成長におよぼす明らかな影響についておもな批評家から反論された。とにかく、政策立案者が閾値というアイデアを機械的に解釈しすぎたことは間違いない。

小休止（第３章）

1 'Trojan Room Coffee Pot', Wikipedia, https://en.wikipedia.org/wiki/Trojan_Room_coffee_pot.
2 'Cogs and Monsters', Bennett Institute for Public Policy, Cambridge University, https://www.bennettinstitute.cam.ac.uk/publications/cogs-and-monsters/.

第４章　歯車とモンスター

1 'Parkour Atlas', Boston Dynamics, YouTube, https://www.youtube.com/watch?v=LikxFZZO2sk; 'UpTown Spot', Boston Dynamics, YouTube, https://www.youtube.com/watch?v=kHBcVlqpvZ8, accessed 18 October 2018.
2 人々が排除される可能性のある公共財は、クラブ財として知られる。
3 これはラスパイレス指数。フィッシャーの理想指数は財の概念的なバスケットであり、2018 年の（あるいは 1978 年の）実際のバスケットではない。

小休止（第４章）

1 https://www2.deloitte.com/global/en/pages/about-deloitte/articles/millennialsurvey.html.
2 以降の章は、2019 年７月にオックスフォード大学マーティンスクールで行なわれた講演（https://www.oxfordmartin.ox.ac.uk/events/changing-technology-changing-economics-with-prof-diane-coyle/）および 2020 年２月にノッティンガム・トレント大学で行なわれた講演（https://www.ntu.ac.uk/about-us/events/events/2020/02/professor-diane-coyle-

原　注

はじめに

1 Committee on the Status of Women in the Economics Profession Annual Report 2019, https://www.aeaweb.org/content/file?id=11630.

2 Report of the Committee on the Status of Minority Groups in the Economics Profession (CSMGEP) December 2017, https://www.aeaweb.org/content/file?id=6592.

3 Rachel Griffith, Sarah Smith, and Arun Advani, 'Economics in the UK Has a Diversity Problem That Starts in Schools and Colleges', https://cepr.org/voxeu/columns/economics-uk-has-diversity-problem-starts-schools-and-colleges.

4 American Economic Association, 'AEA Code of Professional Conduct', https://www.aeaweb.org/about-aea/code-of-conduct.

5 'Women and Economics: Sixth 2018 Coleridge Lecture', https://www.ideasfestival.co.uk/blog/coleridge-lectures/coleridge-lecture-women-and-economics/, accessed 2 August 2020.

6 www.economicsobservatory.com.

第 1 章　経済学者の公的責任

1 https://www.bnc.ox.ac.uk/about-brasenose/news/982-tanner-lectures-2012.

2 RealClear Opinion Research, https://www.realclearpolitics.com/docs/190305_RCOR_Topline_V2.pdf.

3 The Nobel Prize, https://www.nobelprize.org/prizes/economic-sciences/1997/advanced-information/.

4 国際決済銀行（BIS）の最新のデータによれば、店頭デリバティブ市場の想定元本残高の総額は 2019 年末の時点でおよそ 560 兆ドルだった。これは前述の数字と直接比較できるものではないが、この 10 年間にデリバティブ市場が縮小している傾向を示している。

5 以後、アメリカでは複数の報告書が提出され、規制監督機関の役割に関する法律に変更が加えられた。一方ヨーロッパ市場では、2016 年 7 月 3 日に市場濫用規制が施行された。

6 OCC〔訳注：米国財務省の外局〕によれば、2018 年 12 月 31 日の時点で、バンク・オブ・アメリカのデリバティブ取引での想定元本はいまだに 31 兆 7000 億ドルもあった。

7 AEA の倫理綱領は 2018 年 4 月 20 日に採択された。https://www.aeaweb.org/about-aea/code-of-conduct. また、イギリス王立経済学会は 2019 年にそれに続いた。https://res.org.uk/about-us/code-of-conduct/.

8 Sonia Sodha, Toby Helm, and Phillip Inman, 'Economists Overwhelmingly Reject Brexit in Boost for Cameron', *The Guardian*, 28 May 2016, https://www.theguardian.com/politics/2016/may/28/economists-reject-brexit-boost-cameron.

9 腎臓の取引は、いまでは多くの国で広く利用されている。https://www.bbc.co.uk/news/business-50632630. 英国生体腎移植スキームは 2019 年 3 月、1000 例目の移植を行なった。

10 以下も参照。Jonathan Portes, 'Economists in Government: What Are They Good For?' http://notthetreasuryview.blogspot.com/2012/01/economists-in-government-what-are-they.html, 12 January 2012, accessed 30 April 2012, Survey for GES by Paul Anand, Open University, and Jonathan Leape, London School of Economics.

11 このアプローチは、財務省のグリーンブックに関する公式文書に記されている。以下を参照。http://www.hm-treasury.gov.uk/data_greenbook_index.htm.

Wu, T., 2016, *The Attention Merchants*, New York: Knopf.
YouGov, 2011, 'Wanted: A Better Capitalism', 16 May, http://labs.yougov.co.uk/news/2011/05/16/wanted-better-capitalism/.
Young, A., 2017, 'Consistency without Inference: Instrumental Variables', LSE Working Paper, London School of Economics, http://personal.lse.ac.uk/YoungA/CWOI.pdf, accessed 6 August 2020.
Ziliak, S., and D. N. McCloskey, 2008, *The Cult of Statistical Significance: How the Standard Error Costs Us Jobs, Justice, and Lives*, Ann Arbor: University of Michigan Press.

と現代』酒井泰弘・堀出一郎監訳、麗澤大学出版会、2007年〕。
Takagi, S., 2020, 'Literature Survey on the Economic Impact of Digital Platforms', *International Journal of Economic Policy Studies*, 14, 449–464, https://doi.org/10.1007/s42495-020-00043-0.
Tassey, Gregory, 2014, 'Competing in Advanced Manufacturing: The Need for Improved Growth Models and Policies', *Journal of Economic Perspectives*, 28 (1), 27–48.
Taylor, P., 2013, 'Sennheiser Fights Fake Electronic Goods', *Financial Times*, 12 May, https://www.ft.com/content/6454afe8-b9a7-11e2-9a9f -00144feabdc0.
Thoma, M., 2011, 'New Forms of Communication and the Public Mission of Economics: Overcoming the Great Disconnect', November, http://publicsphere.ssrc.org/thoma-new-forms-of-communication-and-the-public-mission-of-economics/, accessed 27 March 2012.
Tirole, J., 1988, *Theory of Industrial Organization*, Cambridge, MA: MIT Press.
Tirole, Jean, 2016, *Economie du bien commun*, Paris, France: PUF〔ジャン・ティロール『良き社会のための経済学』村井章子訳、日本経済新聞出版社、2018年〕。
Tooze, Adam, 2001, *Statistics and the German State 1900–1945: The Making of Modern Economic Knowledge*, Cambridge: Cambridge University Press.
Triennial Central Bank Survey of Foreign Exchange and Derivatives Market Activity in 2010—Final results, 2010, https://www.bis.org/publ/rpfxf10t.htm.
Tucker, Paul, 2019, *Unelected Power*, Princeton, NJ: Princeton University Press.
Turner, A., 2010, 'After the Crises: Assessing the Costs and Benefits of Financial Liberalisation', Speech by Lord Adair Turner, Chairman, UK Financial Services Authority, at the Fourteenth C. D. Deshmukh Memorial Lecture on 15 February, Mumbai.
Van Doren, P., 2021, 'GameStop, Payments for Order Flow, and High Frequency Trading', Cato Institute, 1 February, https://www.cato.org/blog/gamestop-payments-order-flow-high-frequency-trading, accessed 6 February 2021.
Van Reenen, J., 2018, 'Increasing Differences Between Firms: Market Power and the Macro-Economy,' CEP Discussion Papers 1576, Centre for Economic Performance, London School of Economics.
Vaughan, N., 2020, *The Flash Crash*, New York: Penguin Random House.
Von Mises, L., 1920, 'Die Wirtschaftsrechnung im sozialistischen Gemeinwesen', *Archivfur Sozialwissenschaften*, 47, 86–121; published in English as "Economic Calculation in the Socialist Commonwealth", trans. S. Adler, in F. A. Hayek (ed.), *Collectivist Economic Planning: Critical Studies on the Possibilities of Socialism*, London: Routledge & Kegan Paul Ltd., 1935, ch. 3, 87–130〔ルドウィヒ・フォン・ミーゼス「社会主義共同体に於ける経済計算」、F.A.ハイエク編著『集産主義計画経済の理論——社会主義の可能性に関する批判的研究』迫間眞治郎訳、実業之日本社、1950年〕。
Waldrop, M. M., 2001, *The Dream Machine: JCR Licklider and the Revolution That Made Computing Personal*, London: Viking Penguin.
Williams, E., and R. Coase, 1964, 'The Regulated Industries: Discussion', *The American Economic Review*, 54 (3), Papers and Proceedings of the Seventy-sixth Annual Meeting of the American Economic Association (May 1964), 192–197.
Wren-Lewis, S., 2012a, 'Microfoundations and Central Bank Models', Mainly Macro Blog, 26 March, http://mainlymacro.blogspot.co.uk/2012/03/microfoundations-and-central-bank.html.
Wren-Lewis, S., 2012b, 'The Return of Schools of Thought', http://mainlymacro.blogspot.co.uk/2012/01/return-of-schools-of-thought-macro.html, accessed 24 April 2012.
Wu, Alice H., 2018, 'Gendered Language on the Economics Job Market Rumors Forum', *AEA Papers and Proceedings*, 108, 175–179.

www.nytimes.com/2012/03/14/opinion/why-i-am-leaving-goldman-sachs.htm?pagewanted=1&_r=1, accessed 14 March 2012.
Snider, J., 2011, 'Finance Now Exists for Its Own Exclusive Benefit', Real Clear Markets, http://www.realclearmarkets.com/articles/2011/12/16/finance_now_exists_for_its_own_exclusive_benefit99422.html, accessed 24 April 2012.
Snow, C. P., 1963, *The Rede Lecture: The Two Cultures*, Cambridge: Cambridge University Press, first published in 1959〔C・P・スノー『二つの文化と科学革命』松井巻之助訳、みすず書房、1960 年〕。
Solnit, R., 2014, 'Get Off the Bus', *London Review of Books*, 36 (4), https://www.lrb.co.uk/the-paper/v36/n04/rebecca-solnit/diary, accessed 10 August 2020.
Solow, Robert, 1987, 'We'd Better Watch Out', *New York Times Book Review*, 12 July, 36.
Spufford, F., 2010, *Red Plenty*, London: Faber and Faber.
Spulber, D. F., 2019, 'The Economics of Markets and Platforms', *Journal of Economics & Management Strategy*, 28, 159–172.
Stanovich, K. E., 2005, *The Robot's Rebellion: Finding Meaning in the Age of Darwin*, Chicago: University of Chicago Press〔キース・E・スタノヴィッチ『心は遺伝子の論理で決まるのか——二重過程モデルでみるヒトの合理性』椋田直子訳、みすず書房、2008 年〕。
Stapleford, T. A., 2009, *The Cost of Living in America*, Cambridge: Cambridge University Press.
Stedman Jones, Daniel, 2012, *Masters of the Universe*, Princeton, NJ: Princeton University Press.
Steil, B., 2018, *The Marshall Plan: Dawn of the Cold War*, Oxford: Oxford University Press〔ベン・ステイル『マーシャル・プラン——新世界秩序の誕生』小坂恵理訳、みすず書房、2020 年〕。
Stern, N., 2007, 'The Economics of Climate Change', https://webarchive.nationalarchives.gov.uk/20070222000000/http://www.hmtreasury.gov.uk/independent_reviews/stern_review_economics_climate_change/stern_review_report.html, accessed 10 August 2020.
Stevenson, B., and J. Wolfers, 2008, 'Economic Growth and Subjective Well-Being: Reassessing the Easterlin Paradox', Brookings Papers on Economic Activity, Spring.
Stiglitz, Joseph E., with Bruce C. Greenwald, 2014, *Creating a Learning Society: A New Approach to Growth, Development, and Social Progress*, New York: Columbia University Press〔ジョセフ・E・スティグリッツ、ブルース・C・グリーンウォルド『スティグリッツのラーニング・ソサイエティ——生産性を上昇させる社会』藪下史郎監訳、岩本千晴訳、東洋経済新報社、2017 年〕。
Storper, M., and R. Salais, 1997, *Worlds of Production: The Action Frameworks*, Cambridge, MA: Harvard University Press.
Sugden, R., 2018, *The Community of Advantage: A Behavioural Economist's Defence of the Market*, Oxford: Oxford University Press.
Sugden, R., 2020, 'Normative Economics Without Preferences', *International Review of Economics*, online 23 July 2020.
Sundararajan, A., 2016, *The Sharing Economy: The End of Employment and the Rise of Crowd-Based Capitalism*, Cambridge, MA: MIT Press〔アルン・スンドララジャン『シェアリングエコノミー——Airbnb、Uber に続くユーザー主導の新ビジネスの全貌』門脇弘典訳、日経 BP 社、2016 年〕。
Sunstein, Cass R., 2003, 'Libertarian Paternalism', *American Economic Review*, 93 (2), 175–179.
Sutton, J., 2000, *Marshall's Tendencies: What Can Economists Know?*, London: MIT Press and Leuven University Press〔ジョン・サットン『経済の法則とは何か——マーシャル

て経済に目覚めたか？――ヒトの進化からみた経済学』山形浩生・森本正史訳、みすず書房、2014年〕。
Segal, D., 2012, 'Is Italy Too Italian?', *New York Times*, 31 July, http://www.nytimes.com/2010/08/01/business/global/01italy.html?pagewanted=all
Sen, A., 1982, *Poverty and Famines: An Essay on Entitlements and Deprivation*, Oxford: Clarendon Press〔アマルティア・セン『貧困と飢饉』黒崎卓・山崎幸治訳、岩波現代文庫、2017年〕。
Sen, A., 2009, *The Idea of Justice*, London: Allen Lane〔アマルティア・セン『正義のアイデア』池本幸生訳、明石書店、2011年〕。
Sen, A., 2017, *Collective Choice and Social Welfare*, London: Penguin, first published in 1970〔アマルティア・セン『集合的選択と社会的厚生』志田基与師監訳、勁草書房、2000年（原著初版からの訳出）〕。
Sen, Amartya, Angus Deaton, and Tim Besley, 2020, 'Economics with a Moral Compass? Welfare Economics: Past, Present, and Future', *Annual Review of Economics*, 12, 1–21.
Sevilla, Almudena, and Sarah Smith, 2020, 'Women in Economics: A UK Perspective', Discussion Paper 15034, Centre for Economic Policy Research, July.
Shapiro, Stuart, 2020, 'OIRA and the Future of Cost-Benefit Analysis', *The Regulatory Review*, https://www.theregreview.org/2020/05/19/shapiro-oira-future-cost-benefit-analysis/.
Shearer, J. C., J. Abelson, B. Kouyaté, J. N. Lavis, and G. Walt, 2016, 'Why Do Policies Change? Institutions, Interests, Ideas and Networks in Three Cases of Policy Reform', *Health Policy and Planning*, 31 (9), 1200–1211.
Shiller, R., 2000, *Irrational Exuberance*, Princeton, NJ: Princeton University Press〔ロバート・J・シラー『投機バブル 根拠なき熱狂――アメリカ株式市場、暴落の必然』植草一秀監訳、沢崎冬日訳、ダイヤモンド社、2001年〕。
Shiller, R., 2003, *The New Financial Order: Risk in the 21st Century*, Princeton, NJ: Princeton University Press〔ロバート・J・シラー『新しい金融秩序〈新装版〉――来るべき巨大リスクに備える』田村勝省訳、日本経済新聞出版社、2014年〕。
Shiller, R., 2013, *Finance and the Good Society*, Princeton, NJ: Princeton University Press〔ロバート・J・シラー『それでも金融はすばらしい――人類最強の発明で世界の難問を解く。』山形浩生・守岡桜訳、東洋経済新報社、2014年〕。
Shiller, Robert J., 2017, 'Narrative Economics', *American Economic Review*, 107 (4), 967–1004, doi:10.1257/aer.107.4.967.
Shiller, R. J., 2019, *Narrative Economics: How Stories Go Viral and Drive Major Economic Events*, Princeton, NJ: Princeton University Press〔ロバート・J・シラー『ナラティブ経済学――経済予測の全く新しい考え方』山形浩生訳、東洋経済新報社、2021年〕。
Silver, N., 2012, *The Signal and the Noise: The Art and Science of Prediction*, London: Penguin〔ネイト・シルバー『シグナル＆ノイズ――天才データアナリストの「予測学」』川添節子訳、日経BP社、2013年〕。
Skidelsky, R., 1992, *John Maynard Keynes: A Biography*, Vol. 2: *The Economist as Saviour, 1920–1937*, London: Macmillan.
Skidelsky, Robert, 2020, *What's Wrong with Economics: A Primer for the Perplexed*, New Haven, CT: Yale University Press〔ロバート・スキデルスキー『経済学のどこが問題なのか』鍋島直樹訳、名古屋大学出版会、2022年〕。
Slobodian, Quinn, 2018, *Globalists: The End of Empire*, Cambridge, MA: Harvard University Press.
Smith, A., 2000, *The Theory of Moral Sentiments*, New York: Prometheus Books, first published in 1759〔アダム・スミス『道徳感情論』高哲男訳、講談社学術文庫、2013年〕。
Smith, G., 2012, 'Why I Am Leaving Goldman Sachs', *New York Times*, 14 March, http://

Roth, A. E., 2007, 'Repugnance as a Constraint on Markets', *Journal of Economic Perspectives*, 21 (3), 37–58.

Roth, A. E., T. Sönmez, and M. U. Ünver, 2004, 'Kidney Exchange', *The Quarterly Journal of Economics*, 119 (2), 457–488.

Rothschild, E., 2001, *Economic Sentiments: Adam Smith, Condorcet, and the Enlightenment*, Cambridge, MA: Harvard University Press.

Rubinstein, A., 2012, *Economic Fables*, Cambridge, UK: Open Book Publishers〔アリエル・ルービンシュタイン『ルービンシュタイン　ゲーム理論の力』松井彰彦監訳、東洋経済新報社、2016年〕。

Ruskin, John, 1860, *Unto This Last*, London: George Allen〔「この最後の者にも」飯塚一郎訳、『世界の名著 41　ラスキン モリス』五島茂責任編集・解説、中央公論社、1971年所収〕。

Sahm, Claudia, 2020, 'Economics Is a Disgrace', Macromom blog, https://macromomblog.com/2020/07/29/economics-is-a-disgrace/, accessed 2 August 2020.

Saint-Paul, Gilles, 2011, *The Tyranny of Utility: Behavioral Social Science and the Rise of Paternalism*, Princeton, NJ: Princeton University Press.

Samuelson, P. A., 1983, 'Welfare Economics', in *Foundations of Economic Analysis*, Cambridge, MA: Harvard University Press, first published in 1947, Chapter 9〔サミュエルソン『経済分析の基礎　増補版』佐藤隆三訳、勁草書房、1986年〕。

Sandel, M. J., 2012, *What Money Can't Buy: The Moral Limits of Markets*, London: Macmillan〔マイケル・サンデル『それをお金で買いますか――市場主義の限界』鬼澤忍訳、ハヤカワ文庫、2014年〕。

Santos, M. S., and M. Woodford, 1997, 'Rational Asset Pricing Bubbles', *Econometrica*, 65 (1), 19–57.

Satz, D., and J. Ferejohn, 1994, 'Rational Choice and Social Theory', *The Journal of Philosophy*, 91 (2), 71–87.

Schelling, T. C., 1958, 'Design of the Accounts' in *A Critique of the United States Income and Product Accounts*, Princeton, NJ: Princeton University Press for NBER 1958, pp. 325–333, https://www.nber.org/chapters/c0554.pdf, accessed 18 October 2018.

Schelling, T. C., 1960, *The Strategy of Conflict*, Cambridge, MA: Harvard University Press〔トーマス・シェリング『紛争の戦略――ゲーム理論のエッセンス』河野勝監訳、勁草書房、2008年〕。

Schelling, Thomas, 2006, *Micromotives and Macrobehaviour*, New York: Norton, first published in 1978〔トーマス・シェリング『ミクロ動機とマクロ行動』村井章子訳、勁草書房、2016年〕。

Schmelzer, M., 2016, *The Hegemony of Growth: The OECD and the Making of the Economic Growth Paradigm*, Cambridge: Cambridge University Press.

Schulze, Georg, 2010, *Connectionist Economics*, Bloomington, IN: Trafford Publishing.

Schumpeter, Joseph, 1994, *Capitalism, Socialism and Democracy*, Milton Park, UK: Routledge, first published in 1942〔シュムペーター『資本主義・社会主義・民主主義　新装版』中山伊知郎・東畑精一訳、東洋経済新報社、1995年〕。

Scitovszky, T. de, 1941, 'A Note on Welfare Propositions in Economics', *The Review of Economic Studies*, 9 (1), 77–88, https://doi.org/10.2307/2967640.

Scott, J. C., 1998, *Seeing Like a State*, New Haven, CT: Yale University Press.

Scott-Morton, F., et al., 2019, Final Report of Stigler Committee on Digital Platforms, September, https://www.chicagobooth.edu/research/stigler/news-and-media/committee-on-digital-platforms-final-report.

Seabright, P., 2010, *The Company of Strangers: A Natural History of Economic Life*, rev. ed., Princeton, NJ: Princeton University Press〔ポール・シーブライト『殺人ザルはいかにし

Porter, Theodore, 1995, *Trust in Numbers: The Pursuit of Objectivity in Science and Public Life*, Princeton, NJ: Princeton University Press〔セオドア・M・ポーター『数値と客観性——科学と社会における信頼の獲得』藤垣裕子訳、みすず書房、2013 年〕。
Portes, Jonathan, 2012, 'Economists in Government: What Are They Good For?', http://notthetreasuryview.blogspot.co.uk/2012/01/economists-in-government-what-are-they.html, accessed 30 April 2012.
Rawls, J., 1971, *A Theory of Justice*, Cambridge, MA: Harvard University Press〔ジョン・ロールズ『正義論 改訂版』川本隆史・福間聡・神島裕子訳、紀伊國屋書店、2010 年（原著 1999 年刊行の改訂版からの訳出）〕.
Reinhart, C., and K. Rogoff, 2009, *This Time Is Different; Eight Centuries of Financial Folly*, Princeton, NJ: Princeton University Press〔カーメン・M・ラインハート、ケネス・S・ロゴフ『国家は破綻する——金融危機の 800 年』村井章子訳、日経 BP 社、2011 年〕。
Richiardi, M. G., 2016, 'The Future of Agent-Based Modeling', *Eastern Economic Journal*, 43, 271–287, https://doi.org/10.1057/s41302-016-0075-9.
Roberts, K., 1980, 'Price-Independent Welfare Prescriptions', *Journal of Public Economics*, 13 (3), 277–297.
Roberts, R., 2016, 'When Britain Went Bust: The 1976 IMF Crisis', Official Monetary and Financial Institutions Forum (OMFIF), 28 September.
Robbins, L., 1932, *An Essay on the Nature and Significance of Economic Science*, London: Macmillan〔ライオネル・ロビンズ『経済学の本質と意義』小峯敦・大槻忠史訳、京都大学学術出版会、2016 年〕。
Robinson, M., 2012, 'Culture after the Credit Crunch', *The Guardian*, 16 March, https://www.theguardian.com/books/2012/mar/16/culture-credit-crunch-marilynne-robinson.
Rodrik, D., 2004, 'Industrial Policy for the Twenty-First Century' (November), Discussion Paper No. 4767, Centre for Economic Policy Research, London.
Rodrik, D., 2013, 'What Is Wrong (and Right) in Economics?', Dani Rodrik's web blog, 7 May, https://rodrik.typepad.com/dani_rodriks_weblog/2013/05/what-is-wrong-and-right-in-economics.html.
Rodrik, D., 2018, 'Is Populism Necessarily Bad Economics?', *AEA Papers & Proceedings*, 108, 196–199.
Rogoff, K., 2019, 'Modern Monetary Nonsense', https://www.project-syndicate.org/commentary/federal-reserve-modern-monetary-theory-dangers-by-kenneth-rogoff-2019-03, accessed 6 August 2020.
Romer, P. M., 1986a, 'Increasing Returns and Long-Run Growth', *Journal of Political Economy*, 94 (5), 1002–1037.
Romer, P. M., 1986b, 'Endogenous Technological Change', *Journal of Political Economy*, 98 (5), S71–S102.
Romer, P., 1994, 'The Origins of Endogenous Growth', *Journal of Economic Perspectives*, 8 (1), 3–22.
Romer, Paul M., 2015, 'Mathiness in the Theory of Economic Growth', *American Economic Review*, 105 (5), 89–93.
Rosen, Sherwin, 1981, 'The Economics of Superstars', *American Economic Review*, 71 (5), 845–858.
Rosenthal, C., 2018, *Accounting for Slavery: Masters and Management*, Cambridge, MA: Harvard University Press〔ケイトリン・ローゼンタール『奴隷会計——支配とマネジメント』川添節子訳、みすず書房、2022 年〕。
Roth, A. E., 2002, 'The Economist as Engineer: Game Theory, Experimentation, and Computation as Tools for Design Economics', *Econometrica*, 70 (4), 1341–1378.

OECD, 2020, 'Better Life Initiative: Measuring Well Being and Progress', http://www.oecd.org/statistics/better-life-initiative.htm.

Olson, M., 1982, *The Rise and Decline of Nations*, New Haven, CT: Yale University Press〔M・オルソン『国家興亡論――［集合行為論］からみた盛衰の科学』加藤寛監訳、PHP研究所、1991 年〕。

Ormerod, P., 1999, *Butterfly Economics: A New General Theory of Economic and Social Behaviour*, London: Faber and Faber〔ポール・オームロッド『バタフライ・エコノミクス――複雑系で読み解く社会と経済の動き』塩沢由典監修、北沢格訳、早川書房、2001 年〕。

Ostrom, E., 1990, *Governing the Commons: The Evolution of Institutions for Collective Action*, Cambridge: Cambridge University Press〔エリノア・オストロム『コモンズのガバナンス――人びとの協働と制度の進化』原田禎夫・齋藤暖生・嶋田大作訳、晃洋書房、2022 年〕。

Ottaviano, G., and J. F. Thisse, 2004, 'Agglomeration and Economic Geography', in J. Vernon Henderson and Jacques-Francois Thisse (eds.), *Handbook of Regional and Urban Economics*, vol. 4, London: Elsevier, 2563–2608.

Oxfam, 2013, 'How to Plan When You Don't Know What Is Going to Happen? Redesigning Aid for Complex Systems', Oxfam blogs, 14 May, http://www.oxfamblogs.org/fp2p/?p=14588.

Packard, V., 1957, *The Hidden Persuaders*, London: Pelican〔V・パッカード『かくれた説得者』林周二訳、ダイヤモンド社、1958 年〕。

Page, Scott, 2007, *The Difference*, Princeton, NJ: Princeton University Press〔スコット・ペイジ『「多様な意見」はなぜ正しいのか――衆愚が集合知に変わるとき』水谷淳訳、日経 BP 社、2009 年〕。

Palley, T., 1997, 'How to Rewrite Economic History', *The Atlantic*, April, https://www.theatlantic.com/magazine/archive/1997/04/how-to-rewrite-economic-history/376830/.

Pastor, L., and P. Veronesi, 2018, Inequality Aversion, Populism, and the Backlash Against Globalization, NBER Working Paper 24900, National Bureau of Economic Research, Cambridge, MA.

Perez, C., 2002, *Technological Revolutions and Financial Capital: The Dynamics of Bubbles and Golden Ages*, London: Elgar.

Pesendorfer, W., 2006, 'Behavioral Economics Comes of Age: A Review Essay on Advances in Behavioral Economics', *Journal of Economic Literature*, 44 (3), 712–721.

Petty, William, 1672, *Essays in Political Arithmetick*.

Philippon, Thomas, 2019, *The Great Reversal: How America Gave Up on Free Markets*, Cambridge, MA: Harvard University Press.

Pigou, A. C., 1908, *Economic Science in Relation to Practice: An Inaugural Lecture Given at Cambridge 30th October, 1908*, London: Macmillan〔「実践との関わりにおける経済学」、『ピグー 富と厚生』八木紀一郎監訳、本郷亮訳、名古屋大学出版会、2012 年所収〕。

Piketty, T., 2014, *Capital in the 21st Century*, Cambridge, MA: Harvard University Press〔トマ・ピケティ『21 世紀の資本』山形浩生・守岡桜・森本正史訳、みすず書房、2014 年〕。

Pinker, S., 2007, *The Stuff of Thought: Language as a Window into Human Nature*, London: Penguin〔スティーブン・ピンカー『思考する言語――「ことばの意味」から人間性に迫る（上・中・下）』幾島幸子・桜内篤子訳、NHK ブックス、2009 年〕。

Pollock, R., 2009, 'Changing the Numbers: UK Directory Enquiries Deregulation and the Failure of Choice', http://rufuspollock.org/2009/02/10/changing-the-numbers-uk-directory-enquiries-deregulation-and-the-failure-of-choice/, accessed 5 April 2012.

Porter, R., 2000, *Enlightenment: Britain and the Creation of the Modern World*, London: Allen Lane.

Cambridge, MA: MIT Press.
MacKenzie, D., 2007, 'Option Theory and the Construction of Derivatives Markets', in D. MacKenzie, F. Muniesa, and L. Siu (eds.), *Do Economists Make Markets?*, Princeton, NJ: Princeton University Press, 54–86.
MacKenzie, Donald, 2019, 'Just How Fast?', *London Review of Books*, 41 (5), https://www.lrb.co.uk/the-paper/v41/n05/donald-mackenzie/just-how-fast.
Mance, H., 2016, 'Britain Has Had Enough of Experts, Says Gove', *Financial Times*, 3 June, https://www.ft.com/content/3be49734-29cb-11e6-83e4-abc22d5d108c, accessed 18 October 2018.
Mandel, M., 2012, 'Beyond Goods and Services: The (Unmeasured) Rise of the Data-Driven Economy', Progressive Policy Institute, 10 (October).
Marshall, A., 2013, *Principles of Economics*, London: Palgrave Macmillan, first published in 1890〔マーシャル『経済学原理（全四巻)』馬場啓之助訳、東洋経済新報社、1965–67年〕.
Maynard Smith, J., 1976, 'Evolution and the Theory of Games', *American Science*, 64, 41–45.
Maynard Smith, J., and G. R. Price 1973, 'The Logic of Animal Conflict', *Nature*, 246 (5427), 15–18, doi:10.1038/246015a0. S2CID 4224989.
Mazzucato, M., 2013, *The Entrepreneurial State*, London: Anthem Press〔マリアナ・マッツカート『企業家としての国家――公共投資がイノベーションを起こす』大村昭人訳、経営科学出版、2023年〕。
McFadden, D., 1974, 'The Measurement of Urban Travel Demand', *Journal of Public Economics*, 3 (4), 303–328.
Medema, S. G., 2020, ' "Exceptional and Unimportant"? Externalities, Competitive Equilibrium, and the Myth of a Pigovian Tradition', *History of Political Economy*, 52 (1), 135–170.
Medina, E., 2011, *Cybernetic Revolutionaries: Technology and Politics in Allende's Chile*, Cambridge, MA: MIT Press〔エデン・メディーナ『サイバネティックスの革命家たち――アジェンデ時代のチリにおける技術と政治』大黒岳彦訳、青土社、2022年〕。
Merton, R. K., and R. C. Merton, 1968, *Social Theory and Social Structure*, New York: Free Press〔ロバート・K・マートン『社会理論と社会構造』森東吾・森好夫・金沢実・中島竜太郎訳、みすず書房、1961年〕。
Modestino, Alicia, Pascaline Dupas, Muriel Niederle, and Justin Wolfers, 2020, 'Gender and the Dynamics of Economics Seminars', presentation at American Economic Association Conference, San Diego, CA, USA, 4 January, https://www.aeaweb.org/conference/2020/preliminary/1872.
Mokyr, J., 2017, *A Culture of Growth: The Origins of the Modern Economy*, Princeton, NJ: Princeton University Press.
Moore, A., 2017, *Critical Elitism: Deliberation, Democracy, and the Problem of Expertise*, Cambridge: Cambridge University Press.
Moretti, E., 2012, *The New Geography of Jobs*, Boston: Houghton Mifflin Harcourt〔エンリコ・モレッティ『年収は「住むところ」で決まる――雇用とイノベーションの都市経済学』池村千秋訳、プレジデント社、2014年〕。
Morozov, E. 2019, 'Digital Socialism?', *New Left Review*, 116 (March–June), https://newleftreview.org/issues/II116/articles/evgeny-morozov-digital-socialism.
Morson, Gary S., and Morton Schapiro, 2016, *Cents and Sensibility: What Economics Can Learn from the Humanities*, Princeton, NJ: Princeton University Press.
Nordhaus, W. D., 2015, 'Are We Approaching an Economic Singularity? Information Technology and the Future of Economic Growth', NBER Working Paper 21547, National Bureau of Economic Research, Cambridge, MA.

Korzybski, A., 1933, 'A Non-Aristotelian System and Its Necessity for Rigour in Mathematics and Physics', in *Science and Sanity*, Lakeville, CT: International Non-Aristotelian Library, 747–761.
Krugman, P., 1991, 'Increasing Returns and Economic Geography', *Journal of Political Economy*, 99 (3), 483–499.
Krugman, P., 2006, 'How Did Economists Get It So Wrong?', *New York Times Magazine*, 6 September, https://www.nytimes.com/2009/09/06/magazine/06Economic-t.html, accessed 30 April 2012.
Kuhn, T., 1996, *The Structure of Scientific Revolutions*, Chicago: University of Chicago Press, first published in 1962〔トマス・S・クーン『科学革命の構造　新版』青木薫訳、みすず書房、2023 年〕。
Lacey, James, 2011, *Keep from All Thoughtful Men: How US Economists Won World War II*, Annapolis, MD: Naval Institute Press.
Lakoff, G., and M. Johnson, 1980, *Metaphors We Live By*, Chicago: University of Chicago Press〔G・レイコフ、M・ジョンソン『レトリックと人生』渡部昇一・楠瀬淳三・下谷和幸訳、大修館書店、1986 年〕。
Lanchester, John, 2010, *Whoops!*, London: Penguin.
Lange, O., 1936, 'On the Economic Theory of Socialism', *Review of Economic Studies*, 4 (1), 53–71.
Lange, O., 1937, 'On the Economic Theory of Socialism, Part Two', *Review of Economic Studies*, 4 (2), 123–142.
Lange, O., 1938, 'On the Economic Theory of Socialism,' in B. Lippincott (ed.), *On the Economic Theory of Socialism*, Minneapolis: University of Minnesota Press, 56–143〔オスカー・ランゲ「社会主義の経済理論」、『ランゲ テーラー　計画経済理論——社会主義の経済学説』土屋清訳、社会思想研究会出版部、1951 年所収〕。
Lapuente, V., and S. Van de Walle, 2020, 'The Effects of New Public Management on the Quality of Public Services', *Governance*, 33, 461–475.
Le Grand, J., 1991, 'The Theory of Government Failure', *British Journal of Political Science*, 21 (4), 423–442.
Leamer, E., 1983, 'Let's Take the Con Out of Econometrics', *American Economic Review*, 73 (1), 31–43.
Leamer, E., 2010, 'Tantalus on the Road to Asymptopia', *Journal of Economic Perspectives*, 24 (2), 31–46.
Leibo, Joel Z., Vinicius Zambaldi, Marc Lanctot, Janusz Marecki, and Thore Graepel, 2017a, 'Multi-Agent Reinforcement Learning in Sequential Social Dilemmas', Cornell University, https://arxiv.org/abs/1702.03037.
Leibo Joel Z., Vinicius Zambaldi, Marc Lanctot, Janusz Marecki, and Thore Graepel, 2017b, 'Multi-Agent Reinforcement Learning in Sequential Social Dilemmas', in S. Das, E. Durfee, K. Larson, M. Winikoff (eds.), Proceedings of the 16th International Conference on Autonomous Agents and Multiagent Systems (AAMAS 2017), São Paulo, Brazil, 8–12 May, https://arxiv.org/abs/1702.03037.
Lerner, A., 1938, 'Theory and Practice in Socialist Economics', *Review of Economic Studies*, 6, (1), 71–75.
Little, I. M. D., 1950, *A Critique of Welfare Economics*, Oxford: Clarendon Press.
Lo, A., 2017, *Adaptive Markets: Financial Evolution at the Speed of Thought*, Princeton, NJ: Princeton University Press〔アンドリュー・W・ロー『適応的市場仮説——危機の時代の金融常識』望月衛・千葉敏生訳、東洋経済新報社、2020 年〕。
Mackenzie, Donald, 2006, *An Engine, Not a Camera: How Financial Models Shape Markets*,

Holmstrom, B., and J. Roberts, 1998, 'The Boundaries of the Firm Revisited', *Journal of Economic Perspectives*, 12 (4), 73–94.

Hume, D., 1752, 'Essay V. of the Balance of Trade', in *Essays, Moral, Political and Literary*, Part II 'Political Discourses'〔「貿易差額について」、『ヒューム　道徳・政治・文学論集［完訳版］』田中敏弘訳、名古屋大学出版会、2011 年所収〕。

Hurley, S., and M. Nudds (eds.), 2006, *Rational Animals?*, Oxford: Oxford University Press.

Hutton, W., 2012, 'Argentina's Oil Grab Is Timely Retort to Rampaging Capitalism', *The Guardian*, 22 April, https://www.theguardian.com/commentisfree/2012/apr/22/will-hutton-argentina-oil-grab-justified.

IDEI, Toulouse School of Economics, 2011, 'The Invisible Hand Meets the Invisible Gorilla: The Economics and Psychology of Scarce Attention', Summary of a conference held at IDEI, Toulouse School of Economics, September, http://www.idei.fr/doc/conf/psy/2011/summary.pdf, accessed 4 May 2012.

Ioannidis, J. P. A., T. D. Stanley, and H. Doucouliagos, 2017, 'The Power of Bias in Economics Research', *The Economic Journal*, 127, F236–F265, doi:10.1111/ecoj.12461.

Johnson, N., G. Zhao, E. Hunsader, J. Meng, A. Ravindar, S. Carran, and B. Tivnan, 2012, 'Financial Black Swans Driven by Ultrafast Machine Ecology', arXiv preprint arXiv:1202.1448.

Johnston, Christopher D., and Andrew O. Ballard, 2016, 'Economists and Public Opinion: Expert Consensus and Economic Policy Judgments', *The Journal of Politics*, 78 (2), 443–456.

Kahneman, D., 2011, *Thinking, Fast and Slow*, New York: Allen Lane〔ダニエル・カーネマン『ファスト＆スロー――あなたの意思はどのように決まるか？（上・下）』村井章子訳、ハヤカワ文庫、2014 年〕。

Kaldor, N., 1939, 'Welfare Propositions of Economics and Interpersonal Comparisons of Utility', *The Economic Journal*, 49 (195), 549–552.

Keim, B., 2012, 'Nanosecond Trading Could Make Markets Go Haywire', *Wired*, 16 February, http://www.wired.com/wiredscience/2012/02/high-speed-trading/all/1, accessed 19 March 2012.

Kelman, S., 1981, 'Cost Benefit Analysis: An Ethical Critique', *Regulation*, 7 February, 33–40.

Kelton, S., 2020, *The Deficit Myth*, London: John Murray〔ステファニー・ケルトン『財政赤字の神話――MMT 入門』土方奈美訳、ハヤカワ文庫、2022 年〕。

Keynes, J. M., 1931, 'The Future', in *Essays in Persuasion*, London: Macmillan, 315–334〔「未来」、ジョン・メイナード・ケインズ『ケインズ 説得論集』山岡洋一訳、日経ビジネス人文庫、2021 年所収〕。

Keynes, J. M., 1936, *The General Theory of Employment, Interest and Money*, London: Macmillan〔ケインズ『雇用，利子および貨幣の一般理論（上・下）』間宮陽介訳、岩波文庫、2008 年〕。

Khan, Lina M. 2017, 'Amazon's Antitrust Paradox', *Yale Law Journal*, 126 (3), 564–907, https://www.yalelawjournal.org/pdf/e.710.Khan.805_zuvfyyeh.pdf.

Khan, M., 2015, 'UK Economy Grew at Fastest Rate for Nine Years in 2014', *The Telegraph*, 31 March, https://www.telegraph.co.uk/finance/economics/11505763/UK-economy-grew-at-fastest-rate-for-nine-years-in-2014.html.

Klinenberg, Eric, 2002, *Heat Wave: A Social Autopsy of Disaster in Chicago*, Chicago: University of Chicago Press.

Kominers, Scott Duke, Alexander Teytelboym, and Vincent P. Crawford, 2017, 'An Invitation to Market Design', *Oxford Review of Economic Policy*, 33 (4), 541–571.

Kondratieff, N., 1935, 'The Long Waves in Economic Life', *The Review of Economics and Statistics*, 17 (6), 105–115.

Harris, Robert, 2011, *The Fear Index*, London: Hutchinson.
Haskel, J., and S. Westlake, 2018, *Capitalism without Capital: The Rise of the Intangible Economy*, Princeton, NJ: Princeton University Press〔ジョナサン・ハスケル、スティアン・ウェストレイク『無形資産が経済を支配する――資本のない資本主義の正体』山形浩生訳、東洋経済新報社、2020年〕。
Hausman, Daniel, and Michael McPherson, 2006, *Economic Analysis, Moral Philosophy and Public Policy*, 2nd ed., Cambridge: Cambridge University Press.
Hausman, Jerry, 2012, 'Contingent Valuation: From Dubious to Hopeless', *Journal of Economic Perspectives*, 26 (4), 43–56.
Hayek, F. A., 1935, 'Socialist Calculation I: The Nature and History of the Problem', reprinted in *Individualism and Economic Order*, 121–147, Chicago: University of Chicago Press, 1948.
Hayek, F., 1944, *The Road to Serfdom*, London: Routledge〔フリードリヒ・ハイエク『隷従への道』村井章子訳、日経BPクラシックス、2016年〕。
Hayek, F. A., 1945, 'The Use of Knowledge in Society', *The American Economic Review*, 35 (4), 519–530.
Head, M. L., L. Holman, R. Lanfear, A. T. Kahn, and M. D. Jennions, 2015, 'The Extent and Consequences of P-Hacking in Science', *PLoS Biol*, 13 (3), e1002106, https://doi.org/10.1371/journal.pbio.1002106.
Heckman, James J., and Sidharth Moktan, 2020, 'Publishing and Promotion in Economics: The Tyranny of the Top Five', *Journal of Economic Literature*, 58 (2), 419–470.
Hedlund, J., 2000, 'Risky Business: Safety Regulations, Risk Compensation, and Individual Behaviour', *Injury Prevention*, 6, 82–89.
Helpman, E. (ed.), 1998, *General Purpose Technologies and Economic Growth*, Cambridge, MA: MIT Press.
Hengel, Erin, 2020, 'Publishing While Female', in Shelly Lundberg (ed.), *Women in Economics*, London: VoxEU, 80–90.
Herbranson, W., and J. Schroeder, 2010, 'Are Birds Smarter than Mathematicians? Pigeons (*Columba livia*) Perform Optimally on a Version of the Monty Hall Dilemma', *Journal of Comparative Psychology*, 124 (1), 1–13.
Hicks, J., 1937, 'Mr. Keynes and the "Classics"; A Suggested Interpretation', *Econometrica*, 5 (2), 147–159.
Hicks, J. R., 1939, 'The Foundations of Welfare Economics', *The Economic Journal*, 49 (196), 696–712.
Hicks, J., 1942, *The Social Framework*, Oxford: Clarendon Press〔J. R. ヒックス『経済の社会的構造――経済学入門』酒井正三郎訳、同文館、1951年〕。
Hidalgo, C. A., 2021, 'Economic Complexity Theory and Applications', *Nature Review Physics*, 3, 92–113, https://doi.org/10.1038/s42254-020-00275-1.
Hirschman, Daniel, 2016, 'Inventing the Economy Or: How We Learned to Stop Worrying and Love the GDP', PhD dissertation, University of Michigan, Ann Arbor, https://deepblue.lib.umich.edu/handle/2027.42/120713.
HM Treasury, 2003, 'UK Membership of the Single Currency', June 2003, www.hm-treasury.gov.uk/d/EMU03_exec_126.pdf.
HM Treasury, 2011, The Green Book: Appraisal and Evaluation in Central Government, https://www.gov.uk/government/uploads/system/uploads/attachment_data/file/220541/green_book_complete.pdf.
Hoekstra, Mark, Steven L. Puller, and Jeremy West, 2017, 'Cash for Corollas: When Stimulus Reduces Spending', *American Economic Journal: Applied Economics*, 9 (3), 1–35.

Gawer, A., M. Cusumano, and D. B. Yoffie, 2019, *The Business of Platforms: Strategy in the Age of Digital Competition, Innovation, and Power*, New York: Harper Business, 2019〔マイケル・A. クスマノ、アナベル・ガワー、デヴィッド・B. ヨッフィー『プラットフォームビジネス――デジタル時代を支配する力と陥穽』青島矢一監訳、有斐閣、2020 年〕。
Gelman, A., 2013, 'The Recursion of Pop-Econ', Statistical Modeling, Causal Inference, and Social Science, 10 May, https://statmodeling.stat.columbia.edu/2013/05/10/the-recursion-of-pop-econ-or-of-trolling/.
Gerlach, P., 2017, 'The Games Economists Play: Why Economics Students Behave More Selfishly than Other Students', *PloS ONE*, 12 (9), e0183814, https://doi.org/10.1371/journal.pone.0183814.
Gigerenzer, Gerd, 2007, *Gut Feelings: The Intelligence of the Unconscious*, London: Penguin Random House〔ゲルト・ギーゲレンツァー『なぜ直感のほうが上手くいくのか?――「無意識の知性」が決めている』小松淳子訳、インターシフト、2010 年〕。
Gigerenzer, G., P. M. Todd., and ABC Research Group, 1999, *Simple Heuristics That Make Us Smart*, Oxford: Oxford University Press.
Glaeser, E., and J. A. Scheinkman, 2000, 'Non-market Interactions', NBER Working Paper 8053, National Bureau of Economic Research, Cambridge, MA.
Goodhart, C. A. E., 1975, 'Problems of Monetary Management: The U. K. Experience', Papers in Monetary Economics (1).
Gordon, Robert, 2016, *The Rise and Fall of American Growth: The US Standard of Living Since the Civil War*, Princeton, NJ: Princeton University Press〔ロバート・J・ゴードン『アメリカ経済――成長の終焉(上・下)』高遠裕子・山岡由美訳、日経 BP 社、2018 年〕。
Gould, S., 2003, *The Hedgehog, the Fox, and the Magister's Pox*, Cambridge, MA: Harvard University Press.
Graaff, J. de V., 1971, *Theoretical Welfare Economics*, Cambridge: Cambridge University Press, 1971, first published in 1957〔J. de V. グラーフ『現代厚生経済学』南部鶴彦・前原金一訳、創文社、1973 年〕。
Granovetter, Mark S., 1973, 'The Strength of Weak Ties', *American Journal of Sociology*, 78 (6), 1360–1380.
Griliches, Zvi, 1994, 'Productivity, R&D, and the Data Constraint', *The American Economic Review*, 84 (1), 1–23.
Haldane, A., 2012, 'Towards a Common Financial Language', Bank of England, http://www.bankofengland.co.uk/publications/Pages/speeches/2012/552.aspx, accessed 16 March 2012.
Haldane, A., and R. May, 2011, 'Systemic Risk in Banking Ecosystems', *Nature*, 469, 351–355.
Hall, P. (ed.), 1989, *The Political Power of Economic Ideas*, Princeton, NJ: Princeton University Press.
Hall, P., 1993, 'Policy Paradigms Social Learning, and the State: The Case of Economic Policymaking in Britain', *Comparative Politics*, 25 (3), 275–296, doi:10.2307/422246.
Hall, P. A., and D. Soskice, 2001, *Varieties of Capitalism: The Institutional Foundations of Comparative Advantage*, Oxford: Oxford University Press.
Hammerstein, Peter, and Ronald Noe, 2016, 'Biological Trade and Markets', *Philosophical Transactions of the Royal Society B*, 371, 20150101; doi:10.1098/rstb.2015.0101.
Hands, David, 2020, *Dark Data*, Princeton, NJ: Princeton University Press〔デイヴィッド・J・ハンド『ダークデータ――隠れたデータこそが最強の武器になる』黒輪篤嗣訳、河出書房新社、2021 年〕。
Harberger, A. C., 1971, 'Three Basic Postulates for Welfare Economics: An Interpretive Essay', *Journal of Economic Literature*, 9 (3), 785–797.

Enterprise Act 2002, Section 58 and Intervention Order under Section 42 of the Act, October 2008, http://www.legislation.gov.uk/ukpga/2002/40/part/3/chapter/2/.

Epstein, Joshua M., 2007, *Generative Social Science Studies in Agent-Based Computational Modeling*, Princeton, NJ: Princeton University Press.

European Commission, Beyond GDP, http://ec.europa.eu/environment/beyond_gdp/index_en.html.

Evans, David S., and Richard Schmalensee, 2016a, *Matchmakers: The New Economics of Multisided Platforms*, Boston, MA: Harvard Business School Press〔デヴィッド・S・エヴァンス、リチャード・シュマレンジー『最新プラットフォーム戦略――マッチメイカー』平野敦士カール訳、朝日新聞出版、2018 年〕。

Evans, David S., and Richard Schmalensee , 2016b, 'The New Economics of Multi-Sided Platforms: A Guide to the Vocabulary (9 June), SSRN, https://ssrn.com/abstract=2793021 or http://dx.doi.org/10.2139/ssrn.2793021.

Fanelli, D., 2010, 'Do Pressures to Publish Increase Scientists' Bias? An Empirical Support from US States Data', *PLoS ONE*, 5 (4), e10271, doi:10.1371/journal.pone.0010271.

Fanelli, Daniele, 2018, 'Is Science Really Facing a Reproducibility Crisis?', *Proceedings of the National Academy of Sciences*, 115 (11), 2628–2631, doi:10.1073/pnas.1708272114.

Farmer, D., and D. Foley, 2009, 'The Economy Needs Agent Based Modelling', *Nature*, 460 (6), 685–686.

Farmer, Roger, 2010, *How the Economy Works: Confidence, Crashes and Self-Fulfilling Prophecies*, Oxford: Oxford University Press.

Fingleton, J., J. Evans, and O. Hogan, 1998, 'The Dublin Taxi Market: Re-regulate or Stay Queuing?', *Studies in Public Policy*, 3, 1–72.

Fitoussi, Jean-Paul, Amartya Sen, and Joseph Stiglitz, 2009, Commission on the Measurement of Economic and Social Progress, 2009, http://ec.europa.eu/eurostat/documents/118025/118123/Fitoussi+Commission+report.

Fourastié, J., 1979, *Les Trente Glorieuses, ou la révolution invisible de 1946 à 1975*, Paris: Fayard.

Fourcade, Marion, Etienne Ollion, and Yann Algan, 2015, 'The Superiority of Economists', *Journal of Economic Perspectives*, 29 (1), 89–114.

Frank, Robert H., Thomas Gilovich, and Dennis T. Regan, 1993, 'Does Studying Economics Inhibit Cooperation?', *Journal of Economic Perspectives*, 7 (2), 159–171.

Frey, C. B., and M. A. Osborne, 2017, 'The Future of Employment: How Susceptible Are Jobs to Computerisation?', *Technological Forecasting and Social Change*, 114, 254–280.

Friedman, M., 1966, 'The Methodology of Positive Economics', in *Essays in Positive Economics*, Chicago: University of Chicago Press, 3–16〔M・フリードマン『実証的経済学の方法と展開』佐藤隆三・長谷川啓之訳、富士書房、1977 年〕。

Fryer, R., S. Levitt, J. List, and S. Sadoff, 2012, 'Enhancing the Efficacy of Teacher Incentives through Loss Aversion: A Field Experiment', NBER Working Paper18237, National Bureau of Economic Research, Cambridge, MA.

Furman, Jason et al., 2019, 'Unlocking Digital Competition', https://assets.publishing.service.gov.uk/government/uploads/system/uploads/attachment_data/file/785547/unlocking_digital_competition_furman_review_web.pdf.

Gallegati, M., and A. Kirman, 2012, 'Reconstructing Economics: Agent Based Models and Complexity', *Complexity Economics*, 1 (1), 5–31.

Gamble, A., 1988, *The Free Economy and the Strong State: The Politics of Thatcherism*, London, New York: Macmillan〔A. ギャンブル『自由経済と強い国家――サッチャリズムの政治学』小笠原欣幸訳、みすず書房、1990 年〕。

Coyle, D., and David Nguyen, 2018, 'Cloud Computing and National Accounting', DP-2018-19, Economic Statistics Centre of Excellence (ESCoE), London.
Coyle, D., and D. Nguyen, 2019, 'Cloud Computing, Cross-Border Data Flows and New Challenges for Measurement in Economics', *National Institute Economic Review*, 249 (1), R30-R38.
Coyle, Diane, and Marianne Sensier, 2020, 'The Imperial Treasury: Appraisal Methodology and Regional Economic Performance in the UK', *Regional Studies*, 54 (3), 283-295, doi:10.1080/00343404.2019.1606419.
Coyle, D., and A. Weller, 2020, 'What Needs Explaining about AI?' *Science*, 368 (6498), 1433-1434.
Coyle, D., and C. Woolard, 2009, 'Public Value in Practice: Restoring the Ethos of Public Service', BBC Trust, http://downloads.bbc.co.uk/bbctrust/assets/files/pdf/regulatory_framework/pvt/public_value_practice.pdf.
Cremer, J., Y. A. de Montjoye, and H. Schweitzer, 2019, 'Competition Policy for the Digital Era', European Commission, https://ec.europa.eu/competition/publications/reports/kd0419345enn.pdf.
Dasgupta, Partha, 2007, 'Facts and Values in Modern Economics', in H. Kincaid and D. Ross (eds.), *Handbook on the Philosophy of Economics*, Oxford: Oxford University Press.
David, P. A., 1990, 'The Dynamo and the Computer: An Historical Perspective on the Modern Productivity Paradox', *American Economic Review*, 80 (2), 355-361.
De Waal, F., 2006, *Primates and Philosophers: How Morality Evolved*, Princeton, NJ: Princeton University Press.
Deaton, Angus, 2020, 'Randomization in the Tropics Revisited: A Theme and Eleven Variations', Working Paper No. 27600, National Bureau of Economic Research, Cambridge, MA.
Deringer, W., 2018, *Calculated Values: Finance, Politics, and the Quantitative Age*, Cambridge, MA: Harvard University Press.
Desrosières, A., 2002, *The Politics of Large Numbers: A History of Statistical Reasoning*, Cambridge, MA: Harvard University Press.
Dietz, S., and Cameron Hepburn, 2013, 'Benefit-Cost Analysis of Non-Marginal Climate and Energy Projects', *Energy Economics*, 40 (C), 61-71.
Dinmore, G., 2012, 'Italian Lobbies Apply Brakes to Monti's Reforms', *Financial Times*, 2 January 2012, http://www.ft.com/cms/s/0/fc36edea-3554-11e1-84b9-00144feabdc0.html#axzz1qbX9bJLS, accessed 30 March 2012.
Drèze, J., and Nicholas Stern, 1987, 'The Theory of Cost-Benefit Analysis', in A. J. Auerbach and M. Feldstein (eds.), *Handbook of Public Economics*, Vol. 2, Amsterdam: Elsevier, ch. 14, pp. 909-989.
Ductor, Lorenzo, Sanjeev Goyal, and Anja Prummer, 2020, 'Gender and Collaboration', in Shelly Lundberg (ed.), *Women in Economics*, London: VoxEU, 74-79.
Duflo, Esther, 2017, 'The Economist as Plumber', *American Economic Review*, 107 (5), 1-26.
Earle, Joe, Cahal Moran, and Zach Ward-Perkins, 2016, *The Econocracy*, Manchester, UK: Manchester University Press.
Easterlin, R., 1974, 'Does Economic Growth Improve the Human Lot? Some Empirical Evidence', in Paul David and Melvin Reader (eds.), *Nations and Households in Economic Growth: Essays in Honor of Moses Abramovitz*, Cambridge, MA: Academic Press.
Easterlin, R., Laura Angelescu McVey, Malgorzata Switek, Onnicha Sawangfa, and Jacqueline Smith Zweig, 2010, 'The Happiness-Income Paradox Revisited', PNAS, December, http://www.pnas.org/content/early/2010/12/08/1015962107.

Colander, D., 2011, 'Creating Humble Economists: A Code of Ethics for Economists' (No. 1103), Middlebury College, Department of Economics.
Colander, D., and R. Kupers, 2014, *Complexity and the Art of Public Policy*, Princeton, NJ: Princeton University Press.
Competition Commission, 2003, 'Extended Warranties on Domestic Electrical Goods: A Report on the Supply of Extended Warranties on Domestic Electrical Goods within the UK', December, https://webarchive.nationalarchives.gov.uk/ukgwa/+/http://www.competition-commission.org.uk//rep_pub/reports/2003/485xwars.htm#full.
Cook, E., 2017, *The Pricing of Progress: Economic Indicators and the Capitalization of American Life*, Cambridge, MA: Harvard University Press.
Corduneanu, Roxana, Adina Dudau, and Georgios Kominis, 2020, 'Crowding-In or Crowding-Out: The Contribution of Self-Determination Theory to Public Service Motivation', *Public Management Review*, 22 (7), 1070–1089, doi:10.1080/14719037.2020.1740303.
Cottrell, Allin, and W. Paul Cockshott, 1993, 'Calculation, Complexity and Planning: The Socialist Calculation Debate Once Again', http://ricardo.ecn.wfu.edu/~cottrell/socialism_book/calculation_debate.pdf.
Coyle, D., 1997, 1998, *The Weightless World: Strategies for Managing the Digital Economy*, Oxford: Capstone; Cambridge, MA: MIT Press〔ダイアン・コイル『脱物質化社会』室田泰弘・伊藤恵子・矢野裕子訳、東洋経済新報社、2001 年〕。
Coyle, D., 2007, 2010, *The Soulful Science: What Economists Really Do and Why It Matters*, Princeton, NJ: Princeton University Press〔ダイアン・コイル『ソウルフルな経済学――格闘する最新経済学が 1 冊でわかる』室田泰弘・矢野裕子・伊藤恵子訳、インターシフト、2008 年〕。
Coyle, D. (ed.), 2012, *What's The Use of Economics?*, London: London Publishing Partnership.
Coyle, D., 2014, *GDP: A Brief but Affectionate History*, Princeton, NJ: Princeton University Press〔ダイアン・コイル『GDP――〈小さくて大きな数字〉の歴史』高橋璃子訳、みすず書房、2015 年〕。
Coyle, D., 2017, 'The Political Economy of National Statistics', in K. Hamilton and C. Hepburn (eds.), *National Wealth: What Is Missing, Why It Matters*, Oxford: Oxford University Press, 15–16.
Coyle, D., 2019a, '*Homo Economicus*, AIs, Humans and Rats: Decision-Making and Economic Welfare', *Journal of Economic Methodology*, 26 (1), 2–12, doi:10.1080/1350178X.2018.1527135.
Coyle, D., 2019b, 'Practical Competition Policy Tools for Digital Platforms', *Antitrust Law Journal*, 82–83, https://www.americanbar.org/digital-asset-abstract.html/content/dam/aba/publishing/antitrustlawjournal/alj-82-3/ant-coyle.pdf.
Coyle, D., 2020a, 'From Villains to Heroes? The Economics Profession and Its Response to the Pandemic', CEPR Covid Economics, Issue 49, September, 242–256.
Coyle, D., 2020b, *Markets, State and People: Economics for Public Policy*, Princeton, NJ: Princeton University Press.
Coyle, D., 2021, 'Variety and Productivity', Brookings Institute, forthcoming.
Coyle, D., and S. Diepeveen, in progress, 'Creating and Governing Value from Data'.
Coyle, D., S. Diepeveen, J. Tennison, and J. Wdowin, 2020, 'The Value of Data: Policy Implications', Bennett Institute for Public Policy Report, University of Cambridge, Cambridge, UK, https://www.bennettinstitute.cam.ac.uk/publications/value-data-policy-implications/.
Coyle, D., and Leonard Nakamura, 2019, 'Towards a Framework for Time Use, Welfare and Household-centric Economic Measurement', ESCoE Working Paper, Economic Statistics Centre of Excellence, London.

Jobs', *Journal of Economic Perspectives*, 34 (1), 170–195.
Borges, J., 1975, 'On Exactitude in Science', in *A Universal History of Infamy*, translated by Norman Thomas de Giovanni, London: Penguin Books, first published in 1946〔「学問の厳密さについて」、J. L. ボルヘス『汚辱の世界史』中村健二訳、岩波文庫、2012 年所収〕。
Bowles, Samuel, 2004, *Microeconomics: Behavior, Institutions, and Evolution*, Princeton, NJ: Princeton University Press〔サミュエル・ボウルズ『制度と進化のミクロ経済学』塩沢由典・磯谷明徳・植村博恭訳、NTT 出版、2013 年〕。
Bowles, Samuel, 2016, *The Moral Economy: Why Good Incentives Are No Substitute for Good Citizens*, New Haven, CT: Yale University Press〔サミュエル・ボウルズ『モラル・エコノミー――インセンティブか善き市民か』植村博恭・磯谷明徳・遠山弘徳訳、NTT 出版、2017 年〕。
Bowles, Samuel, and Wendy Carlin, 2020, 'What Students Learn in Economics 101: Time for a Change', *Journal of Economic Literature*, 58 (1), 176–214.
Britton, Jack, Lorraine Dearden, Laura van der Erve, and Ben Waltmann, 2020, 'The Impact of Undergraduate Degrees on Lifetime Earnings', IFS, https://www.ifs.org.uk/publications/14729.
Browne, Janet, 2003, *Charles Darwin: Voyaging*, London: Pimlico Jonathan Cape, 1995.
Brynjolfsson, Erik, Avinash Collis, and Felix Eggers, 2019, 'Using Massive Online Choice Experiments to Measure Changes in Well-Being', *Proceedings of the National Academy of Sciences*, 116 (15), 7250–7255; doi:10.1073/pnas.1815663116.
Buchanan, J., and G. Tullock, 1962, *The Calculus of Consent: Logical Foundations of Constitutional Democracy*, Ann Arbor: University of Michigan Press〔J. M. ブキャナン、G. タロック『公共選択の理論――合意の経済論理』宇田川璋仁監訳、米原淳七郎・田中清和・黒川和美訳、東洋経済新報社、1979 年〕。
Burgin, A., 2012, *The Great Persuasion: Reinventing Free Markets Since the Depression*, Cambridge, MA: Harvard University Press.
Card, David, Stefano DellaVigna, Patricia Funk, and Nagore Iriberri, 2020, 'Are Referees and Editors in Economics Gender-Neutral?, in Shelly Lundberg (ed.), *Women in Economics*, London: VoxEU, 91–96.
Case, A., and A. Deaton, 2020, *Deaths of Despair*, Princeton, NJ: Princeton University Press〔アン・ケース、アンガス・ディートン『絶望死のアメリカ――資本主義がめざすべきもの』松本裕訳、みすず書房、2021 年〕。
Ceci, Stephen J., Donna K. Ginther, Shulamit Kahn, and Wendy M. Williams, 2014, 'Women in Academic Science: A Changing Landscape', *Psychological Science in the Public Interest*, 15 (3), 75–141.
Cellan-Jones, R., 2021, *Always On*, London: Bloomsbury.
Chan, M. L., 2017, 'The Google Bus', *The Point* (14), July, https://thepointmag.com/examined-life/the-google-bus/, accessed 10 August 2020.
Chen, M. K., V. Lakshminarayanan, and L. Santos, 2005, 'The Evolution of Our Preferences: Evidence from Capuchin Monkey Trading Behaviour', http://www.its.caltech.edu/~camerer/NYU/02-ChenLakshminarayananSantos.pdf.
Christophers, B., 2013, *Banking Across Boundaries*, Hoboken, NJ: Wiley/Blackwell.
Clark, Andrew E., Sarah Flèche, Richard Layard, and Nattavudh Powdthavee, 2018, *The Origins of Happiness: The Science of Well-Being over the Life Course*, Princeton, NJ: Princeton University Press.
Coase, R. H., 1960, 'The Problem of Social Cost', *The Journal of Law and Economics*, 2, 1–44.
Cockshott, P., and D. Zachariah, 2012, 'Arguments for Socialism', http://eprints.gla.ac.uk/58987/.

ン・バスターニ『ラグジュアリーコミュニズム』橋本智弘訳、堀之内出版、2021 年〕。
Basu, Kaushik, 2018, *The Republic of Beliefs*, Princeton, NJ: Princeton University Press.
Bateson, G., 2000, *Steps to an Ecology of Mind: Collected Essays in Anthropology, Psychiatry, Evolution, and Epistemology*, Chicago: University of Chicago Press〔グレゴリー・ベイトソン『精神の生態学へ（上・中・下）』佐藤良明訳、岩波文庫、2023 年〕。
Bator, Francis M., 1958, 'The Anatomy of Market Failure', *The Quarterly Journal of Economics*, 72 (3), 351–379.
Bauman, Yoram, and Elaina Rose, 2011, 'Selection or Indoctrination: Why Do Economics Students Donate Less than the Rest?', *Journal of Economic Behavior & Organization*, 79 (3), 318–327.
Baumol, W. J., 1946–1947, 'Community Indifference', *Review of Economic Studies*, 14 (1), 44–48.
Baumol, W. J., 1952, *Welfare Economics and the Theory of the State*, The London School of Economics and Political Science, London: Longmans, Green & Co.
Becker, G. S., 1962, 'Irrational Behavior and Economic Theory', *Journal of Political Economy*, 70 (1), 1–13.
Becker, G., 1965, 'A Theory of the Allocation of Time', *The Economic Journal*, 75 (299), 493–517.
Bell, D., 1973, *The Coming of Post-Industrial Society*, New York: Basic Books〔ダニエル・ベル『脱工業社会の到来（上・下）』内田忠夫ほか訳、ダイヤモンド社、1975 年〕。
Bergson, A, 1938, 'A Reformulation of Certain Aspects of Welfare', *The Quarterly Journal of Economics*, 52 (2), 310–334.
Berkes, E., and S. Williamson, 2015, 'Vintage Does Matter, The Impact and Interpretation of Post War Revisions in the Official Estimates of GDP for the United Kingdom', https://www.measuringworth.com/datasets/UKdata/UKGDPs.pdf, accessed 19 October 2018.
Besley, T., 2013, 'What's the Good of the Market? An Essay on Michael Sandel's *What Money Can't Buy*', *Journal of Economic Literature*, 51 (2), 478–495.
Besley, T., and T. Persson, 2012, *Pillars of Prosperity: The Political Economics of Development Clusters*, Princeton, NJ: Princeton University Press.
Bhalla, J., 2013, 'What Rational Really Means', MIND Guest Blog, 17 May 2013, https://blogs.scientificamerican.com/mind-guest-blog/what-rational-really-means/.
Billing, Chloe, Philip McCann, and Raquel Ortega-Argilés, 2019, 'Interregional Inequalities and UK Sub-National Governance Responses to Brexit', *Regional Studies*, 53 (5), 741–760, doi: 10.1080/00343404.2018.1554246.
Binmore, K., and P. Klemperer, 2002, 'The Biggest Auction Ever: The Sale of the British 3G Telecom Licences', *The Economic Journal*, 112 (478), C74–C96.
Blackaby, David, and Jeff Frank, 2000, 'Ethnic and Other Minority Representation in UK Academic Economics', *The Economic Journal*, 110 (464), F293–F311.
Bloom, N., Z. Cooper, M. Gaynor, S. Gibbons, S. Jones, A. McGuire, R. Moreno-Serra, C. Propper, J. Van Reenen, and S. Seiler, 2011, 'In Defence of Our Research on Competition in England's National Health Service', *The Lancet*, 378 (9809), 2064–2065.
Bloom, N., L. Garicano, R. Sadun, and J. Van Reenen, 2014, 'The Distinct Effects of Information Technology and Communication Technology on Firm Organization', *Management Science*, 60 (12), 2859–2885.
Bloom, Nicholas, Charles I. Jones, John Van Reenen, and Michael Webb, 2020, 'Are Ideas Getting Harder to Find?' *American Economic Review*, 110 (4), 1104–1144.
Boeri, T., G. Giupponi, A. Krueger, and S. Machin, 2020, 'Solo Self-Employment and Alternative Work Arrangements: A Cross-Country Perspective on the Changing Composition of

arstechnica.com/information-technology/2016/11/private-microwave-networks-financial-hft/, accessed 4 August 2020.
Arrieta-Ibarra, Imanol, Leonard Goff, Diego Jiménez-Hernández, Jaron Lanier, and E. Glen Weyl, 2018, 'Should We Treat Data as Labor? Moving beyond "Free"', *AEA Papers and Proceedings*, 108, 38–42.
Arrow, K., 1950, 'A Difficulty in the Concept of Social Welfare', *Journal of Political Economy*, 58 (4), 328–346.
Arthur, Brian, 2014, *Complexity and the Economy*, Oxford: Oxford University Press.
Arthur, W. Brian, 1994, *Increasing Returns and Path Dependence in the Economy*, Ann Arbor: University of Michigan Press〔W. ブライアン・アーサー『収益逓増と経路依存——複雑系の経済学』有賀裕二訳、多賀出版、2003 年〕。
Arthur, W. B., 2021, 'Foundations of Complexity Economics', *National Reviews Physics*, 3, 136–145, https://doi.org/10.1038/s42254-020-00273-3.
Athey, S, 2017, 'Beyond Prediction: Using Big Data for Policy Problems', *Science*, 355, 483–485.
Atkinson, A., 2001, 'The Strange Disappearance of Welfare Economics', *Kyklos*, 54, 193–206.
Aumann, Robert J., 2008, 'Rule-Rationality versus Act-Rationality', Discussion Paper Series dp497, The Federmann Center for the Study of Rationality, the Hebrew University, Jerusalem.
Auriol, Emmanuelle, Guido Friebel, and Sacha Wilhelm, 2020, 'Women in European Economics', in Shelly Lundberg (ed.), *Women in Economics*, London: VoxEU, 26–30.
Austin, J., 1962, *How to Do Things With Words*, Oxford: Clarendon Press〔J・L・オースティン『言語と行為——いかにして言葉でものごとを行うか』飯野勝己訳、講談社学術文庫、2019 年〕。
Autor, David H., 2019, 'Work of the Past, Work of the Future', *AEA Papers and Proceedings*, 109, 1–32.
Axtell, R., and J. M. Epstein, 1996, *Growing Artificial Societies: Social Science from the Bottom Up*, Washington, DC: Brookings Institution Press〔『人工社会——複雑系とマルチエージェント・シミュレーション』服部正太・木村香代子訳、共立出版、1999 年〕。
Bajgar, Matěj, Giuseppe Berlingieri, Sara Calligaris, Chiara Criscuolo, and Jonathan Timmis, 2019, 'Industry Concentration in Europe and North America', OECD Productivity Working Papers, No. 18, Paris: OECD Publishing, https://doi.org/10.1787/2ff98246-en.
Baldwin, R., 2006, 'Globalisation: The Great Unbundling(s)', *Economic Council of Finland*, 20 (3): 5–47.
Bank for International Settlements, 2010, 'Triennial Central Bank Survey of Foreign Exchange and Derivatives Market Activity in 2010 — Final Results', https://www.bis.org/publ/rpfxf10t.htm.
Bannerjee, Abhijit, and Esther Duflo, 2019, *Good Economics for Hard Times: Better Answers to Our Biggest Problems*, New York: Public Affairs〔アビジット・V・バナジー、エステル・デュフロ『絶望を希望に変える経済学——社会の重大問題をどう解決するか』村井章子訳、日本経済新聞出版社、2020 年〕。
Barbieri, L., C. Mussida, M. Piva, and M. Vivarelli, 2019, 'Testing the Employment Impact of Automation, Robots and AI: A Survey and Some Methodological Issues', in K. Zimmermann (ed.), *Handbook of Labor, Human Resources and Population Economics*, Cham: Springer, 27. 古いバージョンは以下のとおり。https://www.iza.org/publications/dp/12612/testing-the-employment-impact-of-automation-robots-and-ai-a-survey-and-some-methodological-issues.
Bastani, A., 2019, *Fully Automated Luxury Communism*, New York: Verso Books〔アーロ

参考文献

Abdirahman, M., D. Coyle, R. Heys, and W. Stewart, 2020, 'A Comparison of Approaches to Deflating Telecommunications Services Output', *Economie & Statistique*, Vols. 517-518-519, pp. 103-122.

Acemoglu, Daron, and Pascual Restrepo, 2019, 'Automation and New Tasks: How Technology Displaces and Reinstates Labor', *Journal of Economic Perspectives*, 33 (2): 3-30.

Acemoglu, D., and J. Robinson, 2012, *Why Nations Fail: The Origins of Power, Prosperity, and Poverty*, London: Profile Books〔ダロン・アセモグル、ジェイムズ・A・ロビンソン『国家はなぜ衰退するのか――権力・繁栄・貧困の起源（上・下）』鬼澤忍訳、ハヤカワ文庫、2016 年〕。

Adereth, Maya, Shani Cohen, and Jack Gross, 2020, 'Economics, Bosses, and Interest', *Phenomenal World*, 8 August, https://phenomenalworld.org/interviews/stephen-marglin.

Akerlof, George A., 2020, 'Sins of Omission and the Practice of Economics', *Journal of Economic Literature*, 58 (2), 405-418.

Akerlof, George, and Rachel Kranton, 2010, *Identity Economics*, Princeton, NJ: Princeton University Press〔ジョージ・A・アカロフ、レイチェル・E・クラントン『アイデンティティ経済学』山形浩生・守岡桜訳、東洋経済新報社、2011 年〕。

Akerlof, G. A., and D. J. Snower, 2016, 'Bread and Bullets', *Journal of Economic Behavior & Organization*, 126, 58-71.

Algan, Y., S. Guriev, E. Papaioannou, and E. Passari, 2017, 'The European Trust Crisis and the Rise of Populism', Brookings Papers on Economic Activity, Fall, 309-382.

Algan, Y., C. Malgouyres, and C. Senik, 2020, 'Territoires, bien-être, et politiques publiques', *Conseil d'analyse economique*, no. 55, January, 1-12.

Allen, K., and N. Watt, 2015, 'Living Standards Key to UK Election as Data Shows Slowest Recovery since 1920s', *The Guardian*, 31 March, https://www.theguardian.com/business/2015/mar/31/uk-gdp-growth-revised-up-to-06.

Amadxarif, Zahid, James Brookes, Nicola Garbarino, Rajan Patel, and Eryk Walczak, 2019, 'The Language of Rules: Textual Complexity in Banking Reforms, Bank of England Staff Working Paper No. 83, https://www.bankofengland.co.uk/working-paper/2019/the-language-of-rules-textual-complexity-in-banking-reforms.

Anand, P., and J. Leape, 2012, 'What Economists Do and How Universities Might Help', in Diane Coyle (ed.), *What's the Use of Economics?*, London: London Publishing Partnership, 15-20.

Anderson, Elizabeth, 1993, *Value in Ethics and Economics*, Cambridge, MA: Harvard University Press.

Andreessen, M., 2011, 'Why Software Is Eating The World', *Wall Street Journal*, August 20, https://www.wsj.com/articles/SB10001424053111903480904576512250915629460.

Angrist, Joshua, Pierre Azoulay, Glenn Ellison, Ryan Hill, and Susan Feng Lu, 2020, 'Inside Job or Deep Impact? Extramural Citations and the Influence of Economic Scholarship', *Journal of Economic Literature*, 58 (1), 3-52.

Angrist, Joshua, Pierre Azoulay, Glenn Ellison, Ryan Hill, and Susan Feng Lu, 2017, 'Economic Research Evolves: Fields and Styles', *American Economic Review*, 107 (5), 293-297.

Anthony, Sebastian, 2016, 'The Secret World of Microwave Networks', *Ars Technica*, https://

ワ　行

その他

ヤ　行

ラ　行

マ　行

ナ　行

ハ　行

タ 行

サ　行

カ　行

索　引

ア　行

カバー装画　ワタナベケンイチ

著者　ダイアン・コイル（Diane Coyle）

経済学者、ジャーナリスト。オックスフォード大学ブレーズノーズ・カレッジで学び、ハーバード大学で経済学のPh.D.を取得。民間調査会社のシニア・エコノミストや『インディペンデント』紙の経済記者などを務め、2000年には卓越した金融ジャーナリストに贈られるウィンコット賞を受賞。以後、英国財務省のアドバイザー、競争委員会委員、マンチェスター大学教授、BBCトラスト理事長代理などを歴任。現在は、ケンブリッジ大学公共政策教授、同大学ベネット研究所共同所長。おもな邦訳書に『GDP――〈小さくて大きな数字〉の歴史』（みすず書房、2015年）、『ソウルフルな経済学――格闘する最新経済学が1冊でわかる』（インターシフト、2008年）がある。

訳者　小坂恵理（こさか・えり）

翻訳家。慶應義塾大学文学部英米文学科卒業。トーマス・カリアー『ノーベル賞で読む現代経済学』（ちくま学芸文庫、2020年）、ベン・ステイル『マーシャル・プラン――新世界秩序の誕生』（みすず書房、2020年）など訳書多数。

経済学《けいざいがく》オンチのための現代経済学講義《げんだいけいざいがくこうぎ》

2024年1月25日　初版第1刷発行

ダイアン・コイル———著者
小坂恵理———訳者
喜入冬子———発行者
株式会社 筑摩書房———発行所
東京都台東区蔵前2-5-3　郵便番号111-8755
電話番号03-5687-2601（代表）
大倉真一郎———装幀者
株式会社 精興社———印刷
牧製本印刷 株式会社———製本

ISBN978-4-480-86482-6　C0033